福建省财政厅项目（项目编号：SCZ202102）
福建省社会科学基金项目（项目编号：FJ2023BF026）
集美大学科研启动经费项目（项目编号：Q202305）

高质量发展背景下
自然资源资产离任审计
与企业绿色投资决策研究

GAOZHILIANG FAZHAN BEIJING XIA
ZIRAN ZIYUAN ZICHAN LIREN SHENJI
YU QIYE LÜSE TOUZI JUECE YANJIU

马儒慧 ◎ 著

中国财经出版传媒集团

经济科学出版社
Economic Science Press

·北京·

图书在版编目（CIP）数据

高质量发展背景下自然资源资产离任审计与企业绿色
投资决策研究／马儒慧著 . --北京：经济科学出版社，
2024.4

ISBN 978－7－5218－5857－0

Ⅰ.①高…　Ⅱ.①马…　Ⅲ.①自然资源－国有资产－
经济责任审计－研究－中国②企业－投资效率－研究－中
国　Ⅳ.①F239.66②F279.23

中国国家版本馆 CIP 数据核字（2024）第 085950 号

责任编辑：杜　鹏　胡真子
责任校对：刘　昕
责任印制：邱　天

高质量发展背景下自然资源资产离任审计与企业绿色投资决策研究

马儒慧◎著

经济科学出版社出版、发行　新华书店经销
社址：北京市海淀区阜成路甲 28 号　邮编：100142
编辑部电话：010-88191441　发行部电话：010-88191522
网址：www.esp.com.cn
电子邮箱：esp_bj@163.com
天猫网店：经济科学出版社旗舰店
网址：http://jjkxcbs.tmall.com
固安华明印业有限公司印装
710×1000　16 开　13.5 印张　250000 字
2024 年 4 月第 1 版　2024 年 4 月第 1 次印刷
ISBN 978－7－5218－5857－0　定价：108.00 元
（图书出现印装问题，本社负责调换。电话：010－88191545）
（版权所有　侵权必究　打击盗版　举报热线：010－88191661
QQ：2242791300　营销中心电话：010－88191537
电子邮箱：dbts@esp.com.cn）

前　言

习近平总书记曾多次强调"绿水青山就是金山银山，改善生态环境就是发展生产力"。在党和国家高度重视生态环境保护的时代背景下，2013 年，党的十八届三中全会首次提出对领导干部实行自然资源资产离任审计。本书基于该制度背景，从微观企业投资视角，重点阐述了自然资源资产离任审计对企业绿色投资行为决策的影响、作用机制及其经济后果，所得结论对缓解企业短期环境治理投机行为、增加政府管制环境污染行为的权威性以及加快推进生态文明建设从而促进经济高质量发展方面提供了新的可行性理论解释和实现路径。

本书共由八章内容组成。第 1 章是绪论，介绍了研究背景、研究意义、研究目标、研究内容、研究思路、研究方法以及研究创新之处。第 2 章是文献综述，包括自然资源资产离任审计理论和后果的相关研究以及企业绿色投资行为的相关研究。第 3 章是概念界定、制度背景与理论基础。首先，概念界定部分主要对自然资源资产离任审计、企业绿色投资行为以及绿色投资行为选择进行阐述；其次，制度背景主要阐述了自然资源资产离任审计制度及其研究，以及企业绿色发展背景；最后，阐述了本书主要借鉴的理论基础，包括政府审计理论、信号传递理论以及组织合法性理论等。第 4 章至第 7 章是本书的核心章节。第 4 章对自然资源资产离任审计影响企业绿色投资行为选择的作用机制进行重点阐述。第 5 章从监督型压力传递视角，理论分析并实证检验了自然资源资产离任审计对企业绿色并购行为选择的影响。第 6 章从激励型压力传递视角，理论分析并实证检验了自然资源资产离任审计对企业绿色创新行为选择的影响。第 7 章主要理论分析并实证检验了自然资源资产离任审计制度下企业绿色投资行为选择的后果及其差异性。基于以上研究，本书主要得到以下三个方面的研究结论。

第一，监督型压力传递下，自然资源资产离任审计制度试点会促进企业实施绿色并购。具体而言，在既定条件下，一方面，自然资源资产离任审计可通过促进地方政府加大地区环境监管力度，增加企业外在环境监督压力，促使企业为迎合地方政府短期利益需求而实施绿色并购；另一方面，自然资源资产离任审计可作为一种信号，使市场投资者（监督者）对试点地区重污染企业未来发展呈负面评估，导致企业（特别是致力于绿色发展的企业）市场股价低估，并为抑制股价持续下跌而实施绿色并购。进一步研究发现，自然资源资产离任审计试点实施会使国有企业和非国有企业均加大绿色并购投资，但与非国有企业相比，自然资源资产离任审计试点实施对国有企业绿色并购投资行为的影响更明显。同时，与经济发展水平低以及自然资源依赖程度高的城市相比，自然资源资产离任审计对企业绿色并购投资行为的影响在经济发展水平高以及自然资源依赖程度低的城市更明显。此外，本书还考察了企业来自外在社会压力以及内部风险补偿的影响，结果表明，相比低社会媒体压力和低社会公众压力，高社会媒体压力和高社会公众压力下自然资源资产离任审计更有利于促进企业实施绿色并购。相比低内部风险补偿，企业高内部风险补偿更有利于促进企业在自然资源资产离任审计制度下实施绿色并购。

第二，激励型压力传递下，自然资源资产离任审计试点会促进企业实施绿色创新。具体而言，在既定条件下，一方面，自然资源资产离任审计试点实施后，地方政府会通过提供政府补助等，降低企业绿色转型发展过程中的融资约束，促进企业绿色创新。另一方面，自然资源资产离任审计对提高市场绿色竞争优势具有正外部性，激励企业积极开发绿色产品，加大绿色创新投资。进一步研究发现，在自然资源资产离任审计制度下，相比非国有企业，国有企业承担了更多的绿色创新责任，绿色创新表现更好。同时，与经济发展水平低以及自然资源依赖程度高的城市相比，自然资源资产离任审计对企业绿色创新投资行为的影响在经济发展水平高以及自然资源依赖程度低的城市更明显。此外，本书还考察了企业来自外在社会压力以及内部风险补偿的影响，结果表明，媒体负面报道压力的短期性不能有效影响自然资源资产离任审计与企业绿色创新之间的正向关系，而社会公众压力不同会使自然资源资产离任审计对企业实施绿色创新的激励作用存在显著差异，即相比低社会公众压力，高社会公众压力更有利于激励企业实施绿色创新。企业内部风险补偿也有利于促进企业在自然资源资产离任审计制度下实施绿色创新，即与低薪酬补偿和低股权补偿相比，高薪酬补偿和高股权补偿更有利于促进自然资源资产离任审计制度下绿色创新效应的发挥。

第三，在自然资源资产离任审计制度下，企业绿色并购与绿色创新在促进企业绿色转型发展、社会环境效益改善以及官员晋升激励后果方面存在显著差异。具体而言：在企业绿色转型发展方面，相比绿色并购，绿色创新更有利于企业提高能源使用效率、减少"三废"排放，促进企业绿色转型发展；在社会环境效益方面，相比绿色并购，企业绿色创新更有利于改善城市空气质量，提高社会环境效益；在官员晋升激励后果方面，相比绿色并购，企业绿色创新更有利于产生官员晋升激励效应，即自然资源资产离任审计因具有终身问责制，进而约束官员侧重绿色短期效应的投资行为。进一步研究发现，上述绿色创新后果优势主要集中在国有企业，即现阶段国有企业是推动自然资源资产离任审计制度目标实现的主要力量。同时，在自然资源资产离任审计制度下，既然绿色创新效果更好，为何企业要进行绿色并购和绿色创新投资行为选择呢？本书发现，内部融资约束是企业实施绿色投资行为选择的关键内在因素，由于资金有限，企业难以实现绿色并购和绿色创新的"双手抓"，而为满足不同利益相关者合法性预期实施绿色投资行为选择。另外，研究还发现，绿色并购和绿色创新两种绿色投资行为存在协同效应，即绿色并购部分目的是获取目标公司的绿色生产技术等，这也是绿色创新效应较好情况下，企业实施绿色并购的原因之一，但受制于资金约束，大部分企业难以同时实施绿色并购和绿色自主创新。

本书的完成离不开各位师长、领导与同事的帮助。在此特别感谢我的博士生导师曹玉珊教授，本书的实证部分内容是博士期间在曹老师的指导下完成的，感谢曹老师的悉心指导！书稿的整理与编写是我在集美大学工作期间完成的，本书最终得以顺利出版还要特别感谢福建省财政厅、福建省社科联、集美大学的大力支持，以及学院领导们的关心与厚爱，他们分别是集美大学财经学院院长黄阳平教授、会计系骆良彬教授和会计系主任陈旻教授。

最后，特别感谢家人的默默付出与支持，帮助本书顺利完成。

马儒慧

2023 年 11 月

目 录

第 1 章

绪论

1.1　研究背景与研究意义

1.1.1　研究背景

高质量发展是经济建设、政治建设、文化建设、社会建设、生态文明建设五位一体的协调发展。其中，生态文明正处于各方压力和矛盾博弈的关键期，也是高质量发展的突出短板（张军扩等，2019）。自然资源资产离任审计作为完善高质量发展的配套机制，在保障领导干部切实履行自然资源资产管理和生态环境保护责任以及推动生态文明建设等方面已发挥重要的作用（张琦和谭志东，2019）。

2013 年，党的十八届三中全会首次提出对领导干部实行自然资源资产离任审计，并在 2014 年开始将部分城市首批纳入自然资源资产离任审计试点地区。为深入落实该项政策，2015 年 11 月，中共中央办公厅、国务院办公厅印发了《开展自然资源资产离任审计试点方案》（以下简称《方案》）。《方案》指出了审计试点期间的审计对象主要是地方各级党委和政府主要领导干部，明确了审计试点的主要目标是保障领导干部切实履行自然资源资产管理和生态环境保护责任，促进自然资源资产节约利用和生态环境安全，推动生态文明建设等，并决定自 2018 年开始建立经常性的审计制度。

在试点期间，试点城市（如山东青岛）自然资源资产离任审计的重点主要是以领导干部任职期间履行资源管理和生态保护责任为主线，严查有关河长制、生态环境损害责任追究制等的实施情况。此外，审计还重点关注耕地保有量、森林覆盖率、单位 GDP 能源消耗降低、煤炭压减、PM$_{2.5}$、水环境质量等指标完成情况。按照"好、较好、一般、较差、差"5 个等次，客观评价被审计领导干部履行自然资源资产管理和生态环境保护责任情况。2015 ~ 2017 年，浙江省湖州市已对 36 名党政主要领导干部展开审计，其中部分干部因离任审计考评为"好"，得到了上级政府部门的提拔，另有部分领导干部因考核成绩不理想被降职处理。而自然资源资产离任审计试点给试点地区所带来的最直接的变化，除改变了领导干部以往只算经济账的工作理念，加强对生态文明建设理念的重视外，对试点地区企业，特别是对重污染型企业运营环境也增加了外部摩擦，使企业投资倾向从传统资源要素投资转向绿色投资。《2016—2019 年全国生态环境统计公报》显示，全国排放污染物的工业污染源中废水污染物排放量由 2016 年的 643.2 万吨下降为 2019 年的 398.4 万吨；废气污染物排放量由 2016 年的 2 955.8 万吨下降为 2019 年的 1 869.4 万吨；开展清洁生产的重污染工业企业由 2016 年的 3 580 个上升为 2019 年的 5 587 个。可见，自然资源资产离任审计试点实施后，重污染企业污染排放量有所降低，且对清洁型能源投资有所增加。那么自然资源资产离任审计是否会促进企业加大绿色投资呢？

现有生态文明建设理论认为，推进生态文明建设需要坚持走绿色发展之路，推动城市和重点行业及领域的绿色转型发展。企业作为资源利用和生产污染物最多的主体（沈洪涛和周艳坤，2017），其自身绿色投资行为很大程度上决定了企业及城市绿色转型效果。特别地，当自然资源资产离任审计增加了地方政府环境资源考核压力时，辖区企业，特别是重污染企业便成为地方政府主要关注的对象，这无疑增加了重污染企业的外在压力。而在政府和市场的联合作用下，这一外在压力不仅使企业面临来自政府强制监管或规范性引导的制度压力，也可能面临来自市场参与者对企业未来发展负面预估的市场压力。对于企业而言，为缓解外部压力，企业需要积极采取绿色投资行为以满足政府和市场参与者等利益相关者不同的合法性预期，并作出不同的绿色投资行为选择。而自然资源资产离任审计所产生的制度压力和市场压力，将会如何传递至企业并影响其绿色投资行为选择呢？

一般而言，监督和激励是两种主要的压力传递手段（He & Tian，2013；龙小宁和王俊，2015），在一定程度上可成为政府官员缓解制度压力以及投资者保障自身利益，而将压力传递至企业进而影响其绿色投资行为的主要方式。具体而言，在自然资源资产离任审计制度背景下，有关制度压力的传递可通过政府加大环境资源保护监督力度或者提供政策性补助来监督和激励企业实施绿色投资，而有关市场压力的传递则可通过发挥市场投资者"用脚投票"的监督功能和借助离任审计的比较结果以提高市场绿色竞争性的激励功能，从而监督和激励企业实施绿色投资。其中，监督更强调对信息的跟踪（蔡春，2010），信息更新的快慢决定了监督主体的认知。在这种情况下，当外部监督压力越大时，企业更可能采取一种策略型的投资行为（谭小芬和钱佳琪，2020）。而激励更强调为企业绿色转型发展提供相对公平甚至无偿性的支持，承载着优化资源配置结构、供给结构和需求结构的战略使命（柳光强，2016），旨在引导企业实施具有战略意义的投资行为，实现企业和城市绿色转型发展的经济社会发展目标。由此可初步推断，在自然资源资产离任审计制度下，当外在压力传递机制以监督为主时，企业更可能采取策略型（重绿色投资形式、轻社会环保效益）绿色投资行为，而当压力传递机制以激励为主时，企业更可能采取战略型（重绿色投资实质、重社会环保效益）绿色投资行为。遗憾的是，鲜有研究对这一结果给出证明。

在合法性理论下，不同绿色投资策略反映了企业在寻求组织合法性方面的意愿和努力程度存在差异，并决定了最终目标实现的效果（魏江等，2020）。而企业只有积极寻求合法性，将自身嵌入特定的制度环境，才能顺应环境、维持生存和发展（DiMaggio & Powell，1983）。在自然资源资产离任审计制度下，企业虽然会因为不同的压力传递机制而实施两种不同的绿色投资策略，但由于这两种绿色投资策略需要付出的努力程度不同，导致企业在服务于制度目标实现方面可能存在一定的区别或者联系。基于此，有必要进一步探究自然资源资产离任审计制度下，企业绿色并购和绿色创新这两种绿色投资行为在实现预期制度目标方面的差异性和关联性，以此优化企业绿色投资行为选择。

1.1.2 研究意义

（1）理论意义。

第一，丰富了自然资源资产离任审计制度的相关研究，拓展了政府审计理论。本书将自然资源资产离任审计的治理效应拓展到微观企业绿色投资行为，并根据自然资源资产离任审计的政府审计监督功能及其正外部性，探究其对企业具体投资行为的绿色治理效果，实现政府审计与环境保护领域的结合，拓展了政府审计理论。

第二，诠释了政府和市场如何有效协同促进企业积极开展绿色投资活动，拓展了波特假说的理论外延。自然资源资产离任审计试点实施增加了企业外在的制度压力和市场压力，通过揭示同一情境下，政府和市场如何共同发挥监督机制与激励机制影响企业绿色投资行为选择，以实现企业绩效、社会效益与政治绩效的和谐共存，拓展了现有波特假说的理论外延。

第三，将企业绿色投资行为的独立性研究延伸到不同绿色投资行为间的内在联动作用，丰富了企业绿色投资理论。企业在进行投资决策时常受到来自多方利益主体目标驱动因素的影响，比如来自股东价值最大化目标以及来自政府社会效益最大化目标等因素的共同作用，企业往往会权衡投资决策，促使企业投资行为能发挥融合作用。本书基于企业绿色投资行为，研究自然资源资产离任审计制度下企业不同绿色投资行为之间的差异性及协同性，是对现有企业投资行为在环境治理领域的进一步拓展，丰富了企业绿色投资理论。

（2）现实意义。

第一，揭示了自然资源资产离任审计的微观治理机制，所得结论为自然资源资产离任审计制度的全面实施与完善提供了理论支撑。

第二，验证了企业绿色投资行为在官员晋升方面的正向激励效应，所得结论对保障制度目标的实现与持续实施，以及降低中央政府与地方政府之间的利益不一致方面提供了理论依据。

第三，检验了企业绿色投资行为及其内在联系的经济效益，所得结论对推动企业实施绿色投资、加强企业绿色创新以及促进企业绿色转型方面提供了理论参考。

1.2 研究目标与研究内容

1.2.1 研究目标

本书的具体研究目标包括:

第一,理论分析自然资源资产离任审计影响企业绿色投资行为选择的内在机理及其后果差异性的形成机理,为相关实证检验奠定理论基础。

第二,实证检验自然资源资产离任审计与企业绿色并购行为选择之间的关系,并进一步分析影响该关系的作用机制以及来自产权性质、城市特征、社会压力和企业内部风险补偿的影响。

第三,实证检验自然资源资产离任审计与企业绿色创新行为选择之间的关系,并从政府审计监督职能及其正外部性以及组织合法性视角探讨其内在逻辑,分析可能的作用机制以及来自产权性质、城市特征、社会压力和企业内部风险补偿的影响。

第四,实证检验自然资源资产离任审计制度下企业绿色并购和绿色创新行为选择的后果及其差异性和协同性,以此为依据优化企业绿色投资行为或投资组合选择。

第五,在总结上述理论分析及实证检验结果的基础上,结合目前我国特定经济环境与制度背景,从制度层面、企业层面以及社会层面提出相应契合的政策建议。

1.2.2 研究内容

本书基于自然资源资产离任审计试点实施背景,研究企业绿色投资行为选择问题,具体内容可包括以下五个部分。

第一部分,国内外研究文献的系统梳理。目前国内文献针对自然资源资产离任审计基本理论方面的研究取得较为丰硕的成果,虽然有少数文献探讨了自然资源资产离任审计的宏微观经济效益,但关于自然资源资产离任审计微观绿色治理效应的研究尚且匮乏。同时，本书进一步梳理了企业绿色投资方面的研究，目前国内外针对多方面驱动因素进行了探讨，为本书从政府审计视角研究自然资源资产离任审计对企业绿色投资行为的影响提供了很好的文献支撑和有益参考。

第二部分，关于自然资源资产离任审计监督型压力传递下企业绿色并购投资行为选择的研究。本部分内容基于自然资源资产离任审计可能给予企业带来的制度压力和市场压力，从压力传递监督驱动视角出发，借助信号传递理论、组织合法性理论分析企业采取绿色并购策略型绿色投资行为的作用机理，以此提出研究假设。在此基础上，针对企业产权性质、城市特征、社会压力以及企业内部风险补偿进一步分析自然资源资产离任审计对企业绿色并购投资行为的影响。

第三部分，关于自然资源资产离任审计激励型压力传递下企业绿色创新行为选择的研究。本部分内容基于自然资源资产离任审计的政府审计监督功能及其正外部性，从压力传递激励驱动视角出发，借助政府审计理论和组织合法性理论分析企业采取绿色创新战略型绿色投资行为的作用机理，以此提出研究假设。在此基础上，针对企业产权性质、城市特征、社会压力以及企业内部风险补偿进一步分析自然资源资产离任审计对企业绿色创新投资行为的影响。

第四部分，关于自然资源资产离任审计下企业绿色并购与绿色创新投资行为选择的后果及其差异性的研究。本部分主要基于组织合法性理论等，从企业绿色转型发展、社会环境效益改善方面，分析自然资源资产离任审计制度下企业绿色投资行为选择的后果及其差异性，以此提出相应假设。在此基础上，从产权性质异质性视角进一步对绿色创新后果优势进行集中考察，并从融资约束视角以及绿色并购与绿色创新的协同效应问题补充检验自然资源资产离任审计制度下企业实施绿色投资行为选择的内在因素，以此丰富研究结论。

第五部分，总结本书研究结论并提出政策建议。结合自然资源资产离任审计制度目标、企业绿色投资现状和投资目标等，从我国自然资源资产离任审计制度的完善和推广、促进企业加大绿色创新投资以及优化市场资源配置等方面提出契合我国生态文明建设背景的政策建议。

1.3 研究思路与研究方法

1.3.1 研究思路

基于压力传递视角，研究自然资源资产离任审计制度下企业绿色投资选择问题。具体而言，本书主要根据政府审计理论、信号传递理论以及组织合法性理论，分别从制度压力传递和市场压力传递两个角度，对其压力传递下的监督驱动压力和激励驱动压力如何影响自然资源资产离任审计制度下企业绿色投资行为选择展开机理分析。基于此，本书进一步分别对监督型压力传递下自然资源资产离任审计对企业绿色并购投资行为选择的影响以及激励型压力传递下自然资源资产离任审计对企业绿色创新投资行为选择的影响进行实证检验。同时，围绕自然资源资产离任审计制度目标，探讨绿色并购和绿色创新两种绿色投资行为的后果及其差异性，并根据结果有针对性地对鼓励企业实施绿色创新等提出政策建议。上述研究思路可绘制成图1.1。

1.3.2 研究方法

本书在进行理论分析和实证检验的过程中所采用的研究方法主要有以下几种。

（1）文献研究法。文献研究法为本书研究过程中文献的收集、鉴别和整理提供方法指导，为本书研究假设的提出、理论框架的构建、研究工具的设计提供了方法依据。

（2）演绎推理法。本书利用假说演绎推理法分析自然资源资产离任审计对企业绿色投资行为的影响、作用机制及其后果，通过合理的逻辑推理提出研究假设，然后运用数据分析检验假设是否成立。

（3）实证检验法。本书利用实证检验法，为书中规范性分析提供经验支撑或否定，遵循"假说提出—研究设计—实证检验—结果分析"的研究路径，对书中三大主要内容进行实证检验，是验证本书主要观点的重点研究方法。

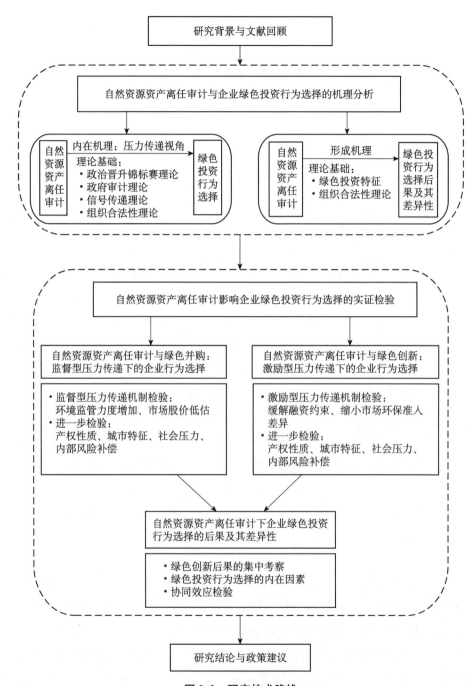

图 1.1　研究技术路线

1.4 研究创新点

本书基于自然资源资产离任审计试点实施背景，以政府审计理论、信号传递理论以及组织合法性理论为基础，采用规范分析与实证研究相结合的方法，对自然资源资产离任审计制度背景下企业绿色投资选择问题进行了深入研究。与现有研究相比较，本书可能的边际贡献主要体现在以下三个方面。

第一，围绕制度目标系统分析和检验了自然资源资产离任审计的微观绿色治理作用，补充了自然资源资产离任审计制度的关键实施效果研究。现有文献主要集中于对自然资源资产离任审计制度的规范性理论研究。虽然少数学者探讨了该制度对微观企业融资成本以及盈余管理等公司行为的影响，但这些经济后果有偏于自然资源资产离任审计生态文明建设的关键制度目标，难以从根本上验证自然资源资产离任审计制度能否达到预期目标。鉴于此，本书首先从微观层面分析自然资源资产离任审计制度对企业绿色投资行为的影响，其次从宏观层面分析分析自然资源资产离任审计微观绿色治理效果在改善社会环境效益、促进官员正向激励方面的作用，最后围绕制度目标，分别从企业维度、社会维度以及政治维度三个方面，进一步比较绿色并购和绿色创新实施效果的差异性和协同性，所得结论可进一步丰富自然资源资产离任审计在推动宏微观层面绿色转型发展的政策效果，弥补现有文献关于自然资源资产离任审计制度实施效果研究的不足。

第二，基于压力传递视角，从监督和激励双重维度探讨自然资源资产离任审计制度下不同压力传递机制对企业绿色投资行为选择的影响，丰富了政府在推动我国生态文明建设发挥主导作用的理论解释。现有文献关于企业绿色投资行为影响因素的研究，主要从政府临时性环境监管角度研究不同环境规制对企业绿色投资行为的影响，往往不具有常态性和法制性，导致企业"运动式"应对环境治理的情况时有发生（崔晶，2020）。本书从政府审计视角，依据自然资源资产离任审计这一具有常态性和法制性特征的创新性审计制度，探讨当领导干部环境资源保护业绩纳入审计法常规审计范畴时，地方政府官员为缓解环境资源保护压力和保障自身晋升利益，将如何持续推动自然资源资产离任审计制度发挥监督和激励功能，以督促和引导企业加大绿色投资，改变现行经济发展模式。本书对缓解企业短期应付式环境治理投机行为、增加政府管制环境污染行为的权威性，以及加快推进生态文明建设提供了新的可行性理论解释和实现路径。

第三，诠释了政府和市场如何有效协同促进企业积极开展绿色投资活动，并围绕制度目标比较绿色并购与绿色创新行为的实施效果，进而探讨二者之间的差异性及协同性，拓展了绿色投资影响因素和经济后果的相关理论。现有研究主要侧重环境规制下企业是否愿意履行环境责任，以及围绕波特假说研究环境规制对企业绿色创新行为的影响，较少从审计视角出发，将政府和市场功能相结合，去探讨自然资源资产离任审计制度下企业绿色投资选择问题。自然资源资产离任审计作为一项常态化创新性审计制度，一方面通过干预地方官员晋升考核机制，可以有效监督与调动地方政府积极加强环境资源管理与保护，另一方面通过比较不同地区市场资源环境保护的审计结果，可以调控不同市场对环保准入情况的共同容忍度，以此影响企业绿色投资行为选择，助力政府宏观层面环境资源保护的监管和相应制度目标的实现。除此之外，本书进一步研究并比较了绿色并购与绿色创新两种不同策略绿色投资行为后果的差异性以及可能存在的协同性，所得结论对促进企业有效权衡不同绿色投资行为之间的优势和劣势具有重要作用，从而降低企业为顺从外部环境而产生的绿色投资不足或投资过度的可能性，为丰富绿色投资理论研究做了增量贡献。

第 2 章
文献综述

2.1 自然资源资产离任审计的相关研究

2.1.1 自然资源资产离任审计理论的相关研究

理论研究侧重于自然资源资产离任审计的基本概念和内容、基本目标、基本审计方法、基本特性和审计结果运用五个方面。

第一，关于自然资源资产离任审计的基本概念和内容方面，现有研究主要认为自然资源资产离任审计是一个新兴的交叉学科研究领域，是环境审计和经济责任审计交叉融合的一种审计，旨在认定受托行为人应承担的自然资源资产保护责任是否符合特定要求或既定要求，证实和评价自然资源受托经济责任的有效履行（蔡春和毕铭悦，2014；伍彬和伍中信，2017）。除此之外，部分学者对自然资源资产离任审计的基本概念和内容进行了进一步完善。比如，现有文献从自然资源资产离任审计的审计主体、审计客体以及审计对象方面，对自然资源资产离任审计的概念和内容进行了进一步解读。其中，在审计主体方面，现有研究存在"一元论""多元论"的两种观点。

"一元论"从审计主体的职责权限综合考虑，认为审计主体应为政府审计机关，认定自然资源资产离任审计为政府审计范围（蔡春和毕铭悦，2014；安徽省审计厅课题组，2014）。"多元论"认为，自然资源资产离任审计应考虑责任主体的多元性，不仅政府审计机关为审计主体，还应将内部审计机构和社会中介组织机构共同作为自然资源资产离任审计主体（陈献东等，2014）。在审计客体方面，黄溶冰和赵谦（2015）认为，自然资源资产离任审计的责任方为承担自然资源资产负债表编制责任的组织或人员。陈波等（2015）则认为，审计客体应为负责自然资源开发、利用和保护的相关部门。在审计对象方面，安徽省审计厅课题组（2014）认为，自然资源资产离任审计强调是对"人"（党政领导干部）的审计，而谷树忠（2016）认为是对"事"（审计具体项目）的审计。除此之外，部分学者对中共中央办公厅、国务院办公厅颁发的《自然资源资产离任审计规定（试行）》（以下简称《规定》）进行了深度解读，认为自然资源资产离任审计的审计内容主要是审计地方党政领导机关自然资源保护相关的经济管理活动，具体包括两个方面：一是审计相关法律、法规等管制政策的落实情况；二是审计环境破坏收费、财政补贴等经济刺激情况（李博英和尹海涛，2016）。也有学者将自然资源资产离任审计内容与自然资源资产负债表项目相关联，即应将自然资源资产负债表作为审计对象，将自然资源资产负债表中不同自然资源资产的增加、减少及其变动作为自然资源资产离任审计的重要依据（黄蓉冰和赵谦，2015）。

第二，关于自然资源资产离任审计的基本审计目标方面，目前研究主要有责任观、国家治理观、资源管理观、"免疫系统观"等（张宏亮等，2014）。责任观认为自然资源资产离任审计目标是明确领导干部对自然资源资产的责任，并通过建立生态环境损害责任终身追究制，提高领导干部对资源环境问题的重视（林忠华，2014；陈波，2015）。国家治理观强调，自然资源资产离任审计目标应与国家生态文明建设目标相对接，通过规范政府权力运用，从制度上根本完善生态文明建设体系（徐志耀和陈骏，2020）。资源管理观强调，自然资源资产离任审计目标在于揭示领导干部在自然资源使用、管理和监督方面的责任履行情况，促进自然资源资产保护责任的全面有效履行，包括战略与政策审计、合规性审计、财务审计、资产负债表审计、绩效审计五项内容（蔡春和毕铭悦，2014）。"免疫系统观"强调，自然资源资产离任审计属于政府审计范畴，应发挥政府审计"免疫系统"功能，预防、揭示和抵御地方领导干部的环境资源保护违规行为，加强对领导干部的震慑与终身追究制，使地方领导干部在任期间企业能够科学合理地开发、利用及保护自然资源（李越冬和周雅宁，2015）。

第三，关于自然资源资产离任审计的具体审计方法方面，现有研究主要认为应对自然资源资产离任审计的重点事项展开审计，通过对重点事项的履责情况进行打分，来判定领导干部有无很好履行自然资源管理责任，进而实施相应的问责（张宏亮等，2015）。比如，陈朝豹等（2016）以胶州市自然资源资产离任审计情况为例，设定自然资源资产离任审计评级指标体系，包括自然资源资产相关政策贯彻落实情况、有关目标责任制完成情况等 10 项综合评价指标（20 分），产业结构调整、土地资源、森林资源、矿产资源、海洋湿地资源、水资源等资源环境保护 7 大类 80 项分项评价指标（80 分），共 100 分，定性与定量指标相结合，进行综合打分。部分学者认为，应围绕领导干部自然资源资产开发、利用和保护方面设定评价指标体系，构建自然资源资产管理评价指标、政策执行评价指标以及财务评价指标（审计署上海特派办理论研究会课题组，2017）。郭鹏飞（2020）认为，自然资源资产离任审计应针对自然资源资产管理和生态环境保护重大事项、政策链条中的领导干部行政行为以及领导干部对资源环境生态问题的治理绩效等重点审计事项展开审计。而在具体审计方法上，邓晓岚等（2020）以福建省为例，探讨了大数据在自然资源资产离任审计中的应用，总结分析了大数据技术在自然资源数据集成、审计内容以及应用方面的成效。

第四，关于自然资源资产离任审计的基本特性方面，现有研究认为，自然资源资产离任审计是我国生态文明制度体系中唯一有法定属性和常规属性的正式监督制度，有显著的权威性和不可替代性。其中，法定属性体现为自然资源资产离任审计已被纳入审计法范畴。根据 2021 年《中华人民共和国审计法》修正草案，自然资源资产离任审计作为新的审计内容纳入审计法范畴，增添了自然资源资产离任审计的法定属性，也体现了国家对自然资源资产离任审计制度的重视。常规属性体现在自然资源资产离任审计与环保督察、环保约谈等环境监管制度相比，具有常态化特征，而且该制度规定党政领导干部"逢离"必审，甚至在"任中"就开始审，是第一项常规性资源环境审计制度（徐志耀和陈骏，2020）。而自然资源资产离任审计权威性，体现在审计人员的专业权威性，具体表现为自然资源资产离任审计要求审计从业人员除了掌握审计与会计专业知识、环保法律法规和政策储备以外，还要有强大的理工科专业背景支撑，包括地理学、物理学、化学等专业知识与技术（王立彦和李江涛，2016）。根据自然资源资源资产离任审计的法定属性、常规属性及其权威性，使得该项制度与其他资源环境管制制度明显区分，实现从制度上根本性的渗透生态文明建设理念（张宏亮等，2014），具有显著的不可替代性。

第五，关于自然资源资产离任审计的结果运用方面，现有研究普遍认为，审计结果正确有效地运用于领导干部考核，是开展自然资源资产离任审计目标实现的重要保障。郭旭（2017）总结了自然资源资产离任审计的结果运用，认为自然资源资产离任审计并不是完全的离任审计，也会涉及任中审计，应根据领导干部任中期间的表现来决定是否对其实施提拔。一方面审计意见会报送至上级党委和政府部门，对于审计结果中披露的隐蔽性、长期性、滞后性和复杂性等问题进行分析和评价，按照终身追责的原则，对违规干部进行合理的处罚或提拔（薛芬和李欣，2016）；另一方面将审计结果向社会公告，提高广大人民群众的知情权和监督权，通过加强政府环境资源保护信息透明度，扩大自然资源资产离任审计制度的影响范围和有效性（杨晓和等，2017）。

2.1.2 自然资源资产离任审计后果的相关研究

目前，关于自然资源资产离任审计制度后果的研究，主要集中于三个方面，分别是公司层面、地区环境污染治理层面以及地区自然资源管理层面。

在公司层面，现有文献主要围绕自然资源资产离任审计的微观治理效果展开研究。其中，刘文军和谢帮生（2018）从公司会计政策调整角度，利用自然资源产离任审计试点这一准自然实验，认为由于重污染企业发展存在路径依赖，短时间内难以通过转型升级来规避该项制度的不利影响，从而直接影响企业的会计政策选择，即企业在面临不利的政治活动时会降低利润以规避政府监管，盈余管理程度下降。全进等（2018）从公司权益融资成本角度研究，认为自然资源资产离任审计提高了企业的经营风险，特别是在没有政治关联的情况下，企业权益融资成本将显著上升。李秀珠和刘文军（2020）从公司债务融资视角，分析自然资源资产离任审计对企业银行借款成本和债券融资成本的影响，该研究基于信号传递理论以及委托代理理论，认为离任审计会对企业经营构成负面影响，向企业债权人传递出公司未来现金流状况不好的信号，以及公司管理层可能利用离任审计对企业的负面影响，掩盖自身投资无效和掏空行为，从而增加了债权人风险，企业债务成本提高。蒋秋菊和孙芳城（2019）从企业税收规避视角进行研究，认为离任审计给重污染企业带来了一定的环境规制压力，企业为降低额外的政治成本和保护自身利益，将会倾向于"低调"形式，降低企业税收规避程度。

在地区环境污染治理层面，现有文献主要就自然资源资产离任审计的宏观环境治理效果展开研究。其中，张琦和谭志东（2019）从地区环境治理投入视角进行研究，认为自然资源资产离任审计试点实施后，试点地区官员的环境治理绩效得以透明化，以显性信息的方式向上级党委、政府传递，促进地方政府采取长效措施增加地区财政环保投入，提高地方环境治理水平。黄溶冰等（2019）从地区空气污染防治角度研究，发现与非试点地区相比，自然资源资产离任审计试点地区短期内显著降低了大气污染排放约束性指标的排放浓度，并判断出自然资源资产离任审计长期实施有利于地区空气质量的持续改善。

在地区自然资源管理层面，现有文献主要就自然资源资产离任审计对宏观层面自然资源管理是否得以改善展开研究。例如，杜俊涛等（2021）从地方政府土地出让情况，分析自然资源资产离任审计对地区自然资源管理情况的影响，研究发现，离任审计试点实施后，土地出让纳入政府审计，改变了地方政府领导干部的考核机制，通过对地方党政领导受托经济责任进行审计与问责，加大了对土地出让的监管力度，使试点地区土地出让面积明显下降，土地资源得到更好的保护。

2.2　企业绿色投资行为的相关研究

2.2.1　企业绿色并购的相关研究

（1）企业绿色并购的驱动因素研究。

并购是企业重要的财务投资决策之一，能够促使生产资源从低效率的产业部门流向高效率的产业部门（李善民和朱滔，2006），对推动传统行业转型升级、产业布局优化（蔡庆丰和田霖，2019）、淘汰落后产能以及经济高质量发展有着重要作用（Liu，2012）。早期经验证据表明通过控制目标公司以获取其特定的实物资产、品牌资源、核心技术以及追求规模经济性、建立产品市场势力，进而改善经济效率是公司执行并购活动的重要动机（Andrade et al.，2001；Betton et al.，2008）。然而，随着中央对生态文明建设的重视，环境资源监管力度不断加大，绿色经济高质量发展成为当前经济发展的主要议题，获取绿色发展资源成为当前企业特别是重污染企业并购的主要驱动力（潘爱玲等，2019）。在环境资源监管力度增强的情况下，企业绿色并购的驱动因素主要表现在两个方面：一方面为环保约束；另一方面为资源约束。

①环保约束驱动。在环保约束下，现有研究主要从"督企"和"督政"两个视角探讨环保约束对企业绿色并购的影响。基于"督企"视角的研究方面，满足环保合法性要求是企业绿色并购的主要原因。在这一观点下，严格的环境规制增加了企业经营成本，使得污染治理成本与日俱增（彭文斌和路江林，2017），企业通过绿色并购向清洁生产领域转型，可以降低环境规制给企业带来的成本。有研究表明，以排污费收费为代表的市场型环境规制环保约束与重污染企业绿色并购呈倒"U"型关系，随着这一环保约束力度的增加，重污染企业进行绿色并购的概率呈现先上升后下降的态势，而环保立法和环保执法等命令型环境规制环保约束不会影响重污染企业绿色并购的可能性（Iraldo et al.，2011；Xie et al.，2016；邱金龙，2018）。除了环境规制产生的环保约束外，部分学者从社会监督的环保约束视角分析企业绿色并购的驱动因素。比如，潘爱玲等（2019）从媒体监督视角考察其与企业绿色并购之间的关系，认为重污染企业实施绿色并购是为了缓解媒体持续跟踪监督压力，并借助绿色并购的特征，向外界传达企业履行社会责任的良好形象，同时向市场传递企业发展利好信号。同时，社会公众监督所带来的环保约束，也是企业实施绿色并购的重要驱动因素。比如，沈洪涛和周艳坤（2017）研究发现，群众举报环保问题后，企业将会被环保部门约谈，这无疑增加了企业环保约束压力，促使企业实施与环境保护、节能减排相关的绿色并购战略（Kathuria & Sterner，2006；王霞等，2013；邱金龙，2018）。

除此之外，部分学者从"督政"的角度，研究基于地方政府的环境资源监管将如何影响企业实施绿色并购。随着中央政府将环境保护纳入地方各级人民政府政绩考核指标，地方官员的环境治理压力增大，环境保护偏好增强，而政府对重污染企业行为的干预最能改善环境质量（沈洪涛和周艳坤，2017）。

②资源约束驱动。在资源约束下，获取经济发展所需的绿色创新资源和政治资源是企业发起绿色并购的关键驱动因素。一方面，获取经营发展所需要的自然资源是企业实施绿色并购的直接驱动因素。重污染企业传统发展模式主要依赖自然资源，在自然资源使用管制增强时，企业获取原生态自然资源的成本提高，由于自然资源消耗产生的环境污染而受到的环境处罚又降低了自然资源使用的收益，致使企业自然资源使用约束提高（文巧甜和郭蓉，2017）。而并购是企业应对市场竞争和业绩下滑时所作出的重要战略调整行为。当自然资源生产要素受到约束时，企业将会有动力将生产资源向清洁型能源转变、提高资源使用效率，降低污染排放，通过绿色并购获取清洁型绿色生产技术，使企业缓解资源获取束缚和降低资源获取成本，提高资源使用收益（Berry，2010；Iyer & Miller，2008），以缓解企业绿色创新资源约束（潘爱玲等，2019）。另一方面，政治资源是企业实施绿色并购的另一驱动因素。随着当前环境资源监管约束的增强，为鼓励企业绿色转型发展，政府出台了一系列对绿色产业扶持的政策，受到产业扶持的企业将会获得更多的财政补贴、税收优惠等直接利益（方军雄，2008；周亚虹等，2015；蔡庆丰和田霖，2019），比如绿色技术研发补贴（沈洪涛和马正彪，2014）。而且这些受扶持的企业在资本市场中也更易受到投资者的青睐，传递出企业发展的利好信号（郭玥，2018）。因此，绿色产业政策的支持，增加了非扶持行业的资源要素束缚和市场发展的负面性，为缓解这一问题，非扶持行业（即重污染行业）有足够动力实施绿色并购（黄维娜和袁天荣，2021）。

（2）企业绿色并购的经济后果研究。

①企业绿色并购的经济绩效表现。目前关于企业绿色并购经济绩效表现的研究较少，且在关于两者关系的结论方面，现有研究尚未达成一致结论。有学者认为企业绿色并购后，重污染企业可充分利用现有资产和生产设备，保持企业正常运转，不仅可以实现企业规模增长，而且可以传递出绿色发展和环境保护的企业形象，提高企业声誉，促使企业获得更好的经营和财务绩效，他们不认为绿色并购是一种环境资源监管下的策略型工具（Salvi et al.，

2018）。邱金龙（2018）将企业绿色并购的经济绩效分为长期绩效和短期绩效，发现相比于非绿色并购，企业绿色并购的短期绩效和长期绩效均较好。高汉和胡超颖（2019）也认为，企业绿色并购后，会向市场投资者传递有利信号，即企业在经济决策中有考虑环境因素，满足市场消费需要，从而提高机构投资者的投资偏好，相比非绿色并购，企业绿色并购将有助于提高经济绩效和社会绩效。然而，潘爱玲等（2019）认为，企业绿色并购后，污染企业会计信息质量显著下降，存在降低信息透明度以减少外界关注的问题，且绿色并购后企业环保投资规模并没有显著增加，而是披露更多的软环境信息，从而推出污染企业实施的绿色并购是为了缓解外界舆论压力的一种策略型工具，并不能实现企业的实质性绿色转型发展。

②企业绿色并购的社会效益。关于企业绿色并购的社会效益，能否降低企业污染排放、实现节能减排，现有研究也有不同的解释和结论。部分学者认为，企业绿色并购属于一种社会责任行为，从社会责任的价值性来看，企业履行社会责任更多体现了股东主义和长期价值（权小锋等，2015），在此观点下的企业绿色并购行为可以提高企业社会责任水平，满足社会公众的环保需求，并将绿色并购投资作为满足社会公众和其他利益相关者的环保诉求的有效手段，从而使企业在自身经营发展过程中关注环境污染问题，通过绿色并购实现节能减排和绿色转型发展（曹玉珊和马儒慧，2021）。

2.2.2　企业绿色创新的相关研究

（1）企业绿色创新的驱动因素研究。

①外部影响因素研究。自波特假说提出以来，企业绿色创新问题得到众多学者关注。除环境规制的影响外，现有文献还从政府补助、绿色金融政策以及官员变更等外部视角对企业绿色创新驱动因素进行了研究。

波特（Porter，1991）认为，强制的环境法规可以有效地激发企业进行绿色创新，但后续研究对该观点提出了不同的看法。部分学者支持环境规制对企业绿色创新具有正向促进作用，认为当政府对企业实施环境规制时，企业为降低生产成本提升竞争力，将会积极进行绿色创新，通过研发出绿色工艺技术获取高额收益（Guellec et al.，2003），从而产生"创新补偿"效应。王文普和陈斌（2013）引入波特假说，研究发现随着环境规制强度的提高，企业为减少治污成本会寻求技术研发来降低企业排污量，从而促进绿色创新发展。然而，还有部分学者认为环境规制会抑制企业绿色创新，他们认为环境规制会导致企业对污染排放的治理成本增大，使企业缺乏足够用于研发创新的资金，从而抑制绿色创新，即"遵循成本"效应。格雷和沙德贝格（Gray & Shadbegian, 2003）、奈勒和曼德森（Kneller & Manderson, 2012）、李斌等（2013）也研究发现，环境规制增加了企业的环境治理成本支出导致企业无法从事绿色创新。与此同时，另外一些学者认为，环境规制对企业绿色创新表现出非线性关系。主要原因在于，在不同环境规制强度区间内，环境规制的"创新补偿"效应和"遵循成本"效应的强度不同，从而存在门槛特征。蒋伏心等（2013）使用中国江苏省制造业的面板数据发现，环境规制与企业绿色创新的关系呈现先降后升的"U"型特征，其不仅会通过"创新补偿"效应或"遵循成本"效应从资金、政策等角度直接影响企业绿色创新，还能通过境外投资和规模效应等间接影响企业绿色创新行为。尤济红和王鹏（2016）研究发现，环境规制在短期内能够促进企业绿色创新研发投入的增加，但由此挤出了原本的 R&D 投入，最终正负效果相抵，影响效果不显著。

部分学者从政府财政补助视角分析其对企业绿色创新的影响，目前也尚未得出统一结论。现有研究主要从两个途径认为政府财政补助可以增强企业绿色创新能力：一是政府财政补贴可以缓解企业绿色创新融资约束。多米尼克（Dominique, 2003）基于经合组织（OECD）国家企业研发活动的研究发现，税收优惠有利于绿色研发资本积累从而促进企业绿色创新效率的提升。朱平芳和徐伟民（2003）认为，政府科技拨款资助和税收减免政策都有利于 R&D 投入且税收减免的效果更显著。王锋正等（2018）则认为，税收减免和财政补贴可以弥补企业绿色创新资金缺口，健全产权保护制度，能够有效维护企业创新收益，所以地方政府通过加强产权保护、给予税收优惠等手段，可以有效保护企业创新成果，激发企业绿色创新的积极性。二是政府财政补贴有利于向市场传递积极信号。邢会等（2019）研究发现，政府对企业实施财政补贴时，向市场传递了企业生产经营状态良好和政策导向的积极信号，有利于企业扩大融资渠道提高企业绿色创新的速度和质量。部分学者从两个方面认为政府财政补助会抑制企业绿色创新。一方面，政府财政补助存在产权偏向和规模偏向，即政府补助更倾向于支持国有企业和规模较大的企业。这种补助倾斜会削弱企业绿色创新的驱动力（谢乔昕和张宇，2021）；另一方面，企业对获得的政府财政补贴用于弥补成本或非绿色创新领域，导致政府财政补助发挥不了应有的激励作用，企业绿色创新得不到实质性提高（Philipp Boeing，2016）。还有部分学者认为，政府财政补贴对企业绿色创新的影响不确定。比如，张庆勋（Chang，2011）研究发现在经营能力、研发成本以及市场需求不同条件下，政府财政补贴对企业绿色创新会产生不同的影响，在绿色技术研发水平较低以及市场较激烈条件下，政府财政补贴对企业绿色创新具有积极影响；反之，则表现出挤出效应。

随着2012年银监会制定的《绿色信贷指引》的实施，部分学者开始研究绿色金融政策对企业绿色创新的影响。刘强等（2020）认为，绿色金融政策受到地区金融发展程度的影响。在金融业较为发达的地区，绿色金融政策的环境管制作用会被削弱，而在金融发展欠发达的地区，企业面临的融资环境比较严峻，融资选择有限，企业对银行贷款融资方式依赖度较高，使绿色信贷政策对企业绿色创新的激励效应较强。徐佳和崔静波（2020）认为，绿色金融政策可以通过发挥不同类型产业间的资金配置功能，减少对污染项目的投资，引导资金更多流向绿色产业和环境友好型生产过程，从而缓解企业融资约束，促进企业绿色创新。赵娜（2021）研究发现，绿色信贷为"清洁"行业的绿色创新提供了较低的融资成本以及丰裕的资金，缓解了该类企业的资金匮乏，降低了绿色创新的成本，有利于纾解地区绿色创新困局。王馨和王营（2021）研究发现，相对于非绿色信贷限制行业，绿色信贷限制行业的绿色创新表现更佳，有助于污染企业的绿色转型。

除此之外，部分学者基于地方官员变更对企业绿色创新的影响进行了研究。刘诗园和杜江（2021）认为，地方官员更替会带来政策方向的变化、地区政策环境不确定性升高和环境监管力度变化，进而影响辖区内企业绿色创新。具体而言，地方官员更替引发政策环境的不确定性，从而抑制企业绿色创新投入（Baker et al.，2016）。同时，地方官员更替后，新任官员可能主观上出于晋升激励而放松环境管制，或者面临岗位适应期，导致当地环境监管力度下降，企业进行绿色创新的意愿随之减弱（潘越等，2017）。

②内部影响因素研究。部分学者基于企业自身特征，研究了其对企业绿

色创新的影响。彭雪蓉和魏江（2015）从高管特征出发，认为高管环保意识是影响企业绿色创新的重要内部因素。当高管环保意识越强，一方面与环保意愿高的利益相关者对齐的意愿越强，另一方面更可能识别和利益相关者所提供的各种资源，生态创新的积极性更高。王锋正和陈方圆（2018）从公司治理视角出发，认为企业董事会治理水平的高度将直接影响企业是否实施企业绿色创新。风险规避的经营者在创新投资中存在代理行为（Jensen & Meckling，1976），相较于内部董事，外部董事能够更加有力监督管理者，降低管理者短视行为，即外部董事数量的增加有利于企业绿色创新水平的提高（徐金发和刘翌，2002），独立董事占比将与重污染企业绿色创新息息相关。哈特和道威尔（Hart & Dowell，2010）从企业自身绿色创新能力出发进行研究，认为企业绿色能力影响企业绿色创新。绿色能力指的是企业执行与环境战略相关的资源或者能力，而绿色技术能力主要包括绿色研发投入、绿色环境管理系统和战略柔性。绿色环境管理系统（environmental management systems，EMS）包括 ISO 14001 体系、绿色体系建立过程中高管的承诺、团队工作、分权、过程相关技术等。EMS 使得企业可以提高效率，从而降低绿色创新的成本，也有助于实现绿色创新（Khanna & Deltas，2009）。隋俊等（2015）的研究表明，企业的绿色社会资本和绿色创新系统吸收能力会积极影响企业绿色创新水平及其创新效果。

（2）企业绿色创新的经济后果研究。

①企业绿色创新的经济绩效表现。目前，企业绿色创新对企业绩效影响的实证结果尚存有争议。大部分学者认为，绿色创新与企业绩效呈正相关。持该观点的学者认为绿色创新能够促进企业节能降耗，减少浪费，并从中获益，实现资源要素生产力的提高（王建明等，2010），如此可以降低企业的原材料成本和污染治理、违规惩罚成本，并通过提供环境友好产品来满足顾客日益增长的绿色消费需求，提高企业声誉，进而获得更多的市场份额和消费收入，从而会给企业绩效带来正向影响（李怡娜和叶飞，2011；Wong et al.，2012）。具体而言，绿色创新通过使用替代能源、改善工艺以及资源循环使用等途径能够有效提高能源利用率，减少了资源使用促进了成本最小化（Xie et al.，2016），降低废弃物产生率，确保企业的生产制造流程符合环境规制，从而规避环境污染处罚（Yu et al.，2017），对提高企业经营绩

效具有积极作用（Dixon et al.，2013）。陈玉珊（Chen et al.，2006）从资源基础观强调企业的绿色核心竞争力，认为绿色创新能够为企业带来竞争优势，进而提升企业的绿色形象。张庆勋（Chang，2011）也认为，企业采取绿色产品创新和绿色过程创新对企业竞争优势具有显著的正向影响。通过持续的绿色创新，可以提高企业生产效率，获得低成本竞争优势，提高企业经营绩效（曹国等，2014）。方先明和那晋领（2020）从资本市场收集证据，发现主板上市公司能够获得绿色创新溢酬，即绿色专利申请量和授权量越多的公司股票超额收益率越高。但是还有部分学者认为，绿色创新意味着较高的初始投入成本和较长的回报周期，使企业短期内可能有更低的绿色绩效和经济绩效（Qi et al.，2013）。

②企业绿色创新的社会效益。现有研究认为，企业实施绿色创新行为除为股东追求财务绩效以外，同样应该承担起社会责任，为其他利益相关者谋求福利（Freeman，1998）。在这种观点的影响下，企业日益认识到组织社会绩效的重要性，也促使很多组织在经营中不仅考虑经济绩效，同样兼顾企业的社会绩效。哈特（Hart，1997）指出，绿色创新虽然能在短期内引起更高的企业成本，但从长期来看，有利于企业获得更大的社会收益和经济回报。企业实施绿色创新能够通过对公众的要求积极响应而避免公众对企业的消极印象和获得利益相关者支持（Cordano，1993）。这有利于企业建立与利益相关者的良好关系，改善企业的经营环境、提升企业处理环境问题的能力（Buysse & Verbeke，2003）。同时，企业实施绿色创新，有利于减少企业对生产过程中的浪费和污染处理的必要性，从而为企业赢得良好的社会声誉（Judge & Douglas，1998），而这种声誉可以使企业建立环保上的先发优势，增强企业的社会绩效（Eiadat et al.，2008）。近年来，企业绿色创新的社会效益功能再次被放大，蔡和李（Cai & Li，2018）认为，绿色创新存在"知识溢出"和"环境溢出"的双重效应，能够在改善生态环境的同时实现收益提升，被称为生态现代化的有效载体，已成为经济转型与社会绿色发展的重要支撑（李新安，2021）。通过实施绿色创新，不仅可以改善本地雾霾污染，邻近地区通过不断学习模仿本地区企业的绿色技术和管理，也能实现绿色创新水平提高，资源利用效率提升，雾霾治理水平得到显著改善（禄雪焕和白婷婷，2020）。

2.3　文献评述

通过对国内外相关文献的梳理发现，关于自然资源资产离任审计的理论和实证研究、企业绿色并购和企业绿色创新的驱动因素与经济后果的相关研究都取得了丰硕的成果，自然资源资产离任审计和企业绿色投资的研究也取得了一些理论进展，但在以下三个方面仍有进一步拓展的空间。

第一，现有文献关于自然资源资产离任审计制度的研究主要集中于理论部分。虽然少部分文献实证检验了自然资源资产离任审计对企业融资成本、税收规避以及环保直接投入的影响，但由于自然资源资产离任审计的主要目标是保障领导干部切实履行自然资源资产管理和生态环境保护责任，推动生态文明建设。在这一目标驱动下，检验绿色治理功能应是探讨自然资源资产离任审计制度实施效果的关键，遗憾的是，现有文献较少给予关注并展开研究。此外，通过回顾自然资源资产离任审计的理论研究，自然资源资产离任审计具有法定属性和常规属性，即将自然资源资产离任审计纳入审计法范畴，并通过常态化审计以监督地方官员生态环境保护责任。而若保持自然资源资产离任审计绿色治理功能的常态化，即持续性，那么相应的绿色转型效果能否给企业、社会以及政府官员带来正向激励呢？概言之，本书认为，自然资源资产离任审计制度是否具有绿色治理功能，以及该功能能否发挥持续性应是检验自然资源资产离任审计制度实施效果的重要方面，也是实现预期自然资源资产离任审计制度目标需要解决的关键问题。对此，本书将对此问题展开研究，以完善自然资源资产离任审计制度实施效果。

第二，现有文献关于企业绿色投资行为影响因素的研究较为丰富，为展开有关企业绿色投资行为研究作了理论铺垫，但较少有文献从审计视角出发，研究自然资源资产离任审计对微观企业绿色投资行为的影响。自然资源资产离任审计作为新型创新性审计制度，具有政府审计功能，不仅能够给予地方政府制度压力，通过实施监督和激励手段促进辖区企业采取绿色投资行为，还能够有效给予企业市场压力，即政府审计主体通过比较不同地区资源环境保护差异，增加对资源环境保护较弱地区的审计力度，可有效降低重污染企业跨地区转移污染产业的投资机会，增加市场绿色投资的竞争性，鼓励企业采取绿色投资。可见，从自然资源资产离任审计视角研究企业绿色投资行为，可以揭示由"督政"过渡到"督企"影响企业绿色投资行为的作用路径，也可以实现监督机制与激励机制相结合来影响企业绿色投资，从而开拓新的影响企业绿色投资行为的视角，丰富企业绿色投资行为驱动因素的相关研究。

第三，制度压力和市场压力是当前影响企业绿色投资行为的两个重要维度，但现有文献较少就制度压力和市场压力如何协同影响企业绿色投资行为选择作出理论阐述和经验证明。虽然部分文献研究了来自环境规制压力对企业环保投资行为的影响，但尚未就同一场景下，制度压力和市场压力如何协同影响企业绿色投资行为选择进行研究。同时，也较少有文献对绿色并购和绿色创新投资行为实施效果以及二者之间的相互关系进行研究。而探讨这两种行为的实施效果以及相互关系，对优化企业绿色投资行为具有重要作用，有必要进一步分析企业绿色并购和绿色创新在实现预期制度目标方面的差异性以及协同性，以降低企业绿色投资不足或投资过度的可能性，拓展绿色投资理论。

第 3 章
概念界定、制度背景与理论基础

3.1 概念界定

本节对本书研究涉及的关键变量进行具体概念界定，包括自然资源资产离任审计、企业绿色投资行为以及绿色投资行为选择。

3.1.1 自然资源资产离任审计

（1）自然资源资产离任审计的性质。

自然资源资产离任审计赋予了各级政府和社会组织及其领导人更为全面的受托经济责任要求，是环境审计与经济责任审计深度融合的产物（蔡春和毕铭悦，2014）。自然资源资产离任审计的主角是政府审计机关（蔡春和毕铭悦，2014），因此，就针对地方领导干部自然资源资产保护情况展开的自然资源资产离任审计而言，本书将自然资源资产离任审计归属为政府审计范畴。其中，据 2015 年印发的《方案》规定，自然资源资产离任审计客体主要为地方各级党委和政府主要领导干部。

根据政府审计的"免疫系统"功能（刘家义，2012），自然资源资产离任审计能够起到预防、揭示和抵御审计客体自然资源环境不合理利用与潜在风险管理的功能。其中，预防功能可体现为，自然资源资产离任审计通过常态化监管地方政府的资源环境保护责任，能够对自然资源资产保护责任主体起到威慑作用，预防地方政府在经济发展过程中出现自然资源管理和利用不合规、不合法现象，提高地方政府自然资源受托经济责任履行地有效性。同时，在自然资源资产离任审计过程中，政府审计机关主要就地方领导干部任期内自然资源资产管理政策的执行情况，以及相关生态环境保护约束性指标和目标责任完成情况等方面进行重点审计，揭示和披露领导干部自然资源资产管理保护行为的规范性以及权力运行的有效性，并通过协助建立与完善各项审计规范制度，明晰自然资源资产审计指标内容，提高政府部门自然资源资产管理的内部控制力度，以抵御地方政府自然资源资产管理受托责任方可能存在的隐藏和舞弊等环境资源管理违法违规现象，防止地方政府利用统计工作的缺陷操纵考核结果（廖义刚，2014），从而促进环境审计与经济责任审计工作的相结合，规范领导干部的努力方向，推动国家生态文明建设。

（2）自然资源资产离任审计的目标。

一般而言，审计目标是审计活动所要达到的预期结果，随环境变化而变化。本书将自然资源资产离任审计目标分为总体目标、直接目标和根本目标。根据《方案》，自然资源资产离任审计的总体目标是摸清自然资源资产基本情况、保障自然资源节约集约利用和生态环境安全，加快我国生态文明建设，实现经济高质量发展。

直接目标是通过发挥审计监督功能，揭示和查处领导干部在自然资源资产管理使用中存在的重大问题，促进领导干部守法、守纪、守规、尽责，切实履行自然资源资产管理和生态环境保护责任，对领导干部制定自然资源资产审计评价指标体系，以此完善领导干部的晋升激励制度，建立健全自然资源资产节约集约利用和生态环境保护长效机制，推进自然资源资产管理方受托责任的全面有效履行。

除此之外，根据《方案》中的总体目标和直接目标，本书认为自然资源资产离任审计的根本目标是通过落实领导干部环境资源管理的直接责任，借助领导干部及所在地方政府的环境资源监管措施，提高城市及企业的绿色项目投资，推进城市及企业的绿色转型发展。这是因为企业作为市场经济主体，其绿色投资行为与地区绿色发展决策、环境管制息息相关。地方政府作为属地生态环境资源质量的主要承担者，其行为对企业绿色发展决策有着重要影响，同时也决定了城市绿色战略发展方向。

（3）自然资源资产离任审计的范围。

从自然资源资产离任审计内容范围来看，2017 年，中共中央办公厅、国务院办公厅印发的《自然资源资产离任审计规定（试行）》明确了审计内容，包括：领导干部贯彻执行中央生态文明建设方针政策和决策部署情况；遵守自然资源资产管理和生态环境保护法律法规情况；自然资源资产管理和生态环境保护重大决策情况；完成自然资源管理和生态环境保护目标情况；履行自然资源资产管理和生态环境保护监督责任情况；组织自然资源资产和生态环境保护相关资金征管用和项目建设运行情况；履行其他相关责任情况。

根据部分试点地区（如山东青岛）的实践操作来看，审计内容主要涉及四个方面，包括自然资源管理政策执行情况、相关资金管理情况、工程项目建设中存在的资源浪费和环境破坏等问题，以及领导干部自然资源资产管理的监管效力情况，以此来评价领导干部的履职尽责程度。

从自然资源资产离任审计的时间范围来看，随着审计制度的不断完善，自然资源资产离任审计不仅在领导干部离任时对其任期内的自然资源管理和生态环境保护情况进行审计，甚至会在领导干部任职期间展开审计，即任中审计（郭旭，2017），实现任中审计与离任审计的结合。

（4）自然资源资产离任审计的结果及其应用。

自然资源资产离任审计结果是评判和鉴证领导干部任期内辖区自然资源管理和保护情况的基本依据，是对相关领导干部政绩情况作出客观考核、奖惩与晋升任免的重要依据，已纳入领导干部综合考评制度的一项重要内容。

关于审计结果运用方面，《方案》强调，审计机关将根据被审计领导干部任职期间所在地区或者主管业务领域的自然资源管理和生态环境保护情况，结合审计结果，以评价被审计领导干部履行自然资源资产管理和生态环境保护责任情况，并以此作为领导干部晋升或者处罚的重要依据。

3.1.2　企业绿色投资行为

学术界对企业绿色投资行为的界定不尽相同，更多的是从宏观层面界定绿色投资行为，即以实现生态环境保护、污染综合治理、资源合理利用、经济循环发展、人与社会和谐发展为目的的新型投资活动（Eyraud et al.，2013）。而在微观企业行为领域，部分学者将绿色投资行为定义为一种特殊的企业社会责任活动（Martin & Moser，2016），其目标是减少企业的环境污染，本质是为了对环境产生友好影响的投资活动（Negulescu & Doval，2014）。从企业环境适应性而言，沃伊卡等（Voica et al.，2015）认为，企业绿色投资行为是为改善生态环境而积极展开的投资活动，以加强企业在气候变化、可再生能源和清洁技术等领域所进行的气候适应性或低碳投资。有些学者将企业绿色投资行为等同于环境投资行为，认为企业绿色投资行为追求的是包括经济效益、环境效益与社会效益在内的综合效益，采用企业环保投资额进行衡量（毕茜和于连超，2016）。陈羽桃和冯建（2020）从效率视角，将企业绿色投资行为与环境绩效相联系，认为企业绿色投资行为是以提升企业环境绩效、开展绿色管理和减少环境风险为目标，对能够预防和治理环境污染、产生环境效益，以及降低环境成本的设备、技术、材料、能源、服务等进行的内部投资，并根据投资不同的功能和用途，将绿色投资进一步划分为预防型绿色投资和治理型绿色投资。在一般的企业投资行为中，根据投资对象的不同，可将企业投资活动分为实业投资和金融投资。同理，企业绿色投资也包括绿色实业投资和绿色金融投资，部分学者则从绿色金融视角定义企业绿色投资行为，将企业绿色投资行为看作一种既关注生态目标也关注传统投资目标，并能够产生正面环境影响或消减负面环境影响的金融投资行为（Kahlenborn，1999）。从以上定义可以看出，大多数学者是从企业环境适应性角度出发，以提高环境绩效为目的，降低企业环境污染而产生的支出行为。

结合研究主题，借鉴已有对企业绿色投资行为的界定，本书中企业绿色投资行为更侧重企业绿色实业投资行为，并从外部经营环境压力角度将其界定为企业为缓解制度压力和市场压力而采取的必要措施，目的是减少企业污染排放、提高能源使用效率，以获取政府和市场投资者信任，实现企业绿色转型发展的项目支出行为。该定义下的企业绿色投资行为包括企业为获取绿色生产规模和绿色生产技术等而采取的绿色并购投资行为及绿色创新投资行为。

（1）企业绿色并购。

企业绿色并购属于企业外延式发展绿色投资行为。针对企业绿色并购进行研究的文献相对较少，仅有少数文献对企业绿色并购进行了界定。例如萨尔维等（Salvi et al.，2018）认为，企业绿色并购是企业为快速实现绿色规模增长、增强企业绿色竞争力，提高绿色消费市场份额的战略选择。邱金龙（2018）认为，企业绿色并购具有很强的目的性，是为满足社会、政府等对企业绿色发展要求而采取的投资行为，目的是获取节能减排技术和向其他低污染、低能耗行业转型。潘爱玲等（2019）认为，企业绿色并购是指将绿色理念引入公司并购决策，以实现可持续发展为目的的并购行为，其主要特征是将绿色理念贯穿目标企业选择、并购交易决策及并购后管理整合的全过程，以实现经济效益和生态效益的统一。黄维娜和袁天荣（2021）认为，企业绿色并购是指企业在并购决策中引入绿色理念，通过并购获取绿色技术、节能环保设备、清洁能源等绿色资源，以及向绿色清洁行业转型的并购活动。

通过梳理已有文献对企业绿色并购的界定，结合上述概念和文章研究主题，本书将企业绿色并购界定为：企业为缓解政府和市场等对自身绿色发展需求的压力，将绿色理念引入公司并购决策，以快速获取目标公司清洁型资源和技术为目的，促进企业绿色规模增长、提高企业绿色市场竞争力，实现企业短期内向绿色清洁行业转型的具有策略型的外延式发展绿色投资行为。

（2）企业绿色创新。

企业绿色创新属于企业内延式发展绿色投资行为。对绿色创新的研究起源于 20 世纪五六十年代，但学术界至今仍没有形成较为统一的概念。布劳恩和威尔德（Braun & Wield，1994）最早将绿色创新定义为能够减少环境污染，并能提高原材料和能源使用效率的技术产出研发活动。格鲁克等（Glucker et al.，2013）认为，企业绿色创新的宗旨是产生良好的环境效益，而不仅仅是降低环境压力。费尔南多等（Fernando et al.，2019）和朱庆华等（Zhu et al.，2012）认为，绿色创新是企业获得可持续竞争优势的重要战略。曹国等（2014）认为，绿色创新是改善组织环境绩效的新技术或管理的产品或流程，并把绿色创新分为前摄性绿色创新和反应性绿色创新。前摄性绿色创新是指企业通过主动采取与环境相关的创新行为以获得竞争优势，进而满足利益相关者的环保需求。反应性绿色创新是指企业通过采取被动的与环境相关的创新行为，以便遵守环境法规，最终达到利益相关者的环境需求。李香菊和贺娜（2018）认为，绿色创新不仅仅指一个技术研发行为，更多的是强调技术创新的"绿色观念"，通过对绿色产品和绿色工艺的研发与应用，实现产品整个生命周期的绿色化，进而提高企业经济效益和环境效益的投资活动。王馨和王营（2021）认为，在宏观层面，绿色创新已成为绿色发展的重要动力，有助于打好污染防治攻坚战、推动经济高质量发展；在微观层面，绿色创新日益成为企业提高自身竞争优势的重要动力，有助于加快节能减排、推动绿色化转型。欧盟委员会指出，绿色创新是遵循生态原理和生态经济规律，节约资源和能源，避免、消除和减轻生态环境污染和破坏，生态负效应最小的"无公害化"或"少公害化"的技术总称。虽然现有研究尚未就绿色创新这一概念的具体内涵达成广泛一致，但一个较为普遍的学界共识是：绿色创新是避免或减少环境损害而产生的新技术或改良技术的研发活动支出，其有助于提高经济效益和环境效益，促进企业绿色转型发展。

与以往创新投资活动相比，绿色创新不仅具有高投入、高风险和显著外部性特点，同时还具有资源节约和环境改善特征（方先明和那晋领，2020）。杨东和柴慧敏（2015）研究认为，绿色创新应具有以下特征：第一，绿色创新更强调基于新知识、新技术路线的探索性创新，能够突破非可再生资源高消耗的瓶颈，促进废弃资源和可再生资源的高效使用以及绿色产品的开发；第二，绿色创新被企业寄予实现降低环境污染的期望，同时企业也从期望中得到相应的经济效益（王彩明和李健，2019）。

通过梳理已有文献对企业绿色创新投资概念的界定，结合上述概念和文章研究主题，本书将企业绿色创新界定为：企业为缓解政府和市场等对自身绿色发展需求的压力，积极改善企业传统生产模式，自主研发出能够提高资源使用效率、降低污染排放的绿色生产技术和产品，以此提高企业自身绿色研发水平，增强市场绿色产品竞争优势，促进企业经济效益和环境效益的协同发展，加快推进企业绿色转型的具有战略意义的内延式发展绿色投资行为。

3.1.3 绿色投资行为选择

绿色投资行为选择，也称绿色投资行为决策，它决定了企业绿色投资目标的实现。一般而言，企业投资活动总是着眼于未来的现实行为，以解决企业生存和发展问题，而投资行为的选择往往反映了企业对自己将来进入什么事业领域的决策。根据企业投资的不同分类依据，可将绿色投资选择分为短期绿色投资行为选择与长期绿色投资行为选择、绿色投资总体选择与绿色投资单项选择以及战略型绿色投资行为选择与策略型绿色投资行为选择等形式。结合研究主题，本书主要就战略型绿色投资行为选择和策略型绿色投资行为选择进行重点分析与认定。战略型绿色投资行为选择是一种以变革为实质的决策，是有关企业整体生存和发展的竞争性方针和计划，它决定着企业的经营范围、经营类型和各种竞争性经营活动，具有未来性、全局性和竞争性的特点（孟耀，2008）。该绿色投资行为选择是在符合和保证实现企业使命的前提下，在充分利用环境中存在的各种机会和创造新机会的基础上，确定企业同环境的关系，规定企业从事的业务范围、成长方向和竞争对策，合理地调整企业结构和分配企业的全部资源（孟耀，2008）。被政府和消费者等利益相关者广泛认可的观点是：绿色创新是实现企业可持续发展目标的重要战略型绿色投资行为决策（Huang & Li，2017）。其不仅侧重采用清洁能源和引进节能设备等源头生产技术缓解非再生能源的约束程度，以此更有效地达到政府环境规制要求，而且致力于末端污染物的有效治理，从而降低企业生产末端排放的污染物，获得良好的企业绿色形象（Xie et al.，2019），被企业视为在全球竞技场中获得可持续绿色竞争优势的重要战略选择（Fer-nando et al.，2019；Zhu et al.，2012）。

策略型绿色投资行为选择强调企业为实现有限的绿色发展目标而采取的短期的、适应性的、互动的资源重组行动（孟耀，2008），是为了满足监督主体的利益需求而将资本投入绿色发展行业，忽视企业自身真实的绿色发展需求和方向。该绿色投资行为选择更多的是基于政府和投资者利益需求来配置资本（花贵如等，2011），是一种投资概念化和短期化的决策，容易导致企业长期价值毁损（陈东，2015），不利于企业获得可持续性的绿色竞争优势地位。

与此同时，企业能够选择恰当的投资选择方法是影响其投资选择效果的重要因素。根据投资决策理论，企业投资决策的选择会受到项目价值的影响（孙建波，2007），一般而言，能使企业投资决策者作出正确投资选择的方法应是能将投资方案预计寿命周期内所有现金流量及资金时间价值的方法。然而，企业投资环境决定了企业的投资决策，而投资环境包括了许多相互联系、相互依存的经济环境、政治环境、文化等要素，即企业投资选择需要考虑预期的行为目标，而不是一味地追求净现值最大化（孟耀，2008）。现代商务分析家们认为，现代企业决策者在决策时，并不力求获得最大利润，而只要求达到恰到好处的利润，同时又能满足总的决策中的其他要求。因此，考虑数据可获得性，围绕企业绿色投资行为选择的经营环境、社会环境以及政治环境，本书更多地从企业维度、社会维度以及政府维度视角，对企业绿色投资行为选择后果进行比较，以此分析丰富企业绿色投资行为选择问题。

另外，根据投资决策理论，企业投资选择中所涉及的方案个数及相互关系，可将企业投资行为分为独立投资行为和相关投资行为。一般而言，如果一个投资行为不影响或不显著影响其他投资行为，则该投资行为就是独立投资行为；如果一个投资行为会极大地影响其他投资方案的选择，则该投资行为变为相关投资行为。即如果一个投资行为的取舍决定于另一个投资行为的取舍，则将它们称为互补投资行为；相反，如果实施一种投资行为意味着将拒绝其他投资行为，则将它们称为互斥投资行为（孟耀，2008）。因此，研究企业绿色投资行为选择还需进一步分析不同绿色投资行为之间可能存在的挤出或协同关系，以此更为完整地阐述企业绿色投资选择问题。

3.2　制度背景

本书与研究内容相关的制度背景主要包括自然资源资产离任审计制度以及企业绿色发展背景。

3.2.1　自然资源资产离任审计制度及其演进

离任审计由政府审计发展而来，早期又称离任经济责任审计，主要指领导干部离任时对其任职期间经济责任履行情况的真实性、合法性与效益性等所实施的专项审计（孙丽虹，2001）。改革开放以来，随着我国经济体制和政治体制改革的不断深入发展，特别是随着我国党风廉政建设和反腐败斗争不断深入开展，监督和约束领导干部的政治与经济行为成为反腐败斗争的核心问题，此时领导干部离任审计便作为独立的概念而正式提出（钟庆明，1998）。与早先政府经济责任审计不同，领导干部离任审计更准确地界定了相关人员的经济职责，并由任中审计扩展到离任审计，强化了政府领导干部的经济责任意识与政府审计的作用和地位，并弥补了审计之受托责任履行的不足。但早期的经济责任离任审计仅仅强调与审查的是领导干部的经济业绩和廉洁自律情况，以保证财政资金依法合理有效地使用，防止国有资产的流失和浪费。同时，由于早期经济责任离任审计往往采取的是"先离任，后审计"，且领导干部无须承担终身责任，使得审计工作相对被动，离任审计流于形式（唐睿明，2004）。这种较小的经济责任风险，促使领导干部为提升自身业绩，不惜过度使用自然资源和破坏生态环境来实现所管辖区内的经济发展，造成我国自然资源流失严重。

随着生态环境问题的日益恶化，我国在"十二五"规划中明确指出，要加快转变经济发展方式，追求资源节约型和环境友好型社会，以实现经济的可持续发展。对此，部分学者提出将环境审计纳入领导干部经济责任审计的范畴（周曦，2011），以作为离任审计重要的配套措施。相应地，在实务中我国颁布了《审计署关于加强资源环境审计工作的意见》《党政主要领导干部和国有企业领导人员经济责任审计规定实施细则》等制度规定，旨在要求将资源浪费、生态环境破坏等内容作为被审计领导干部应承担的直接责任，以加强政府资源环境保护工作。理论界与实务界对环境审计的高度关注，使自然资源利用与保护成为领导干部经济责任离任审计中重要的考核指标，一定程度上约束了领导干部合理利用自然资源的行为，扩大了离任审计的审计范围与功能作用。然而，自然资源和环境的有效保护、使用与破坏无法同经济业绩一样准确量化衡量（刘笑霞和李明辉，2014），甚至领导干部任职期间保护自然资源和生态环境所产生经济绩效的期限远远大于其在任期限，这样不仅未提高领导干部经济业绩，反而起到了增加经济开支的副作用，无法达到领导干部真正合理利用自然资源和保护生态环境的初衷。这可归咎于当前经济责任离任审计的固有限制，即领导干部离任时仅对任职期间自然资源的过度使用与破坏承担"有限期"责任，使得离任审计在存有滞后性与评价难等问题下，受限于经济责任离任审计规定的环境审计，其审计独立性较弱，且更多强调的是经济责任，未细化环境责任内容，很难充分发挥资源环境审计的预设功能（刘长翠等，2014），并且依靠经济责任审计推行环境责任也很难实现环境审计的常态化。

考虑到资源环境审计的固有缺陷，以及加快生态文明建设的发展需求，习近平总书记强调，生态环境保护能否落到实处，关键在于领导干部，要落实领导干部任期生态文明建设，实行领导干部任期生态文明建设责任制。2013 年党的十八届三中全会通过的《中共中央关于全面深化改革若干重大问题的决定》，对自然资源资产离任审计作出了明确部署，并于 2014 年开始将部分地区首批纳入自然资源资产离任审计试点地区，包括山东省（青岛市、烟台市）、江苏省（连云港市）、内蒙古自治区（赤峰市、鄂尔多斯市、牙克石市、乌拉特后旗）、陕西省（西安市）、湖北省（黄冈市、武汉市）、贵州省（赤水市）、福建省（福州市、宁德市、武夷山市）、四川省（绵阳市）、广东省（深圳市）、云南省（昆明市）。为深入落实该项政策，2015 年11 月中共中央办公厅、国务院办公厅印发了《方案》，标志着此项试点工作正式拉开帷幕。《方案》指出了审计试点期间的审计对象主要是地方各级党委和政府主要领导干部，明确了审计试点的主要目标是保障领导干部切实履行自然资源资产管理和生态环境保护责任，促进自然资源资产节约利用和生态环境安全，推动生态文明建设等，并决定自 2018 年开始在全国建立经常性的审计制度。

自然资源资产离任审计的试点实施标志着资源环境审计作为一种独立的而非依附于经济责任审计的审计实践要求，来约束领导干部行为，缓解了领导干部经济责任审计与资源环境审计在形式上的相互牵制，而实现内容上实质性的有效结合（张宏亮等，2015）。相比早期的经济责任审计与环境责任审计内容，自然资源资产离任审计最大的突破是建立领导干部终身问责制，其在一定程度上缓解资源环境问题所具有的长期性、复杂性和滞后性等不足，并为转变领导干部激励结构与行为动机提供基础（郭旭，2017），实现离任审计功能的新发展。而在不成熟的自然资源市场体系下，该政策的审计内容主要包括两个方面：一是相关法律、法规等管制政策的落实情况；二是环境破坏收费、财政补贴等经济刺激情况（李博英和尹海涛，2016）。其中，管制政策直接约束生产者使用自然资源的数量和方式，而经济激励也将鼓励生产者科学利用自然资源，增强环境责任。事实上，为实现上述审计内容，我国早期实施了自然资源使用权和所有权相分离的管理措施，将自然资源无偿授予开发者和利用者，但依靠市场机制无法控制自然资源耗竭以及环境退化的不利后果，未能对资源开发的外部性进行有效矫正。而后推行编制自然资源资产实物量变动表以反映自然资源资产重大的变动事项与存量变化情况

（蔡春和毕铭悦，2014；曹玉珊和马儒慧，2019）。但编制实物量变动表会导致自然资源量化标准不统一（黄溶冰和赵谦，2015），无法有效衡量领导干部任职期间自然资源合理利用与环境保护情况。而现行的自然资源资产离任审计是在自然资源资产负债表编制的基础上展开，不仅需要统计自然资源资产实物量变化情况，也需要核算自然资源资产自身价值，以提高自然资源资产离任审计的独立性与客观性，增加领导干部自然资源环境行为的透明度。与此同时，生态环境终身问责制度的建立也从根本上起到了约束领导干部过度使用自然资源等违规行为的作用。比如，山东省2017年对试点地区的105名干部展开自然资源资产离任审计试点，以任职期间履行资源管理和生态保护责任为主线，严查有关河长制、生态环境损害责任追究制等的实施情况，审计还重点关注耕地保有量、森林覆盖率、单位GDP能源消耗降低、煤炭压减、$PM_{2.5}$、水环境质量等指标完成情况。浙江省湖州市2015～2018年已对36名党政主要领导干部展开审计，其中部分干部因离任审计考评为"好"，得到了上级政府部门的提拔，另有部分领导干部因考核成绩不理想被降职处理。

3.2.2 企业绿色发展背景

2011年以来，雾霾笼罩、污水横流、土壤质量恶化是危害老百姓健康生活的几大罪魁祸首，中国经济发展与环境保护之间的矛盾十分突出。大气、土壤、水等资源的污染较为严重，成为中国未来实现绿色发展的最大困扰。随着中国经济进入"三期叠加"新常态，加强污染治理、保护环境成为实现可持续发展的紧迫要务，同时也成为实现绿色发展理念的重要路径。近年来，中国不断强化治理污染力度，先后出台"史上最严环保法"以及《大气污染防治行动计划》《水污染防治行动计划》等法规政策，比如：2013年9月，国务院发布《大气污染防治行动计划》力促空气质量改善；2015年1月，被称为"史上最严格的环保法"，即修订后的《环境保护法》正式实施，强调对违法企业进行按日处罚、上不封顶监管策略等。在一系列环境危机和政令之下，污染企业通过转型、创新等方式实现绿色发展成为"新常态"。

国家治污的坚定决心及完善的法规政策，在一定程度上形成倒逼机制，使得一些高污染、高耗能的企业纷纷开启节能减排转型。比如，云南中环金泽科技有限公司，曾是一家污染严重的印刷厂，近年来该企业通过研发创新，对云南省内一些垃圾填埋场进行渗滤液处理，各个项目出水水质均达到排放标准或回用水标准。除了排污企业，一些高耗能的企业，在环境和市场的双重压力下，也开始主动转型。比如，宁夏福华冶金是一家传统的硅锰合金生产企业，经过一系列兼并重组后，公司淘汰了 10 万吨的洗煤产能和 1 台万吨级的硅铁矿热炉，并将低耗能、做好环保作为公司新的发展目标，主动淘汰落后产能，用最先进的技术促进企业绿色发展。同时，为保障重污染企业的绿色转型发展，政府管理部门也出台了一系列辅助措施，比如对脱硝电价进行补贴，实行差别化排污收费等，鼓励企业节能减排。根据《2016—2019 年全国生态环境统计公报》显示，全国排放污染物的工业污染源中废水污染物排放量由 2016 年的 643.2 万吨下降为 2019 年的 398.4 万吨；废气污染物排放量由 2016 年的 2 955.8 万吨下降为 2019 年的 1 869.4 万吨；开展清洁生产的重污染工业企业由 2016 年的 3 580 个上升为 2019 年的 5 587 个。《2019 年国民经济和社会发展统计公报》中显示，2016 年我国清洁能源消费量占能源消费总量的比重为 19.5%，2019 年该比例上升为 23.4%。这些数据反映出节能环保、降污减排已是未来发展趋势，且已经取得了一定成效。同时，在生态文明建设背景下，重污染企业也在不断优化自身生产模式，积极推动节能减排，促进自身实现绿色转型发展。

污染型企业为实现绿色转型发展，主要通过兼并重组、研发创新等方式予以实现。其中，兼并重组主要指企业通过并购清洁型生产企业来扩大自身绿色生产规模方式的绿色并购行为，而研发创新主要指企业为降低污染排放和提高能源使用效率等而自主开展研发活动的绿色创新行为。图 3.1 是重污染行业上市公司绿色并购数量和绿色发明专利申请的年平均数变动情况，初步描述了 2011~2019 年，我国重污染企业为实现自身绿色转型发展所做出的绿色并购和绿色创新投资变动趋势。从图中可以发现，重污染行业近几年绿色并购数量及绿色发明专利申请数量均呈不断上升的状态趋势，说明该类企业在面临系列外界资源环境保护压力时，并不是完全的关停和破产，而是为符合国家环保政策以及国家经济发展目标积极调整自身经营模式，努力实现绿色转型发展，这也为本书展开进一步研究作了背景支撑。

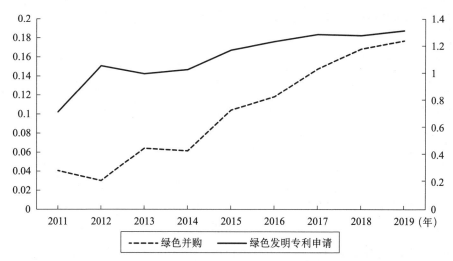

图 3.1　重污染行业绿色并购和绿色创新年平均变动情况

注：实线对应右纵坐标，表示企业绿色发明专利申请年平均数量的自然对数，虚线对应左纵坐标，表示企业绿色并购年平均数。图为作者根据收集的数据手工绘制而成。

3.3　理论基础

本书与研究内容相关的理论依据主要包括政府审计理论、信号传递理论以及组织合法性理论。

3.3.1　政府审计理论

政府审计实质上是一种保障和促进公共受托经济责任全面有效履行的特殊的经济控制，其本质功能是通过对政府经济活动的监控来保证和促进公共受托经济责任的全面有效履行（蔡春，2001）。在审计控制观下，政府审计的总目标在于独立、客观和公正地提供公共受托经济责任履行情况（或公共权力行使情况）的监督、评价和鉴证信息，追求合法性、合规性、真实性、经济性、效率性、效果性以及公平性和环保性（宋夏云，2006）。

合规性强调被审计单位的财政、财务收支等经济活动是否符合有关法律、法规、法令、指令、方针、政策、财政（或财务）制度、预算（或计划）、合同和程序等的要求。真实性包含符合事实、适当地表述、一致性和公平性的含义。经济性是指在考虑质量的前提下，使所用资源的成本最小化，即强调节约原则。效率性是指投入与产出比，它主要评价经济资源是否得到了最优或最满意的使用。效果性重点关注预期目标的实现程度。公平性是指所有参与者（人或团体）的各项属性（包括投入、获得等）平均。而环保性，又称为可持续性发展性，强调建立在社会、经济、人口、资源、环境相互协调和共同发展的基础上，既能相对满足当代人的需求，又能不对后代人的发展构成危害。因此，政府审计中环保性目标主动追求自然资源的合理利用和生态环境的有效保护。刘力云（1997）认为，政府审计部门进行的环境审计是宏观环境管理系统的重要组成部分，与已开展的一般性审计没有重大区别。环境审计是指由独立的审计机构和人员对环境管理系统和有关活动的环境方面进行的审查、评价和鉴证其真实性、合法性和效益性，最终达到保护环境的目的。

关于政府审计具体的管理体制，是指最高审计机关归谁领导、对谁负责以及中央与地方国家审计机关之间的关系（刘力云，2002）。目前主要有立法模式、司法模式、独立模式以及行政模式。立法模式强调最高审计机关隶属于立法机关，不受司法机关、行政机关的任何干扰与限制，严格独立于被审计单位（包括行政机关），审计公告的独立性较强，中央与地方更没有领导与被领导关系，地方审计机关可以独立自主地开展业务工作。司法模式指最高审计机关隶属于司法机关，不受立法机关和行政机关的任何干扰与限制，直接向国家元首报告，这种模式下最高审计机关的独立性和权威性相对较高，中央与地方没有直接的领导与被领导的关系，地方审计机关可以独立自主地开展业务工作。独立模式是指最高审计机关独立于立法机关、司法机关和行政机关之外，直接对国家法律负责，并向国家元首报告审计工作，这种模式的最高审计机关的独立性程度最高。严格独立于被审计单位，独立性和充分性最强，中央与地方没有直接的领导与被领导的关系。而行政模式是指最高审计机关隶属于行政机关之下，属于行政机关的一个职能部门，其独立于被审计单位，但不独立于同级行政机关。其中，审计结论和处理处罚决定首先需向行政机关和立法机关报告，再向社会公众报告，其时效性和充分性较差，且中央与地方存在直接的领导与被领导的关系，即地方审计机关接受上一级最高审计机关的领导。目前，我国政府审计管理模式属于行政模式。在这种模式下，上级政府审计部门能够查看并比较下级政府审计结果，并将审计报告问题反馈给委托人或者行政部门，进而决定对下级政府的奖惩。这为本书围绕政府审计理论探讨自然资源资产离任审计影响企业绿色投资行为选择的作用机理提供了可能。

另外，关于政府审计结果的呈现主要通过政府审计功能的发挥实现。刘家义（2012）的"免疫系统观"认为，政府审计是具有预防、揭示和抵御功能的"免疫系统"。其中，预防功能是指政府审计凭借其威慑作用及独立、客观、公正等优势，能够起到预防和预警经济社会健康运行中的风险隐患的功能，增强治理系统的"免疫力"。揭示功能是指政府审计通过监督检查各项治理政策措施的贯彻执行情况，起到反映真实情况和解释存在问题的功能，促进治理措施落实到位。揭露和查处违法违规、经济犯罪、损失浪费、奢侈铺张、不合理利用资源、污染环境、破坏民主法治等行为，并依法对这些行为进行惩戒。抵御功能，指国家审计通过促进健全制度、完善体制、规范机制，能够起到抑制和抵御经济社会运行中的各种"病害"的功能，促进提高国家治理绩效。

最后，政府审计通过完善的管理体制和功能的发挥，可以对领导干部展开具体责任审计，通过审计领导干部重大经济决策的效率效果、廉洁自律以及自然资源利用和环境保护情况，监督制约领导干部的权利运行，保证各地区和企业的良性治理与发展，为地方和企业项目营造良好的政治环境，促进企业重视并优化自身发展。

3.3.2 信号传递理论

信号传递理论认为，在信息不对称的情况下，处于信息优势地位的一方通常会通过显示或制造市场信号的方式向处于信息劣势地位的一方传递信息以实现自身目的。斯蒂芬（Stephen，1977）将信号传递引入财务研究领域，认为公司的资本结构可以传递一种优质信号，盈利能力强的公司更愿意向外部投资者传递负债比率状况的信息，这有助于投资者区分绩优公司和绩差公司。

信号传递理论是研究企业并购事件的重要理论，该理论指出，具有信息优势的一方为了避免处于信息劣势一方的逆向选择，可以通过向外界传递关于企业经营信息的信号，达到减少信息不对称、正向推动外部利益相关者市场反应的目的，如在股价低估时通过并购投资行为向外部投资者传递公司属于高质量企业的信号，将自己与"差"公司区别开来，向公司投资者以及其他利益相关者传递有关公司价值的信号，才会赢得外部投资者信任，减少经营风险（李善民等，2020）。研究发现，企业为了避免向投资者传递不利信息，会择时选择在股价低估时发起并购（Adra & Barbopulos，2018），进而向市场传递股价被低估的积极信号（李善民等，2020），获取投资者的关注。在资本市场中，当公司披露积极信息时，公司价值会提升，而当公司披露消极信息时，公司价值会下降（Burkart et al.，2003；Piotroski & Roulstone，2005；谢德仁等，2016），因此公司管理层如何采用适当的方式向公司投资者以及其他利益相关者传递有关公司价值的信号，会直接影响投资者的决策，进而影响公司股价（Piotroski & Roulstone，2005）。在环境治理领域，污染型企业更希望并购股价被低估的新型企业，这有助于改善他们目前的经营模式，尤其当目标公司为清洁型公司时，并购公司所采取的并购投资行为可传递出积极履行社会责任、努力实践绿色转型发展的信号，从而改善企业声誉，提高竞争优势，缓解公司与社会公众的信息不对称，减少社会公众对公司的"愤恨"，从而减少政府的问责，降低政治成本。同时，这一并购行为也有助于缓解企业与外部投资者之间的信息不对称。当企业与投资者之间存在信息不对称问题时，投资者掌握的信息将决定其投资决策，因此企业需要向投资者传递正面积极信号，投资者才可以从企业传递的信号中判断企业的发展前景，分析投资收益回报等。在此领域研究较多的是将公司现金股利发放作为评价公司未来发展情况的信号，投资者更偏好投资现金股利分配较多的企业。而当该理论应用于企业并购事件后的反应时，股价被低估的企业通过发起并购可向外部投资者传递出公司属于高质量企业的有利信号（李善民等，2020），这为本书探讨自然资源资产离任审计制度下企业绿色并购行为选择的作用机理提供了理论基础。

3.3.3 组织合法性理论

组织合法性理论是在 20 世纪 60 年代开始萌芽，70 ~ 90 年代逐渐壮大并在组织研究中广泛应用。组织合法性是以韦伯（Weber，1978）和帕森（Parson，1960）的研究为基础。韦伯（Weber，1997）最早对合法性进行系统研究并使其成为现代政治学的核心概念与主流范式。他指出，每个社会活动系统的存在都取决于它是否有能力建立和培养对其存在意义的普遍信念，这种信念就是其存在的合法性。简言之，合法性强调企业行为是否满足社会公众预期，能否符合政治规章制度，其符合程度决定了企业的合法性，进而影响企业是否有能力建立和持续存在（Weber，1978）。按照这一概念，哈贝马斯（Habermas，1989）将组织合法性进一步延伸为政治合法性和市场合法性。其中，与统治类型相联系的合法性理论是政治合法性理论，与经济组织相联系的合法性理论是市场合法性理论。政治合法性代表的是一种政治逻辑，市场合法性代表的是一种经济逻辑（郭海等，2018）。政治合法性要求企业遵循现有管制环境的要求，与现行政策、制度、规范等保持高度一致，市场合法性要求企业遵守市场规范和实践，如诚信经营，这种合法性会约束企业的机会主义行为，引导企业追求更长远的发展空间（彭伟等，2013；Ganesan，1994；Poppo et al.，2008）。同时，高政治合法性能为企业的扩张行为提供政策和制度保障，帮助企业更好地获取市场资源，进而提高企业进行市场扩张的效率。而高市场合法性意味着企业获得了市场参与者的信任，拥有高市场合法性的企业更有可能吸引商业伙伴形成长期的合作关系，并将现有资源更多地分配到长期发展的战略投资项目中，从而更为重视企业的创新活动，提高企业的产品创新性。

组织合法性理论的核心观点为：合法性是指一个整体的感知或看法，强调一个实体的行为在一个包含规范、价值、信念与定义的社会系统中合意、正当与合适（Scott，1995；Suchman，1995）。具体而言：第一，合法性是一个整体的评价；第二，合法性是一种主观的感知或看法，它体现为观察者对组织行为的一种反应，如果企业的负面行为不被关注，它的合法性同样不会受到损失；第三，合法性是一种社会建构的存在，它反映组织的行为是否与共同的信念相一致，依赖于集体观察者的结果，而非个人的评价（Dolbec & Fischer，2015）。因此，组织合法性不仅是企业生存的必然要求，也是企业获取社会资源的战略行动。拥有较高组织合法性的企业不仅可实现企业内部一致性，维系企业内部稳定性，还可赢得外部投资者和利益相关者信任，接近或获取企业发展所需资源。

在上述观点下，组织寻求合法性也成为一种常见的行为，但每个企业在能力、结构和流程上不同（Baumann Paily et al.，2016），寻求合法性的努力程度将有所不同（魏江等，2020）。苏奇曼（Suchman，1995）提出两个维度来刻画组织对合法性的渴望程度，即企业的持续性和可靠性。合法性对持续性具有保证，因为外界愿意为合意、正当与合适的企业提供资源（Parsons，1960）。合法性反映了企业根植在制度化的信念或行为脚本中的程度。解学梅和朱琪玮（2021）从"遵从性"与"能动性"两个维度刻画组织对合法性的渴望程度。其中，遵从性反映了企业被动顺从来自政府以及利益相关者的环保管制要求，能动性强调企业通过战略调整获取资源，聚焦企业主动采取合法化行为以快速协调相应资源，这一行为主要借助政府、市场等外在环境的激励性信号而向外界传达合法化信号，以主动获得合法性。企业对合法性的渴望程度不同，使得其在寻求合法性时所付出的努力程度有所不同，进而会进一步影响企业的投资行为以及投资绩效（Deephouse et al.，2017；Pollock & Rindova，2003；Singh et al.，1986）。这为本书分析自然资源资产离任审计对企业实施绿色投资行为选择的影响及其后果差异性均提供了理论依据。

第4章
自然资源资产离任审计与企业绿色
投资行为选择的机理分析

4.1 自然资源资产离任审计影响企业绿色投资行为选择的内在机理：压力传递视角

　　自然资源资产离任审计是中央政府将生态环境保护责任落实到地方党政领导干部具体责任的创新性制度。该制度将自然资源的利用和保护纳入地方政府的政绩考核机制和领导干部追责机制中，是政府审计由传统经济责任审计向资源与环境保护领域的扩展（杜俊涛等，2021）。虽然为离任审计，但由于在审计前便对地方政府官员具有潜在的行为约束，因此自然资源资产离任审计对审计客体审计前的行为具有约束作用。换言之，自然资源资产离任审计中，离任审计具有更为宽泛的含义，不仅包括离任时的审计，也对领导干部任职期间（任中）开展审计（黄溶冰等，2019），即自然资源资产离任审计制度自开始实施起，便对地方政府行为产生了影响。

　　自然资源资产离任审计的主要审计内容包括自然资源管理和生态环境保护，其目的是加快生态文明建设，促进我国经济高质量发展。如果这一制度对地方政府行为产生威慑作用，那么地方政府将会采取必要的环境资源保护政策来保障公众社会福利和自身绿色发展业绩的政治需求，而这些资源环境保护政策提高了政府环境规制力度，改变了重污染企业投资行为的外部环境，增加了该类企业运营过程中的外部摩擦，使企业能够预估市场信号、竞争态势和行业趋势，及时调整自身的投资策略，即将投资倾向从传统资源要素投资转向绿色投资，并随着自然资源资产离任审计对企业的影响机制不同而采取不同的绿色投资行为。具体而言，本书主要从制度压力和市场压力两个维度分析自然资源资产离任审计对企业绿色投资行为及其选择的影响。

4.1.1 制度压力传递视角下企业绿色投资行为选择的内在机理

制度压力主要来源于政府强制监督手段的强制性制度压力和来源于政府激励引导手段的规范性制度压力（Dimaggio & Powell，1983）。以监督为主的制度压力迫使企业遵守法律法规，通常通过惩罚来规范企业不恰当行为，同时威慑其他企业（Tate et al.，2011）。以激励手段为主的制度压力通常是以政府为主导的宣传活动，通过给予一定的政策支持或奖励来引导企业实施政府权力机构要求或期待的行为（Dimaggio & Powell，1991）。在自然资源资产离任审计制度下，企业实施绿色投资行为的制度压力来源于两个方面：一方面来源于政府的环境规制监管；另一方面来源于政府政策性激励。本书具体主要从政府审计理论以及组织合法性理论进行解释。

（1）监督型制度压力传递下的企业绿色投资行为选择。

首先，从晋升锦标赛角度看，官员的政治业绩与企业投资行为存在利益绑定关系。地方政府官员为实现晋升，往往会将政治目标摊派给辖区内企业（曹春方等，2014），以便积累更多的晋升成本（钱爱民和张晨宇，2016），这是因为企业投资活动具有短期内提升经济增长的功能，是追求晋升的地方官员完成业绩考核的重要途径（唐雪松等，2010）。因此，地方政府官员为满足晋升需求，有强烈的动机干预企业投资行为，而企业为获取发展所需的政治资源也离不开政府的支持，有时需要牺牲一定的利益服务于地方官员的政治目标，以换取地方官员的信任和支持（周黎安，2007），从而加强了地方政府与企业之间的利益合作。在自然资源资产离任审计制度下，地方官员晋升依据发生了转变，即由传统的唯 GDP 论向经济发展与环境保护并重指标的转变，而且该离任审计制度将对官员任期内破坏自然资源、生态环境的行为实行终身追责。因此，有些地方官员为了获得晋升或者规避相应的责任追究必将对辖区内企业加强资源环境监管，加大企业的外部监管制度压力，并在关键资源的审批方面，不再仅仅考虑 GDP 增长，还会对经济增长与环境保护进行权衡，支持企业短期内能带来显著绿色发展业绩的投资行为，以符合自身的晋升需求。

其次，从组织合法性角度看，自然资源资产离任审计制度提高了重污染企业的政治合法性要求，这种合法性要求也倒逼企业为缓解不同性质制度压力而采取不同的绿色投资策略。合法性（legitimacy）概念最早由韦伯引入现代政治社会学，指在社会系统中建立的规范、价值、信仰和定义的普遍信念下，社会实体所采取的适宜的、合理的、正当的行动。合法性是组织生存和发展的关键资源，根据合法性评估主体的不同，其可分为政治合法性和市场合法性（郭海等，2018）。政治合法性强调企业行为是否遵守政府相关规章制度要求，是否获得政府认可，其评估主体是政府（Zimmerman et al.，2002）。当地方政府官员面临自然资源资产离任审计问责压力时，将有强烈动力通过增强环境管制监督力度，增加对辖区企业的环境保护制度约束，提高企业监督性质政治合法性要求。而为满足监督性质政治合法性要求，企业更可能采取一种策略型的绿色投资行为，即通过绿色并购方式快速获取绿色发展资源，达到官员短时间任期内的绿色政治业绩需求，以得到政府认可，改善外部政治环境，提高企业政治合法性。这是因为"监督"在《辞海》中的基本意思为监视、检测、察看、观察、催进、促使，即从旁观看，发现问题，相当于是对信息的跟踪与检测（蔡春，2001），因此信息在定性监督结果方面具有重要作用，信息更新周期的快慢以及信息传递的内容将决定了监督主体对被监督主体的直接认知。为快速更新政府部门对企业属性的认知，企业更可能策略性地采取绿色并购行为，以在短时间内获取政府的认可，但真正在改善社会环境效益、促进节能减排方面的实质性促进作用较弱。因此，本书推断，在政治合法性下，监督性质政治合法性要求会促进企业更倾向于实施策略型绿色并购投资行为。

（2）激励型制度压力传递下的企业绿色投资行为选择。

首先，从政府审计理论看，试点时期自然资源资产离任审计的审计主体主要为政府审计部门，审计对象主要为地方党政领导干部，审计对象既是对"人"的审计，也是对"事"的审计，属于政府审计范畴，具有政府审计监督功能和审计主体独立性特征。自然资源资产离任审计通过发挥政府审计监督功能，能够揭示和抵御地区领导干部的环境不合法行为。该制度的常态化实施有利于规范领导干部经济发展决策，以贯彻中央生态文明发展目标为自身行动力，从而给予辖区企业特别是进行绿色创新的企业一个相对稳定的外部经营环境，避免"一刀切"关停政策带来的高昂政治成本。同时，自然资源资产离任审计的审计主体主要是政府审计机关（蔡春和毕铭悦，2014），其独立于其他政府部门，具有一定的审计独立性。根据审计独立性，政府审计机关能够结合审计结果，对被审计领导干部任职期间自然资源管理和生态环境保护变化产生的原因进行综合分析，客观评价被审计领导干部责任履行情况，一定程度上降低了地方政府和中央政府之间的信息不对称，弱化了地方政府的信息优势，制约地方政府在环保方面的不合法行为，这对于完善地区市场经济环境、促进资源有效分配具有重要意义。因此，自然资源资产离任审计通过发挥政府审计功能和独立性，可以有效引起地方政府对辖区环境资源保护的重视，提升环境治理水平，给予真正致力于清洁生产和绿色转型发展的企业以信心，促进企业实施具有长期战略意义的绿色投资行为，同时这种激励效应也会传染至其他重污染企业进行效仿（Liu & Wu，2016）。

其次，从组织合法性理论看，自然资源资产离任审计制度提高了重污染企业的激励性质政治合法性要求，这种合法性要求也倒逼企业为缓解激励性质制度压力而采取战略型的绿色创新投资策略。自然资源资产离任审计下，政府部门采取以政府补助为主的政策性激励措施来引导企业实施绿色投资行为，是政府为实现地区产业绿色转型发展，无偿给予企业的财政性资金，承载着优化资源配置结构、供给结构和需求结构的政策意图（柳光强，2016），旨在引导企业实施战略型绿色投资策略，实现城市绿色转型发展的经济社会发展目标。绿色创新是促进企业以及城市绿色转型发展的根本性策略，不仅能够提高社会效益，也能增强企业自身绿色产品市场竞争优势，是提高企业持续竞争力与环境保护的"共赢"机制。同时，政府补助在很大程度上会激励企业实施绿色创新（Manso，2011），维护企业满足政治合法性的持续性。与一般制度不同，自然资源资产离任审计制度背景下，对致力于绿色转型发展的污染型企业实施政府补助，属于自然资源资产资金管理范畴，是自然资源资产离任审计的主要内容之一，因此该政府补助拨款将更易受到来自政府审计部门的监督，也迫使政府更为谨慎地监督企业关于政府补助资金的使用情况，降低企业的机会主义行为，进而提高企业的政治合法性。因此，在政治合法性下，激励性质政治合法性要求将会引导企业更倾向于实施战略型绿色创新投资行为。

4.1.2　市场压力传递视角下企业绿色投资行为选择的内在机理

股价的波动性与市场收益率的高低是企业市场压力的两个主要来源（于忠泊等，2012）。自然资源资产离任审计作为外生事件，会通过影响企业股价和市场收益率，增加企业市场压力，促进企业为抑制股价下跌和提高市场收益率或竞争力而采取不同的绿色投资行为。具体本书主要从信号传递理论、政府审计理论以及组织合法性理论进行解释。

（1）监督型市场压力传递下的企业绿色投资行为选择。

首先，从信号传递理论看，自然资源资产离任审计政策本身是一种信号，该信号可以让投资者了解到政策实施后，重污染企业将受到政府更加强烈的监管，外部经营风险增加，从而更加关注企业未来的发展。这体现了市场投资者的监督功能，即市场的投资者对某一投资现象或外部事件以股价为主要内容的判断和期望。在信息不对称作用下，自然资源资产离任审计试点实施后，市场投资者的担忧会使投资者对重污染企业未来发展作出负面预期，导致重污染企业可能面临股价下跌的风险。为了避免自然资源资产离任审计试点政策向投资者传递不利信息，股价被低估的重污染企业更倾向于采取策略型绿色并购行为，通过实施绿色并购，试图快速向市场积极释放利好信息，将自己与"差"公司区别开来（李善民等，2020），降低由于信息不对称带来的市场投资者对企业未来发展的误解，从而获取投资者关注，抑制股价持续下跌，缓解因投资者监督产生的外部市场压力。

其次，从组织合法性理论看，自然资源资产离任审计试点政策从党的十八届三中全会正式提出到逐步纳入审计法，市场投资者、零售商、供应商、消费者等利益相关者开始逐步重视企业的绿色发展情况，这无疑增加了重污染企业的市场合法性要求。市场合法性强调企业行为是否遵守市场参与者共享的行为规范，是否获得市场参与者认可，其评估主体是市场参与者（投资者、供应商、零售商及消费者等）（Rao et al.，2008）。为积极寻求市场合法性，降低市场合法性压力，企业需要积极采取绿色投资行为增强利益相关者对企业绿色发展的信心，减少利益相关者对企业有关环境污染的负面预期

（Buysse & Verbeke，2003）。具体地，当企业面对由市场投资者低估导致企业股价低估时，来自市场参与者监督性质的市场合法性要求会迫使企业采取策略型绿色投资行为，借助绿色并购特征，使企业在短期内快速获取绿色发展资源，并利用绿色并购产生的信号传递效应，短期内提高企业市场合法性，抑制企业股价持续下跌。同时，对供应商和零售商而言，企业市场合法性地位的提高，带动了企业信誉的提高，有利于降低彼此间的交易成本，提高交易效率，进而推动绿色并购协同效应的发挥，提高企业绿色并购绩效。因此，在市场合法性下，监督性质市场合法性要求将会促使企业更倾向于实施策略型绿色并购投资行为。

（2）激励型市场压力传递下的企业绿色投资行为选择。

首先，从政府审计理论看，自然资源资产离任审计能够通过发挥政府审计监督功能对提高市场绿色竞争性具有一定的正外部性。具体而言，自然资源资产离任审计的上级政府审计部门能够通过对比不同地方政府资源环境保护的审计结果，分析出地区间的环境监管差异，进而有针对性地加强对较弱环境监管地区政府的审计。与原环境监管较强地区相比，自然资源资产离任审计提高环境管制力度对原环境监管较弱地区的作用更为明显。长期来看，自然资源资产离任审计将会使不同地区之间的环境监管差异得以缩小，进而使不同地区市场环保准入差异缩小。对企业而言，借助不同市场环境保护准入要求，实施跨地转移污染产业投机行为的可能性降低（沈坤荣和周力，2020），即由市场准入环境保护管制要求高的地区转移至市场准入环境保护管制要求低地区的可能性降低。特别地，当不同市场准入环保管制要求均提高且趋于相同时，企业将很难通过跨市场转移污染产业。在此情景下，传统经营模式难以提升企业经营业绩，很可能会使企业收益率降低甚至面临被收购或破产的风险，加剧市场压力。与此同时，自然资源资产离任审计的正外部性也提高了绿色经营发展模式的市场竞争优势，即绿色专利技术市场竞争优势明显，绿色产品市场份额得以拓展，从而会降低企业绿色创新风险，激励企业为获取市场竞争优势，占据市场绿色竞争先机，实施具有战略性意义的绿色创新投资行为，以提高企业自身产品的差异性，缓解因企业收益率下降而带来的市场压力。

其次，从组织合法性理论看，自然资源资产离任审计通过发挥政府审计正外部性，比较不同地区资源环境的审计结果，进而加强对环境监管较弱地区的审计，这在一定程度上可缩小不同地区之间的环境监管差异，进一步可达到缩小不同地区市场环保准入差异的结果，使重污染企业很难通过跨地转移污染产业实现企业利润增加，从而提高市场绿色竞争性及其对企业的市场合法性要求。而为满足市场参与者利益需求，提高市场竞争优势和市场收益率，在激励性质的市场合法性推动下，企业会积极改变自身战略投资方向，而更倾向于实施绿色创新，提高企业在市场中的竞争优势，维护企业市场合法性的持续性，提高消费者对企业产品重复消费和企业盈余收益的可能性，降低市场压力。因此，在市场合法性下，激励性质市场合法性要求更会引导企业实施战略型绿色创新投资行为。

　　基于上述理论分析，本书认为，自然资源资产离任审计制度的试点实施，给试点地区重污染企业产生了一定的制度压力和市场压力，并且随着压力传递机制的不同，企业会采取不同的绿色投资行为，以满足监督性质和激励性质的政府合法性以及市场合法性要求，提高企业市场竞争优势。对于此部分研究，本书主要分成两个章节完成，分别探讨自然资源资产离任审计监督型压力传递下的企业绿色并购投资行为选择与自然资源资产离任审计激励型压力传递下的企业绿色创新投资行为选择。图 4.1 对本部分的研究机理内容进行了简略的概括。

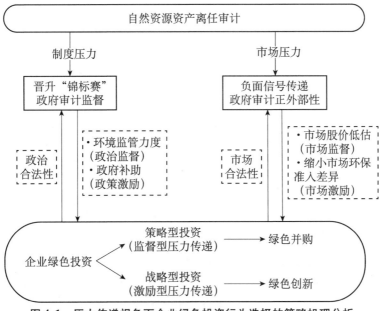

图 4.1　压力传递视角下企业绿色投资行为选择的简略机理分析

4.2　自然资源资产离任审计下企业绿色投资行为选择后果及其差异性的形成机理

绿色并购和绿色创新作为自然资源资产离任审计监督和激励型压力传递下企业两种不同的绿色投资行为选择，相较而言，前者更侧重策略性，后者更侧重战略性。由于自然资源资产离任审计总体制度目标是加快推进生态文明建设，促进我国经济高质量发展，因此有必要围绕这一制度目标，进一步研究并检验自然资源资产离任审计制度下上述两种企业绿色投资行为在促进企业绿色转型发展、推动社会效益改善以及官员晋升激励方面的后果及其差异性，为企业作出最优绿色投资行为选择提供理论依据和经验证明。具体地，针对自然资源资产离任审计制度下企业绿色投资行为选择的后果及其差异性形成机理，本书主要根据组织合法性理论以及两种绿色投资行为的投资特征进行阐述。

4.2.1　企业绿色转型后果及其差异性的形成机理

从企业维度绿色转型发展后果而言，相比绿色并购，自然资源资产离任审计制度下绿色创新更有利于企业绿色转型发展。针对这一观点，本书主要借助合法性理论进行解释。合法性理论强调企业行为需满足利益相关者预期，以及是否符合政治规章制度，其行为合法性很大程度上决定了企业是否有能力建立和持续存在（马克斯·韦伯，1989）。对此，企业需要积极寻求合法性，并将自身嵌入特定的制度环境，才能顺应环境、维持生存和发展（DiMaggio & Powell, 1983）。当前，组织寻求合法性已是一种常见的行为，但每个企业在能力和意愿上不同（Baumann et al., 2016），寻求组织合法性的努力程度将有所不同（魏江等，2020），导致企业会采取不同的投资行为并得到不同的经济效益（Deephouse et al., 2017; Pollock & Rindova, 2003; Singh et al., 1986）。根据企业对合法性的努力程度不同，可将合法性分为"遵从性"合法和"能动性"合法（解学梅和朱琪玮，2021）。"遵从性"合法行为反映了企业被动顺从来自政府以及利益相关者的环保管制要求，这一行为主要因政府、市场等外在环境的监督力度而被动采取绿色投资释放合法化信号。"能动性"合法行为反映了企业主动通过战略调整获取关键性资源，这一行为主要借助政府、市场等外在环境的激励信号而积极向外界传达企业合法化信号。相比"遵从性"合法行为，"能动性"合法行为因付出更多的主观努力和积极性，转型效果将更为理想。根据合法性理论，绿色并购作为自然资源资产离任审计监督型压力传递下具有策略型的绿色投资行为，主要是为了遵从具有监督性质的政治合法性需求，属于"遵从性"合法行为，其在乎的是一种绿色投资形式，以期在较短的时间内向外界释放合法信号，改变市场参与者对企业属性的认知，而忽略了该行为对企业自身长期绿色转型发展的效果。相比绿色并购，企业绿色创新行为由于需要承担更多的创新风险和利益冲突，且需要投入更多的人力和财力，发挥企业更多的主观能动性，即为寻求组织合法性付出了更多的努力，从而研发出具有市场竞争性的绿色生产技术和绿色产品，在促进企业绿色转型发展方面更具有优势。

4.2.2　社会环境效益后果及其差异性的形成机理

从社会维度环境效益改善后果而言，相比绿色并购，自然资源资产离任审计制度下企业绿色创新更有利于改善社会环境效益。社会环境效益，本质属于社会公共服务，由政府主体负责监督与管理。对此，中央政府制定自然资源资产离任审计制度，目的就是从根本上控制地方政府主要领导干部的生态环境责任，常态化落实地方政府保障社会环境效益的宗旨。这一政策很大程度上约束了地方政府的环境资源保护行为，使企业成为可能损害社会环境效益的主体，企业绿色投资行为也将成为社会环境效益能否得以改善的关键。然而，由于绿色并购和绿色创新两种绿色投资行为在改善自身绿色转型发展的力度不同，导致其进一步对社会环境效益的影响存有不同。由于前面已经阐述企业绿色并购和绿色创新这两种绿色投资行为中，绿色创新更有利于改善企业自身绿色转型发展，因此可以推断，相比绿色并购，绿色创新投资行为对优化社会环境效益具有更为积极的推动作用。

4.2.3　官员晋升激励后果及其差异性的形成机理

从政治维度官员晋升激励后果而言，相比绿色并购，自然资源资产离任审计制度下企业绿色创新可能对官员晋升激励作用相对较弱。从官员晋升激励角度考虑企业绿色投资行为选择的影响，是因为企业绿色投资行为能否产生官员晋升激励，是地方政府是否支持辖区企业绿色发展的重要激励因素，也是自然资源资产离任审计绿色治理效果能否得到保障的关键。地方官员更关注自身利益，为实现晋升，往往会将政治目标摊派给辖区内的企业（曹春方等，2014），以便积累更多的晋升成本（钱爱民和张晨宇，2016）。同样，当政治目标不仅包含经济增长也包含绿色发展业绩时，地方政府便会有足够动力将绿色发展业绩摊派给辖区企业，使企业在官员任期内能够带来显著的绿色发展成效。而当上级政府根据审计结果，对绿色发展业绩良好的地方官员进行提拔时，会更加引起地方官员对自然资源资产离任审计的重视，从而继续督促企业加大绿色投资，以保障自身任期内的绿色发展业绩。由于城市绿色发展业绩主要由辖区企业绿色投资进行推动，因此检验企业绿色投资是否对官员具有晋升激励效应能够更好地加强自然资源资产离任审计制度的权威性和有效性，以加大地方政府对辖区企业绿色投资的监督和引导。然而，由于官员的任期时间较短，企业绿色投资所需消耗时间的长短将可能影响到官员任期内的绿色发展业绩，导致对官员晋升激励效应的影响不同。绿色并购是快速扩大企业绿色生产规模，及时向外界释放利好信号的主要绿色投资行为，能够在短期内增加地方官员所在辖区内的绿色发展业绩，符合官员晋升利益。相比绿色并购，企业绿色创新本身具有不确定性、长期性和高风险性，虽有利于促进企业长期产出和可持续发展，但由于周期较长，与政府官员晋升利益不一致，导致其可能对官员任期内绿色发展业绩贡献相对较小，从而对官员的晋升激励效应相对较弱。因此可以推断，相比绿色创新，企业凭借时间优势以获取地方政府支持，似乎更能为官员带来晋升激励效应。

此外，本书从产权性质视角，分析绿色投资行为选择后果较好情况的集中体现，以探讨当前推动自然资源资产离任审计制度目标实现的主要力量。同时，基于自然资源资产离任审计制度下企业绿色投资行为选择的后果及其差异性，进一步从企业融资约束视角分析企业实施绿色投资行为选择的内在因素，并通过分析绿色并购与绿色创新投资行为之间的协同效应，进一步揭示在绿色创新效应更好的情况下，企业实施绿色并购投资行为选择的另一客观因素。图4.2为自然资源资产离任审计下企业绿色并购和绿色创新投资行为选择后果及其差异性的简要机理分析。

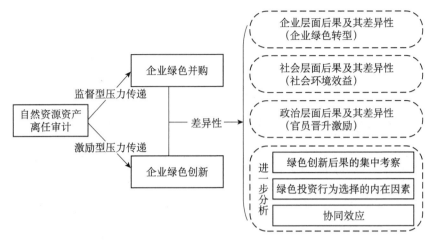

图4.2　企业绿色并购与绿色创新行为选择后果及其差异性的简要机理分析

第5章
自然资源资产离任审计与绿色并购：
监督型压力传递下的企业行为选择

　　自然资源资产离任审计的主要审计内容包括自然资源管理和生态环境保护，其目的是加快生态文明建设，促进我国经济高质量发展。如果这一制度对地方政府行为产生威慑作用，那么地方政府将会采取必要的环境资源保护政策来保障公众社会福利和自身绿色发展业绩的政治需求，表现为对企业日常污染排放超标的违规处罚和对污染企业集中整治的力度增加，以及对城市环境治理财政投入的增长等。2011～2019年城市污染源监管信息公开指数（PITI）报告显示，2014年自然资源资产离任审计试点实施后，自然资源资产离任审计试点地区城市环境监管水平相比试点前增加了31.33%。可见，自然资源资产离任审计试点实施后，地方政府的环境规制力度增加，从而改变了重污染企业投资行为的外部环境，加大了该类企业运营过程中的外部摩擦。而这些企业需要预估市场信号、竞争态势和行业趋势，及时调整自身的投资策略，即将投资倾向从传统资源要素投资转向绿色投资，才能顺应政策需求，获取更多的生存发展空间。对于这一问题，本书主要基于压力传递视角从制度压力和市场压力两个维度分析自然资源资产离任审计对企业绿色投资行为及其选择的影响。

　　其中，制度压力主要来源于政府强制监督手段的强制性制度压力和来源于政府激励引导手段的规范性制度压力（Dimaggio & Powell，1983）。以监督为主的制度压力迫使企业遵守法律法规，通常通过惩罚来规范企业不恰当行为，同时威慑其他企业（Tate et al.，2011）。以激励手段为主的制度压力通常是以政府为主导的宣传活动，通过给予一定的政策支持或奖励来引导企业实施政府权力机构要求或期待的行为（Dimaggio & Powell，1991）。在自然资源资产离任审计制度下，企业实施绿色投资行为的制度压力来源于两个方面：一方面来源于政府的环境规制监管；另一方面来源于政府政策性激励。同时，股价的波动性与市场收益率的高低是企业市场压力的两个主要来源（于忠泊等，2012）。自然资源资产离任审计作为外生事件，可能会通过影响企业股价和市场收益率，增加企业市场压力，促进企业为抑制股价下跌和提高市场收益率或竞争力而采取不同的绿色投资行为。

本章主要从监督型压力传递视角，分析自然资源资产离任审计对企业绿色并购行为的影响。本书中监督型压力包括监督型制度压力和监督型市场压力。其中，监督型制度压力表现为自然资源资产离任审计制度实施增加了对地方政府环境资源保护的考核压力，并为缓解这一压力，满足晋升需求，地方政府将会加大对企业环境资源保护问题的监管力度。监督型市场压力表现为市场参与者也会监督企业投资行为因不符合政府规章制度要求而作出相应的市场负面预估，致使企业面临股价下跌的风险。"监督"在《辞海》中的基本意思为监视、检测、察看、观察、催进、促使，即从旁观看，发现问题，相当于是对信息的跟踪与检测（蔡春，2001），因此信息在定性监督结果方面具有重要作用，信息更新周期的快慢以及信息传递的内容决定了监督主体对被监督主体的直接认知。企业绿色并购作为应对外部环境监管压力的快速反应手段，能够及时向外界传递企业绿色发展信号。相比其他绿色投资行为，绿色并购可在更短周期内向外界传递企业绿色发展的利好信息，较快转变政府监督主体与企业投资者等利益相关者市场监督主体对企业资源环境保护情况的认知，是应对自然资源资产离任审计制度下政治监督和市场监督的有效投资策略。具体而言，本章根据信号传递理论以及组织合法性理论，分析自然资源资产离任审计如何通过政治监督与市场监督两个手段影响企业实施绿色并购。

5.1 理论分析与研究假设

在自然资源资产离任审计制度下，官员晋升考核机制由传统唯 GDP 论正式过渡到经济发展与环境保护并重的考核指标，这直接增加了地方政府及其领导干部的资源环境保护压力。为满足晋升考核要求，地方政府官员有动力将环境资源保护压力通过加强监管的手段传递至企业，从而增加对企业环境资源保护的政治合法性要求。与此同时，由于地方官员任期较短，晋升竞争较为激烈，地方政府及其官员更希望企业实施短期内能够带来显著绿色发展成效的投资行为，提高地方政府官员的绿色发展政治业绩，使其在激烈的晋升竞争中可以胜出。而企业为获取发展所需的政治资源也离不开政府的支持，有时需要牺牲一定的利益服务于地方官员的政治目标，实施短期内能带来显著绿色发展业绩的绿色投资行为，以换取地方政府的信任和支持（周黎安，2007）。绿色并购是能够快速带来绿色发展成效的主要绿色投资方式之一，是指将绿色理念引入公司并购决策，向外界传达企业积极承担社会责任、保护环境形象的投资行为（胥朝阳和周超，2013），不仅具有"绿色"特征，同样具有"并购"的特征，是企业见效最快、影响最深远的战略转型方式（潘爱玲等，2019）。具体而言，企业通过并入清洁型企业目标公司，可以迅速扩大收购企业自身绿色生产规模，补充与调整收购企业内部资产，更换与改良生产设备和生产技术，优化企业现有物质资本配置等。在晋升锦标赛的激烈竞争中，企业绿色并购自身特征和预期并购效果更有利于帮助政府实现预期政治目标，提高自身政治合法性，降低政治监督压力，成为企业重点青睐的绿色投资方式。

从信号传递理论来看，自然资源资产离任审计政策本身可以作为一种信号，该信号能够让投资者了解到离任审计试点政策实施后，重污染企业受到政府监管的力度将会加大，外部经营风险增加，对企业未来发展堪忧。这体现了市场投资者的监督功能，即市场的投资者对某一投资现象或外部事件以股价为主要内容的判断和期望。在信息不对称作用下，企业投资者更可能选择"用脚投票"，导致重污染企业股价下跌的可能性增加。为了避免自然资源资产离任审计政策向投资者传递不利信息，股价被低估的企业会更有动力发起并购（Adra & Barbopulos，2018），特别是绿色并购，使企业通过绿色并购实现资本的优化配置，以向市场积极释放好信息，将自己与"差"公司区别开来（李善民等，2020），向公司投资者以及其他利益相关者传递有关公司绿色转型发展的利好信号，获取投资者的关注，并降低由于信息不对称带来的市场投资者对企业未来发展的误解，从而获取投资者关注，抑制股价持续下跌，缓解因投资者监督带来的外部市场压力。当然，企业实施绿色并购也能向市场传递积极承担社会责任的信号（潘爱玲等，2019），并在向外界传递之后，可以改善企业声誉，减少社会公众对公司的公愤和来自政府部门的问责，降低政治成本与市场经营环境的不确定性。

从组织合法性理论看，自然资源资产离任审计制度下，政府的监督行为要求企业履行资源环境保护责任，并通过惩罚措施来规范企业不恰当行为。地方政府官员为实现晋升，达到短期任期内的绿色政治业绩需求，避免任期内的自然资源资产离任审计问责，倾向于加大环境管制监督力度。而为满足地方政府短期政治需求和应对外在环境管制压力，企业通过策略型绿色投资行为来满足监督型政治合法性要求。绿色并购作为企业快速获取绿色发展资源的绿色投资方式，兼具"绿色"特征和"并购"特征，通过并入清洁型企业内部生产设备和技术，快速实现绿色发展（潘爱玲等，2019），以得到地方政府认可，改善外部政治环境，提高企业政治合法性。同时，在面临投资者市场监管型压力下，企业实施绿色并购行为可以向市场传递企业绿色转型发展的良好信号，短期内提高企业市场合法性，提高市场投资者认可度，降低市场投资者大量"用脚投票"行为，抑制企业股价持续下跌。

综合来看，不管是出于制度压力还是市场压力，自然资源资产离任审计试点实施后，重污染企业更可能采取短期内改变自身属性的绿色并购投资方式，以缓解政治监督压力和市场监督压力，提高企业政治合法性和市场合法性。基于此，本书提出以下研究假设：

假设5-1：在其他条件不变时，自然资源资产离任审计制度下企业将倾向于实施绿色并购。

5.2 研究设计

5.2.1 样本选择与数据来源

本书主要选取2011～2019年我国A股重污染上市公司作为初选样本。样本筛选程序为：①剔除被ST或*ST的公司；②剔除资产负债率大于1的样本公司；③剔除数据缺失样本。根据《关于对申请上市的企业和申请再融资的上市企业进行环境保护核查的通知》《关于印发〈上市公司环保核查行业分类管理名录〉的通知》，以及结合《上市公司行业分类指引》（2012），本书将以下行业定义为重污染行业：火电、钢铁、水泥、电解错、煤炭、冶金、建材、采矿、化工、石化、制药、造纸、发酵、制糖、植物油加工、酿造、纺织、制革。

自然资源资产离任审计数据主要来自百度搜索引擎以及地方政府审计局官网，借鉴聂天凯等（2021）的研究，手工收集了自然资源资产离任审计试点实施地区。2014年试点的地区包括：山东省（青岛市、烟台市）、江苏省（连云港市）、内蒙古自治区（赤峰市、鄂尔多斯市、牙克石市、乌拉特后期）、陕西省（西安市）、湖北省（黄冈市、武汉市）、贵州省（赤水市）、福建省（福州市、宁德市、武夷山市）、四川省（绵阳市）、广东省（深圳市）、云南省（昆明市）。2015～2017年，开展了后续试点工作，共涉及154个城市，相比于后续试点批次，试点地区样本企业受到政策预期效应等其他因素的干扰较小，因此本书重点关注2014年的试点政策，为了排除其他试点时期政策效应的干扰，本书将除2014年试点外后续试点涉及地区的上市公司从样本中剔除。因此，本书样本中对照组为2014年试点地区以及后续试点地区外的其他地区的重污染上市公司。绿色并购数据来自东方财富网并购重组数据库和 CSMAR 数据库。东方财富网数据库详细披露了每家上市公司每年的并购情况，包括交易简介、并购对公司的影响等。

5.2.2 变量定义与模型设计

（1）变量定义。

①自然资源资产离任审计。自然资源资产离任审计，是本章的解释变量，由自然资源资产离任审计试点地区和试点时间交乘而得。关于自然资源资产离任审计的界定，详见前面所述。其中，当企业所在地位于自然资源资产离任审计试点地区时取值为 1，否则取值为 0；而当处理样本时间属于2014 年及之后时取值 1，否则取值为 0。同时，关于自然资源资产离任审计试点地区的选择，本书将"市"作为基本单位，即如果试点地区是在县级层面展开，考虑到上市公司基本位于地级市及以上地区，因此本书将县级层面试点纳入所属地级市层面的试点情况。

②绿色并购。绿色并购，是本章的被解释变量。关于绿色并购的界定，详见前面所述。借鉴邱金龙（2018）的研究，本书主要根据企业并购的背景和目的（包括为获取节能减排技术、提高环境保护水平以及向低污染、低能耗行业转型的并购行为）、目标公司的经营范围是否以清洁能源的生产使用为主以及并购事件对收购企业将带来的影响等方面，确定企业并购是否属于绿色并购。该变量是虚拟变量，属于绿色并购取 1，否则取 0。

（2）模型设计。

由于自然资源资产离任审计为外生事件，因此构建如下双重差分模型以验证假设：

$$\text{Gma}_{i,t+1} = \alpha_0 + \alpha_1 \text{Audit}_{i,t} + \alpha_2 \text{Time}_{i,t} + \alpha_3 \text{Audit}_{i,t} \times \text{Time}_{i,t} +$$

$$\sum \alpha_n \text{Controls}_{i,t} + \varepsilon_{i,t} \qquad (5-1)$$

其中，Gma 表示企业绿色并购；Audit 表示企业所在地是否位于自然资源资产离任审计试点地区；Time 表示自然资源资产离任审计试点时间；Audit × Time 表示本章的关键解释变量，该变量回归系数及其显著性反映了自然资源资产离任审计对企业绿色并购的影响效果。具体变量定义如表5.1所示。

表5.1 变量定义

变量类型	变量符号	变量名称	变量定义
被解释变量	Gma	绿色并购	虚拟变量，若企业处理年份实施了绿色并购，取值为1，否则为0
解释变量	Audit	自然资源资产离任审计试点地区	虚拟变量，若企业所在地属于自然资源资产离任审计试点地区，取值1，否则取值为0
解释变量	Time	试点实施时间	试点实施前（2013年及之前）取值0，试点实施后（2014年及之后）取值1
解释变量	Audit × Time	自然资源资产离任审计	自然资源资产离任审计试点地区与试点实施时间的交互项
控制变量（企业层面）	lnsize	企业规模	ln（期末资产总额）
控制变量（企业层面）	Lev	负债水平	年末负债总额/年末资产总额
控制变量（企业层面）	Roa	盈利能力	净利润/年末平均总资产
控制变量（企业层面）	Growth	成长能力	（当期营业收入－上期营业收入）/上期营业收入
控制变量（企业层面）	Board	董事会规模	ln（董事会人数）
控制变量（企业层面）	Indep	独立董事占比	独立董事在董事会所占的比例
控制变量（企业层面）	Both	两职合一	董事长是否兼任总经理，兼任取1，否则取0
控制变量（企业层面）	Age	公司年龄	ln（处理年份－公司成立年份＋1）
控制变量（企业层面）	Cash	现金持有水平	（货币资金＋交易性金融资产）/期末总资产
控制变量（城市层面）	Gdp_gro	城市GDP增长率	（处理年城市GDP－上一年城市GDP）/上一年城市GDP
控制变量（城市层面）	Gdp_ave	人均GDP	人均生产总值取对数
控制变量（城市层面）	Psi	城市第二产业比重	城市第二产业总产值/城市GDP

续表

变量类型		变量符号	变量名称	变量定义
控制变量	官员层面	Age_man	市委书记年龄	ln（处理年份－市委书记出生日期＋1）
		Graduate	市委书记学历	本科及以上学历取值为1；大专及以下学历取值为0
		Tenure	市委书记任期	ln（处理年份－上任年份＋1）
		Change	市委书记变更	如果当年市委书记发生变更，取值为1；否则，取值为0

5.3　实证检验与结果分析

5.3.1　描述性统计分析

表 5.2 为本章主要变量的描述性统计结果。从该表可知，被解释变量企业绿色并购（Gma）的均值0.106，即在总样本中有10.6%的样本具有绿色并购投资行为，可见重污染企业绿色并购已成为资本市场上新的趋势，为验证本书假说提供了一定的数据支撑。自然资源资产离任审计试点地区（Audit）均值为0.125，表明总样本中12.5%的企业所在地区位于自然资源资产离任审计试点地区。自然资源离任审计试点时间（Time）均值为0.742，即有74.2%的样本位于自然资源资产离任审计试点实施后，考虑数据的可获得性等因素，仍有25.8%的样本位于自然资源资产离任审计试点实施前。

表 5.2　　　　　　　　　　　　描述性统计

变量	N	Mean	P25	P50	P75	Sd	Min	Max
Gma	1 851	0.106	0.000	0.000	0.000	0.308	0.000	1.000
Audit	1 851	0.125	0.000	0.000	0.000	0.331	0.000	1.000
Time	1 851	0.742	0.000	1.000	1.000	0.438	0.000	1.000

续表

变量	N	Mean	P25	P50	P75	Sd	Min	Max
lnsize	1 851	23. 200	22. 050	23. 080	24. 150	1. 463	20. 590	27. 100
Lev	1 851	0. 507	0. 376	0. 519	0. 650	0. 193	0. 091	0. 950
Roa	1 851	0. 037	0. 009	0. 031	0. 064	0. 057	− 0. 161	0. 209
Growth	1 851	0. 153	− 0. 028	0. 088	0. 247	0. 347	− 0. 412	2. 077
Board	1 849	2. 215	2. 197	2. 197	2. 398	0. 208	1. 609	2. 708
Indep	1 849	0. 369	0. 333	0. 333	0. 385	0. 052	0. 308	0. 571
Both	1 830	0. 164	0. 000	0. 000	0. 000	0. 370	0. 000	1. 000
Age	1 851	2. 848	2. 668	2. 904	3. 064	0. 317	1. 810	3. 427
Cash	1 851	0. 127	0. 064	0. 106	0. 166	0. 090	0. 009	0. 478
Gdp_gro	1 851	0. 095	0. 068	0. 091	0. 118	0. 061	− 0. 159	0. 273
Gdp_ave	1 851	11. 280	10. 950	11. 340	11. 68	0. 519	9. 827	12. 16
Psi	1 851	0. 427	0. 358	0. 441	0. 516	0. 124	0. 162	0. 698
Age_man	1 851	4. 008	3. 971	4. 025	4. 071	0. 123	3. 563	4. 251
Graduate	1 847	0. 799	1. 000	1. 000	1. 000	0. 401	0. 000	1. 000
Tenure	1 851	1. 203	0. 693	1. 099	1. 386	0. 433	0. 693	2. 398
Change	1 851	0. 299	0. 000	0. 000	1. 000	0. 458	0. 000	1. 000

在企业层面控制变量中，公司规模（lnsize）的均值是 23. 200，最大值是 27. 100，最小值是 20. 590，中位数是 23. 080，标准差是 1. 463，说明我国重污染企业上市公司规模普遍较大，资产总额较高，且公司规模存在较大差异。企业负债水平（Lev）的均值为 0. 507，中位数为 0. 519，均值小于中位数，说明样本左偏，大部分企业负债水平较高，甚至达到最大值 0. 950，反映出重污染企业绿色转型发展亟须资金的支持。企业盈利能力（Roa）均值是 0. 037，中位数是 0. 031，标准差是 0. 057，均值大于中位数，说明大部分企业盈利水平低于行业盈利平均水平，且企业之间的盈利水平差异较小。企业成长能力（Growth）的均值是 0. 153，中位数是 0. 088，均值大于中位数，说明样本右偏，大部分企业成长水平低于行业平均水平，反映出重污染企业大部分属于成熟期企业，亟须新型业务拓展，实现新的盈利增长点。企业董事会规模（Board）均值是 2. 215，中位数是 2. 197，且 25 分数与中位数相同，与 75 分位数差异较小，说明大多数企业董事会规模相似。企业独立董

事占比（Indep）均值为 0.369，中位数为 0.333，25 分位数与中位数相同，且与 75 分位数差异较小，标准差为 0.052，说明大多是企业之间独立董事占比相似。企业两职合一（Both），表示企业董事长与总经理是否为同一人，其均值为 0.164，说明 16.4% 的企业属于上述情况，但多数企业不存在两职合一情况，治理结构普遍较好。企业成立年龄（Age）取对数的均值为 2.848，中位数为 2.904，标准差为 0.317，最小值为 1.810，最大值为 3.427，说明大多数企业成立年限较久。企业现金持有水平（Cash）的均值是 0.127，中位数是 0.106，说明大多数企业现金持有水平低于行业平均水平。

在城市层面控制变量中，城市 GDP 增长率（Gdp_gro）均值是 0.095，中位数是 0.091，标准差是 0.061，说明城市之间的增长率差距较小。城市人均 GDP 水平（Gdp_ave）均值是 11.280，中位数是 11.340，均值小于中位数，说明大部分城市人均 GDP 水平高于全国城市平均水平。城市第二产业占比（Psi）均值是 0.427，中位数是 0.441，说明大部分城市第二产业占比较高。

在官员层面控制变量中，官员年龄（Age_man）取对数的均值是 4.008，中位数是 4.025，标准差是 0.123，最大值是 4.251，最小值是 3.563，说明各地区政府官员年龄相近。在官员学历（Graduate）分布中，均值是 0.799，且 25 分位数、中位数与 75 分位数相同，说明大多数官员学历均在本科学历以上。在官员任期（Tenure）分布中，均值是 1.203，中位数是 1.099，标准差是 0.433，说明大部分官员任期短于平均水平。在官员是否变更（Change）变量中，均值是 0.299，说明总样本中有 29.9% 的地区市委书记发生变更。

5.3.2　相关性分析

表 5.3 列示了本书主要变量之间的相关性结果。在 Pearson 相关系数检验中，自然资源资产离任审计试点地区与试点时间的交乘项（Audit × Time）与企业绿色并购（Gma）的相关系数为 0.329，且在 1% 水平上显著，初步说明自然资源资产离任审计与企业绿色并购之间存在直接的正向关系。在控制变量中，企业成长性（Growth）、企业董事会规模（Board）、独立董事占比（Indep）、两职合一（Both）、企业年龄（Age）、城市 GDP 增长率（Gdp_growth）、人均 GDP 水平（Gdp_ave）、城市第二产业占比（Psi）、政府官员年龄（Age_man）、官员学历（Graduate）以及任期（Tenure）等均与企业绿

Pearson 相关系数

表 5.3

变量	Gma	Audit	Time	Audit×Time	lnsize	Lev	Roa	Growth	Board	Indep	Both	Age	Cash	Gdp_gro	Gdp_ave	Psi	Age_man	Graduate	Tenure	Change
Gma	1																			
Audit	0.267***	1																		
Time	0.192***	-0.009	1																	
Audit×Time	0.329***	0.839***	0.187***	1																
lnsize	0.034	-0.018	0.104***	0.017	1															
Lev	0.004	-0.013	-0.018	0.011	0.471***	1														
Roa	0.023	0.037	-0.002	0.033	-0.067***	-0.464***	1													
Growth	0.038*	0.027	-0.051***	-0.004	-0.020	-0.026	0.311***	1												
Board	-0.060***	-0.015	-0.111***	-0.042*	0.324***	0.195***	0.009	-0.028	1											
Indep	0.063***	-0.037	0.056***	-0.035	0.101***	0.020	-0.059***	-0.020	-0.377***	1										
Both	0.043*	0.001	0.010	0.002	-0.206***	-0.178***	0.099***	0.004	-0.146***	0.038	1									
Age	0.045*	0.042*	0.372***	0.086***	0.155***	0.179***	-0.032	-0.084***	0.045*	-0.025	-0.072***	1								
Cash	-0.010	-0.016	0.005	-0.026	-0.301***	-0.330***	0.237***	0.083***	-0.127***	-0.030	0.112***	-0.063***	1							
Gdp_gro	-0.053***	0.102***	-0.398***	0.014	-0.102***	-0.017	0.060***	0.144***	0.019	-0.073***	-0.003	-0.193***	0.050**	1						
Gdp_ave	0.153***	0.096***	0.264***	0.144***	0.187***	-0.058***	0.127***	-0.020	-0.004	-0.017	0.017	0.176***	-0.008	-0.090***	1					
Psi	-0.089***	0.023	-0.262***	-0.034	-0.372***	-0.123***	0.003	0.006	-0.045*	-0.057***	0.113***	-0.084***	0.114***	0.115***	-0.333***	1				
Age_man	0.057***	0.055***	0.005	0.079***	-0.031	-0.004	0.001	0.006	-0.019	0.041*	-0.012	0.066***	0.063***	-0.033	0.014	0.049**	1			
Graduate	0.046**	0.100***	0.029	0.075***	-0.088***	-0.026	0.015	0.012	-0.030	0.056**	0.023	0.073***	0.036	-0.050**	-0.033	0.143***	0.333***	1		
Tenure	-0.055***	-0.058***	-0.116***	-0.044*	0.018	0.027	-0.005	-0.005	0.023	-0.009	-0.017	-0.099***	-0.030	0.091***	-0.043*	-0.090***	0.188***	0.025	1	
Change	0.008	0.029	-0.041*	0.027	-0.003	-0.003	0.011	0.014*	-0.025	0.021	-0.009	0.014	0.024	-0.015	-0.008	0.061***	-0.083***	0.017	-0.767***	1

注: ***、**、* 分别表示在 0.01、0.05、0.1 的水平上显著。

色并购存在直接的相关性。

5.3.3　单变量分析

表 5.4 列示了实验组和控制组在自然资源资产离任审计试点实施前后企业绿色并购投资的差异性。在自然资源资产离任审计试点实施后，控制组和实验组绿色并购投资均值都显著增加，且在 1% 水平上显著。同时，第（7）列给出了用实验组的变动减去控制组的变动，以消除时序上的变动差异，结果显示绿色并购均值的双重差分值在 1% 的水平上显著。以上结果初步说明，自然资源资产离任审计能够促进企业加大绿色并购投资。

表 5.4　　实验组和控制组在离任审计试点前后的绿色并购投资差异

变量	控制组		实验组		Difference		DID
	试点前 (1)	试点后 (2)	试点前 (3)	试点后 (4)	(5) = (2) – (1)	(6) = (4) – (3)	(7) = (6) – (5)
Gma	0.000	0.101	0.048	0.426	0.101 *** (6.845)	0.378 *** (5.791)	0.277 *** (6.020)

注：*** 表示在 0.01 的水平上显著。

5.3.4　多元回归结果分析

表 5.5 列示了本章核心假设的多元回归检验结果。其中，回归模型因变量为企业绿色并购（Gma），第（1）列、第（2）列分别为不控制相关控制变量回归结果的回归系数和相应 Z 值，可以发现，关键解释变量（Audit × Time）与企业绿色并购的估计系数为 1.189，Z 值为 10.420，在 1% 的水平上显著正相关。第（3）列、第（4）列分布为控制相关控制变量的回归结果和相应 Z 值，可以发现在控制相关控制变量后，关键解释变量（Audit × Time）与企业绿色并购的估计系数为 1.201，Z 值为 10.160，仍在 1% 的水平上显著正相关。以上结果表明自然资源资产离任审计制度试点能够促进企业更多实施绿色并购，从而验证本章研究假设。

在企业层面控制变量方面，企业规模与企业绿色并购在 10% 的水平上呈显著正相关，说明规模越大的重污染企业越倾向于实施绿色并购。独立董事占比在 1% 的水平上与企业绿色并购呈显著正相关，说明独立董事在推动企业绿色发展方面能够发挥一定的影响。企业年龄在5%的水平上与企业绿色并购呈显著负相关，说明自然资源资产离任审计试点实施后，成立年限较久的企业越不会倾向于实施绿色并购，这可能是由于此类企业成立年限较久，公司体制结果较为完善，企业更可能采取绿色创新而非绿色并购的投资方式来促进企业绿色发展。在城市层面控制变量方面，城市人均GDP在5%的水平上与企业绿色并购呈显著正相关，说明企业所在地位于人均GDP越高的城市，越倾向于实施绿色并购。在官员层面控制变量方面，官员任期在5%的水平上与企业绿色并购呈显著负相关，说明当企业所在地区官员任期时间越长时，企业越不倾向于实施绿色并购，这可能是因为官员任期时间越久，可能会出现政企之间的利益合谋问题，使企业污染排放的投资机会增加而减少绿色投资。同时，官员变更在10%的水平上与企业绿色并购呈显著负相关，说明当企业所在地区城市的官员发生变更时，企业将会减少绿色并购，这可能是因为官员变更会使地区经济发展不确定性增加，企业为降低风险，往往会采取减少外在投资行为的策略，导致企业绿色并购投资减少。

表5.5　　　　　　　　　　　多元回归结果

变量	Gma			
	（1）系数	（2）Z值	（3）系数	（4）Z值
Audit × Time	1.189 ***	(10.420)	1.201 ***	(10.160)
Audit			4.366	(7.390)
Time			4.916 ***	(8.190)
lnsize			0.089 *	(1.883)
Lev			−0.091	(−0.289)
Roa			−0.379	(−0.368)
Growth			0.198	(1.390)
Board			−0.129	(−0.432)
Indep			2.603 ***	(2.610)
Both			0.022	(0.180)
Age			−0.450 **	(−2.564)

续表

变量	Gma			
	（1）系数	（2）Z 值	（3）系数	（4）Z 值
Cash			− 0.246	（− 0.468）
Gdp_gro			− 0.438	（− 0.528）
Gdp_ave			0.243 **	（2.386）
Psi			− 0.134	（− 0.269）
Age_man			0.135	（0.284）
Graduate			0.088	（0.679）
Tenure			− 0.431 **	（− 2.199）
Change			− 0.281 *	（− 1.709）
Constant	− 3.485 ***	（− 6.448）	− 7.452 ***	（− 2.845）
Ind/Year/City	Yes		Yes	
Observations	1 791		1 764	
R − squared	0.219		0.256	

注：***、**、* 分别表示在 0.01、0.05、0.1 的水平上显著。

5.3.5 稳健性检验

（1）平行趋势检验。

双重差分法估计结果无偏的一个前提条件是实验组和控制组之间满足平行趋势假设，即处理组和对照组在事件发生之前应有相同的变动趋势，否则双重差分法会高估或者低估事件发生的效果。为进一步说明 DID 结果的合理性，本书对基准回归结果进行了平行趋势检验。如果平行趋势假设成立，那么，自然资源资产离任审计对企业绿色并购的影响发生在试点实施之后，而在试点实施之前，自然资源资产离任审计对实验组和控制组企业绿色并购行为的影响不存在显著差异。本章根据样本数据，通过图示法检验自然资源资产离任审计制度下处理组和控制组的绿色并购情况，如图 5.1 所示。从该图可以发现，实验组和控制组企业绿色并购在 2014 年之后发生显著差异性变化，而在试点实施之前，企业绿色并购投资行为满足平行趋势，再次证明本书采用双重差分模型构建的合理性以及回归结果的可靠性。

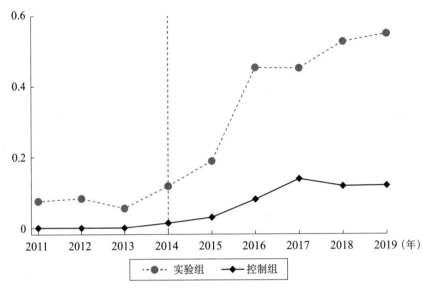

图 5.1 实验组与控制组绿色并购行为平行趋势

注：图为作者通过 Stata 软件绘制而成。

（2）反事实检验。

为进一步检验回归结果的可靠性，本书随机假设自然资源资产离任审计试点实施时间为 2012 年，选取 2011～2013 年的数据进行重新回归，如果关键解释变量回归系数不显著，则说明基准回归结果具有一定稳健性。表 5.6 列示了相应的反事实回归检验结果，从该表可以发现，若将自然资源资产离任审计试点实施时间往前推两年，自然资源资产离任审计与企业绿色并购投资之间的回归结果在统计意义上不存在明显关系，从而证明本章主回归结果的稳健性。

表 5.6　　　　　　　　　　　　　反事实检验结果

变量	Gma			
	（1）系数	（2）Z 值	（3）系数	（4）Z 值
Audit × Time	0.564	(0.660)	0.660	(0.640)
Audit	0.492	(0.760)	1.301 **	(2.60)
Time	−0.403	(−0.930)	−1.111	(−1.570)
lnsize			0.227 **	(2.302)
Lev			0.660	(0.559)

续表

变量	Gma			
	（1）系数	（2）Z 值	（3）系数	（4）Z 值
Roa			− 5.061	（− 1.637）
Growth			0.087	（0.167）
Board			0.259	（0.572）
Indep			0.835	（0.406）
Both			0.281	（1.216）
Age			0.687 **	（2.195）
Cash			1.737	（0.801）
Gdp_gro			4.758	（1.379）
Gdp_ave			− 0.156	（− 0.340）
Psi			− 0.653	（− 0.313）
Age_man			3.737	（1.241）
Graduate			− 0.604	（− 1.441）
Tenure			− 0.760 *	（− 1.702）
Change			− 0.431 *	（− 1.817）
Constant	− 1.432 ***	（− 4.098）	− 2.280 *	（− 1.776）
Ind/Year/City	Yes		Yes	
Observations	478		399	
R − squared	0.073		0.369	

注：***、**、*分别表示在 0.01、0.05、0.1 的水平上显著。

（3）PSM – DID 检验。

为了缓解内生性的影响，本书使用 PSM – DID 方法进行稳健性检验。由于企业特征、城市特征以及官员特征的差异会影响离任审计试点对企业绿色投资行为的影响，因此，本书使用城市第二产业比重（Psi）、官员任期（Tenure）、官员年龄（Age）、官员变更（Change）、总资产收益率（Roa）、资产负债率（Lev）、公司规模（lnsize）7 个变量作为倾向得分匹配（PSM）的基础，采取最近邻匹配方法，以及按照 1∶4 比例来获取可比的控制组，并通过平衡性检验的结果表明，匹配之后的变量标准化偏差在 10% 之内，与匹配前相比，匹配后变量的标准化偏差得以明显缩小。在此基础上，本书通过对控制组和处理组共同取值范围内数据进行重新回归，配对后的回归结果与前述结果基本一致，如表 5.7 所示，从而证明本章主回归结果具有稳健性。

表 5.7　　　　　　　　　　　PSM - DID 检验结果

变量	Gma	
	(1) 系数	(2) Z 值
Audit × Time	1.106 ***	(9.250)
Audit	4.569 ***	3.710
Time	1.095 ***	(3.152)
lnsize	0.082 *	(1.752)
Lev	0.020	(0.061)
Roa	- 0.278	(- 0.263)
Growth	0.205	(1.326)
Board	- 0.262	(- 0.869)
Indep	2.569 **	(2.558)
Both	0.042	(0.352)
Age	- 0.565 ***	(- 3.027)
Cash	- 0.116	(- 0.214)
Gdp_gro	- 0.692	(- 0.839)
Gdp_ave	0.212 **	(2.040)
Psi	0.002	(0.003)
Age_man	0.304	(0.608)
Graduate	0.088	(0.649)
Tenure	- 0.430 **	(- 2.141)
Change	- 0.350 **	(- 2.052)
Constant	- 7.061 ***	(- 2.580)
Ind/Year/City	Yes	
Observations	1 646	
R - squared	0.245	

注：***、**、* 分别表示在 0.01、0.05、0.1 的水平上显著。

（4）排除样本自选择问题。

为检验自然资源资产离任审计试点城市选择，是否因存在样本自选择问题而影响基准回归结果，借鉴张琦和谭志东（2019）的研究，本书将城市特征层面中第二产业占 GDP 比重（Psi）、人均 GDP（Gdp_ave）以及城市工业企业数量（Companies）三个指标作为是否成为试点城市的影响因素，并采用 Heckman 两阶段法进行样本自选择问题检验，回归结果如表 5.8 所示。从回归结果可以看到，在 Heckman 第一阶段，城市第二产业占 GDP 比重、人均 GDP 以及城市工业企业数量均与城市是否为试点城市均呈显著相关性，并在 Heckman 第二阶段中，逆米尔斯比率（λ）回归系数不显著，因此可以得出领导干部自然资源资产离任审计试点城市的选择相对随机，不存在样本自选择问题，且在控制逆米尔斯比率后，Audit×Time 的回归系数依然在 1% 的水平上显著正相关，与前面结果一致，进一步证明本章主回归结果的稳健性。

表5.8　　　　　　　　　　　排除样本自选择检验结果

变量	First		Second	
	Audit		Gma	
	（1）系数	（2）Z 值	（3）系数	（4）Z 值
Audit×Time			0.771 ***	（9.489）
Audit			0.048 ***	（3.380）
Time			0.128 ***	（5.085）
lnsize			0.080 ***	（6.962）
Lev			-0.102 *	（-1.946）
Roa			-1.767 ***	（-5.904）
Growth			0.104 ***	（3.821）
Board			-0.650 ***	（-6.835）
Indep			-0.315	（-1.610）
Both			0.203 ***	（6.712）
Age			-0.323 ***	（-7.408）
Cash			0.065	（0.759）

变量	First		Second	
	Audit		Gma	
	（1）系数	（2）Z 值	（3）系数	（4）Z 值
Age_man			− 0.254 ***	（− 3.454）
Graduate			0.072 ***	（3.649）
Tenure			0.081 ***	（2.659）
Change			0.046 *	（1.660）
λ			2.221	（1.374）
Psi	0.785 ***	（3.000）		
Gdp_ave	0.290 ***	（2.894）		
Companies	0.056 **	（2.304）		
Constant	− 5.361 ***	（− 4.589）	− 0.310	（− 1.095）
Ind/Year/City	Yes		Yes	
Observations	1 586		1 564	
R − squared	0.271		0.201	

注：***、**、*分别表示在 0.01、0.05、0.1 的水平上显著。

（5）排除全国性政策影响的安慰剂检验。

本书一种可能的竞争性解释是结果可能是受到本书未观测到的其他全国性重大政治、经济、环境政策的影响。为了排除上述竞争性解释，本书以 2014 年自然资源资产离任审计试点城市以外的其他城市中重污染企业样本作为安慰剂样本，设计了证伪检验。如果安慰剂样本中的污染企业未见同样的绿色并购投资反应，则说明试点城市中样本企业实施绿色并购投资行为是受到自然资源资产离任审计制度的影响，而非同期其他的全国性政策法规的影响。表 5.9 列示了排除全国性政策影响的安慰剂检验结果。回归结果可以发现，交互项 Audit × Time 的系数估计值不显著（系数为 3.060，Z 值为 0.029），安慰剂样本企业并未表现出与试点城市企业同样的绿色并购投资行为选择反应。证伪检验基本可以排除试点城市企业的绿色并购投资行为选择是受到同窗口期其他全国性政策的影响。

表 5.9　　　　　　　　　排除全国性政策影响的安慰剂检验结果

变量	Gma	
	（1）系数	（2）Z 值
Audit × Time	3.060	（0.029）
Audit	−4.137	（−0.039）
Time	1.362 ***	（4.471）
lnsize	−0.007	（−0.161）
Lev	0.211	（0.647）
Roa	0.468	（0.478）
Growth	0.247 *	（1.897）
Board	0.001	（0.006）
Indep	2.150 **	（2.275）
Both	0.163	（1.348）
Age	−0.335 **	（−2.079）
Cash	−0.519	（−0.900）
Gdp_gro	−0.857	（−0.981）
Gdp_ave	0.334 ***	（3.132）
Psi	−0.611	（−1.377）
Age_man	0.722	（1.581）
Graduate	0.022	（0.171）
Tenure	−0.342 *	（−1.683）
Change	−0.199	（−1.207）
Constant	−7.309 ***	（−3.150）
Ind/Year/City	Yes	
Observations	1 824	
R − squared	0.203	

注：***、**、* 分别表示在 0.01、0.05、0.1 的水平上显著。

5.4 监督型压力传递机制检验

5.4.1 环境监管力度增加

通过前述理论分析，自然资源资产离任审计试点实施后，地方政府自然资源管理和生态环境保护情况纳入常态化审计监督内容，提高了地方政府的环境保护压力。为缓解生态环境保护压力，地方政府有动力将环境保护治理任务转移至企业，要求企业积极践行绿色环保投资，减少污染排放。为满足地方政府需求，以获取地方政府信任和政策性支持，企业将会采取有效的绿色投资方式，本章主要指绿色并购投资，否则企业将会面临巨额环保违规处罚，得不到有效的政策性支持，从而不利于企业的长期发展。可见，自然资源资产离任审计制度下，地方政府环境监管力度是影响企业实施绿色并购投资的关键路径。对此，本部分将政府环境监管力度作为中介变量，检验该变量在自然资源资产离任审计与企业绿色并购之间的中介作用。借鉴谢东明（2020）的研究，本部分采用企业所在地城市的 PITI 指数作为地方政府环境监管力度的衡量指标。其中，PITI 指数为公众环境研究中心公布的 120 个主要城市污染源监管信息公开指数。

表 5.10 列示了环境监管力度的中介作用机制检验结果。第（1）列为自然资源资产离任审计与企业绿色并购之间的回归检验结果，与前述回归结果一样，在 1% 的水平上二者呈显著正相关关系。第（2）列为自然资源资产离任审计对中介变量环境监管力度的回归检验结果，可以看出回归系数为 0.065，Z 值为 2.372，在 1% 的水平上自然资源资产离任审计与企业绿色并购呈显著正相关，说明自然资源资产离任审计制度实施将促进试点地区环境监管力度增加。同时，第（3）列展示了在加入中介变量环境监管力度后，自然资源资产离任审计仍在 1% 的水平上与企业绿色并购呈显著正相关，且环境监管力度在 10% 的水平上与企业绿色并购呈显著正相关。这说明自然资源资产离任审计可通过增加环境监管力度促进企业实施绿色并购，即环境监管力度起到部分中介作用，验证本章理论逻辑分析的

可靠性。

表 5.10　　　　　　　　　环境监管力度的作用机制检验结果

变量	(1) Gma	(2) Piti	(3) Gma
Audit × Time	1.201 *** (6.160)	0.065 ** (2.372)	1.151 *** (7.746)
Audit	0.815 *** (3.970)	0.397 *** (3.095)	0.588 *** (2.770)
Time	1.016 *** (2.972)	0.510 *** (7.310)	1.129 *** (3.074)
Piti			0.558 * (1.731)
lnsize	0.089 * (1.883)		0.089 (1.554)
Lev	−0.091 (−0.289)		0.187 (0.454)
Roa	−0.379 (−0.368)		0.064 (0.044)
Growth	0.198 (1.390)		0.262 (1.433)
Board	−0.129 (−0.432)		0.231 (0.650)
Indep	2.603 *** (2.610)		3.640 *** (2.813)
Both	0.022 (0.180)		0.053 (0.338)
Age	−0.450 ** (−2.564)		−0.626 *** (−2.865)
Cash	−0.246 (−0.468)		0.022 (0.031)
Gdp_gro	−0.438 (−0.528)	−0.158 (−1.194)	0.123 (0.096)
Gdp_ave	0.243 ** (2.386)	0.049 (1.047)	0.345 * (1.772)
Psi	−0.134 (−0.269)	−0.531 *** (−2.589)	0.434 (0.665)

变量	(1) Gma	(2) Piti	(3) Gma
Age_man	0.135 (0.284)	-0.171*** (-4.525)	0.358 (0.669)
Graduate	0.088 (0.679)	0.014 (0.867)	0.063 (0.366)
Tenure	-0.431** (-2.199)	-0.001 (-0.056)	-0.517** (-2.321)
Change	-0.281* (-1.709)	-0.003 (-0.214)	-0.273 (-1.434)
Constant	-7.452*** (-2.845)	3.461*** (5.078)	-11.040*** (-3.498)
Ind/Year/City	Yes	Yes	Yes
Observations	1 764	1 046	1 173
R-squared	0.264	0.879	0.283

注: ***、**、*分别表示在0.01、0.05、0.1的水平上显著。

5.4.2 市场股价低估

由于自然资源资产离任审计主要是针对地方政府官员环境资源保护情况的审计监督制度，因此，对污染性企业的市场投资者而言，可能会将自然资源资产离任审计制度视为一种负面信号。即在未来的市场投资中，投资者会更不看好污染型企业的发展，导致该类企业市场股价被持续低估，而污染型企业则向市场传递自己正致力于绿色转型发展的信号，将有足够动力实施绿色并购，以降低自身与市场投资者之间的信息不对称，获取市场投资者投资信心。因此，在自然资源资产离任审计制度下，企业市场股价被低估可能是企业实施绿色并购的重要原因。为检验这一作用路径的可行性，本部分将企业市场股价低估作为中介变量，检验该变量在自然资源资产离任审计与企业绿色并购之间的中介作用。其中企业市场股价低估（undervaluation）的衡量方法，本书借助罗兹·克洛普夫等（Rhodes Kropf et al., 2005）和崔晓蕾等（2014）的研究，采取如下计算方式衡量企业市场股价低估。

第一步，对模型（5-2）进行分年分行业回归，得到每年分行业的回归系数。

$$\ln(M_{it}) = \alpha_{0it} + \alpha_{1it}\ln(B_{it}) + \alpha_{2it}\ln(NI)_{it}^{+} + \alpha_{3it}I_{(<0)}\ln(NI)_{it}^{+} +$$
$$\alpha_{4it}LEV + \varepsilon_{it} \tag{5-2}$$

其中，M 表示 i 公司 t 年末的市场价值，为年末非流通股账面价值与流通股市场价值之和；B 表示 i 公司 t 年末的总资产；$(NI)_{it}^{+}$ 表示企业净利润的绝对值；$I_{(<0)}\ln(NI)_{it}^{+}$ 表示净利润为负值时的指示性函数（当 NI ≥ 0 时，I = 0；当 NI < 0 时，I = 1）；LEV 表示企业负债率。

第二步，根据模型（5-2）分年分行业得到的回归系数，代入模型（5-3）。

$$\ln[v(\theta_{it};\alpha_{it})] = \hat{\alpha}_{0it} + \hat{\alpha}_{1it}\ln(B_{it}) + \hat{\alpha}_{2it}\ln(NI)_{it}^{+} +$$
$$\hat{\alpha}_{3it}I_{(<0)}\ln(NI)_{it}^{+} + \hat{\alpha}_{4it}LEV_{it} \tag{5-3}$$

其中，$v(\theta_{it};\alpha_{it})$ 表示在给定年份 t 和行业 j 的条件下，企业 i 的基本价值。

第三步，求企业层面的定价效率 $FM = M_{it} - v(\theta_{it};\alpha_{it})$。

FM 值越接近于 0 表示定价效率越高，大于 0 表示股价高估，小于 0 表示股价低估。

通过上述步骤得到股价高估或者低估的情况，为使回归结果更为直观，本书对企业层面定价效率取负号，该值越大，表明企业股价低估越严重；相反，表明企业股价高估越严重。表 5.11 列示了市场股价低估的中介作用机制检验结果。该表第（1）列为自然资源资产离任审计与企业绿色并购之间的回归结果检验，与前述回归结果一样，在 1% 的水平上二者呈显著正相关关系。第（2）列为自然资源资产离任审计与中介变量股价低估之间的关系，发现自然资源资产离任审计试点实施与企业股价低估在 10% 的水平上呈显著正相关，说明自然资源资产离任审计试点地区的企业股价低估的可能性更高。第（3）列表示加入中介变量股价低估后，自然资源资产离任审计与企业绿色并购仍在 1% 的水平上呈显著正相关，且中介变量在 1% 的水平上与企业绿色并购呈显著正相关关系，表明当股价低估时，企业更倾向于实施绿色并购投资行为。以上结果可反映出自然资源资产离任审计可通过导致试点地区企业股价低估，而促使其实施绿色并购投资行为，即股价低估起到部分中介作用，这与前面理论假设推演逻辑相一致。

表 5. 11 **市场股价低估的作用机制检验结果**

变量	(1) Gma	(2) Undervaluation	(3) Gma
Audit × Time	1. 201 *** (10. 160)	0. 159 * (1. 709)	1. 145 *** (9. 366)
Audit	0. 815 *** (3. 970)	− 0. 091 (− 1. 059)	0. 733 *** (3. 110)
Time	1. 016 *** (2. 972)	0. 135 * (1. 760)	1. 127 *** (3. 266)
Undervaluation			0. 300 *** (2. 758)
Optimism		0. 163 *** (2. 942)	
lnsize	0. 089 * (1. 883)	− 0. 002 (− 0. 116)	0. 081 * (1. 683)
Lev	− 0. 091 (− 0. 289)	0. 176 (1. 511)	0. 056 (0. 166)
Roa	− 0. 379 (− 0. 368)	2. 320 *** (5. 588)	− 0. 029 (− 0. 027)
Growth	0. 198 (1. 390)	0. 027 (0. 592)	0. 213 (1. 327)
Board	− 0. 129 (− 0. 432)	0. 114 (1. 195)	− 0. 242 (− 0. 806)
Indep	2. 603 *** (2. 610)	0. 445 (1. 491)	2. 773 *** (2. 764)
Both	0. 022 (0. 180)	0. 035 (1. 013)	0. 054 (0. 458)
Age	− 0. 450 ** (− 2. 564)	− 0. 043 (− 0. 744)	− 0. 538 *** (− 2. 913)
Cash	− 0. 438 (− 0. 528)	0. 249 (1. 306)	− 0. 050 (− 0. 093)
Gdp_gro	0. 243 ** (2. 386)	0. 091 (0. 364)	− 0. 689 (− 0. 817)
Gdp_ave	− 0. 134 (− 0. 269)	− 0. 006 (− 0. 182)	0. 221 ** (2. 101)
Psi	0. 135 (0. 284)	− 0. 299 * (− 1. 882)	− 0. 109 (− 0. 209)

变量	(1) Gma	(2) Undervaluation	(3) Gma
Age_man	0.088 (0.679)	0.385*** (2.604)	0.275 (0.541)
Graduate	−0.431** (−2.199)	−0.068 (−1.594)	0.081 (0.598)
Tenure	−0.281* (−1.709)	0.155** (2.298)	−0.438** (−2.167)
Change	−7.452*** (−2.845)	0.120** (2.285)	−0.387** (−2.261)
Constant	0.089* (1.883)	0.688 (0.861)	−6.605** (−2.364)
Ind/Year/City	Yes	Yes	Yes
Observations	1 764	1 679	1 643
R−squared	0.264	0.846	0.254

注：***、**、* 分别表示在 0.01、0.05、0.1 的水平上显著。

5.5　进一步分析

5.5.1　自然资源资产离任审计、产权性质与企业绿色并购

民营企业的目标是追求利润最大化，当地方环保执法不严时，民营企业会选择减少环保投入或降低环境治理成本，从而出现缺少清洁技术和设施，污染排放加重等问题（罗知和齐博成，2021）。而国有企业由于受到多重任务的约束（Lin & Tan，1999），经常接受来自各级国资委和上级政府部门的严格监督和管理，即使在地区环境规制不严格时，与民营企业相比，国有企业也会履行更多的社会责任，即生产过程更为规范，污染排放标准更高、污染控制更加严格等。基于政府部门对国有企业的了解，自然资源资产离任审计实施后，地方政府更会加强对非国有污染企业环境资源保护情况的监管。受此影响，相对于国有企业，自然资源资产离任审计试点实施将对非国有污

染企业市场股价负面波动的影响更大，使得该类企业通过绿色并购改善市场声誉、降低信息不对称影响的意愿可能更强。

表5.12列示了基于企业产权性质异质性，分析自然资源资产离任审计与企业绿色并购之间的关系。第（1）列、第（2）列为国有企业样本的回归结果，第（3）列、第（4）列为非国有企业样本的回归结果，通过这两列回归结果可以看出，自然资源资产离任审计制度实施使得国有企业和非国有企业均加大了对绿色并购的投资，但国有企业自然资源资产离任审计与企业绿色并购的回归系数为1.832，非国有企业该回归系数为0.702，且组间差异系数在1%的水平上显著（经验P值为0.000），说明自然资源资产离任审计对企业绿色并购的影响在国有企业中更明显。这可能是因为随着国家对生态环境保护的重视，地方政府首先把环境治理压力传递至所属国有企业，以帮助政府分担政治任务。国有企业由于隶属于政府，长期以来承担着部分社会公共职能，因此，面对自然资源资产离任审计，地方政府首先将社会环境保护压力传递至国有企业。相比民营企业，国有企业融资约束较小，更有可能先采取绿色并购行为以促进企业绿色转型发展。

表5.12 自然资源资产离任审计、产权性质与企业绿色并购的检验结果

变量	Gma			
	国有企业		非国有企业	
	（1）系数	（2）Z 值	（3）系数	（4）Z 值
Audit × Time	1.832 ***	(8.359)	0.702 ***	(4.058)
Audit	0.957 ***	(7.950)	1.008 ***	(2.710)
Time	0.716 ***	(6.060)	1.449 ***	(3.255)
lnsize	0.176 **	(2.386)	0.114	(1.478)
Lev	− 1.111 **	(− 2.355)	0.329	(0.668)
Roa	− 4.054 **	(− 1.992)	0.681	(0.486)
Growth	0.055 1	(0.255)	0.158	(0.714)
Board	0.510	(1.278)	− 0.908 *	(− 1.835)
Indep	4.460 ***	(3.419)	1.831	(1.089)
Both	− 0.493	(− 1.356)	0.193	(1.360)
Age	− 0.397	(− 1.151)	− 0.897 ***	(− 4.039)

续表

变量	Gma			
	国有企业		非国有企业	
	（1）	（2）	（3）	（4）
	系数	Z 值	系数	Z 值
Cash	1.012	(0.955)	− 0.521	(− 0.790)
Gdp_gro	− 0.838	(− 0.639)	− 1.242	(− 1.058)
Gdp_ave	− 0.088	(− 0.427)	0.511 ***	(3.424)
Psi	0.117	(0.143)	− 0.438	(− 0.571)
Age_man	− 0.283	(− 0.364)	0.311	(0.326)
Graduate	0.126	(0.492)	− 0.090	(− 0.503)
Tenure	− 0.457	(− 1.465)	− 0.422	(− 1.447)
Change	− 0.549 *	(− 1.913)	− 0.225	(− 0.968)
Constant	− 5.901	(− 1.565)	− 6.884	(− 1.431)
Ind/Year/City	Yes		Yes	
Observations	739		664	
R − squared	0.354		0.208	
组间系数差异经验 P 值	0.000			

注：***、**、* 分别表示在 0.01、0.05、0.1 的水平上显著。

5.5.2　自然资源资产离任审计、城市特征与企业绿色并购

自然资源资产离任审计制度试点实施使地方政府在发展经济的同时面临一定程度的环保压力，由于不同地区经济发展水平以及资源依赖程度不同，导致各个地方政府在环境监管方面可能存在较大差异。在经济发展水平较低的城市，地方政府面临的财政压力较大，与当地企业"政企合谋"的现象更为普遍，从而重视相应地区重污染企业在内的经营状况，放松环境管制要求。相比经济发展水平较低的城市，在经济发展水平较高的城市，资金、技术以及人才方面具有更为明显的优势，公民对环境资源保护的关注度和呼吁程度也更高，使地方政府环境管制程度更高，更有利于促进该地区企业发挥在资金与技术方面的优势实施绿色并购。与此同时，城市自然资源依赖度不

同，对资源产业的依赖程度存在差异，相比自然资源依赖程度较高的城市，自然资源依赖程度较低的城市，地区产业发展更为多元，产业转型升级难度较低，更有利于城市和企业的绿色转型发展。

表 5.13 列示了基于城市经济发展水平和城市自然资源依赖程度异质性特征的检验结果。第（1）列、第（2）列为基于城市经济发展水平异质性特征的检验结果，可以发现，在城市经济发展水平高组，自然资源资产离任审计交乘项（Audit × Time）与企业绿色并购在 1% 的水平上呈显著正相关（系数为 1.179，Z 值为 6.676），而在城市经济发展水平低组，自然资源资产离任审计交乘项（Audit × Time）与企业绿色并购在 10% 的水平上呈显著正相关（系数为 0.955，Z 值为 1.716）。其中，组间差异系数经验 P 值为 0.001，说明这两组回归结果存在显著差异，且在经济发展水平高的城市，自然资源资产离任审计对企业绿色并购的影响更明显。第（3）列、第（4）列为基于城市自然资源依赖程度异质性特征的检验结果，可以发现，在自然资源依赖高组，自然资源资产离任审计交乘项（Audit × Time）与企业绿色并购不存在显著相关性，而在自然资源依赖低组，自然资源资产离任审计交乘项（Audit × Time）与企业绿色并购在 1% 的水平上呈显著正相关（系数为 1.160，Z 值为 8.963）。其中，组间差异系数经验 P 值为 0.000，说明这两组回归结果存在显著差异，且在自然资源依赖程度低的城市，自然资源资产离任审计对企业绿色并购的影响更明显。

表 5.13　自然资源资产离任审计、城市特征与企业绿色并购的检验结果

变量	Gma			
	（1） 经济发展 水平高组	（2） 经济发展 水平低组	（3） 自然资源 依赖高组	（4） 自然资源 依赖低组
Audit × Time	1.179 *** （6.676）	0.955 * （1.716）	1.116 （1.284）	1.160 *** （8.963）
Audit	1.071 *** （2.055）	1.064 *** （2.191）	1.371 *** （2.955）	0.825 *** （2.972）
Time	1.185 ** （2.304）	1.157 ** （2.227）	1.376 ** （2.321）	0.935 *** （2.618）
lnsize	0.134 ** （1.999）	0.093 （1.108）	− 0.057 （− 0.408）	0.082 （1.494）

续表

变量	Gma			
	（1）	（2）	（3）	（4）
	经济发展 水平高组	经济发展 水平低组	自然资源 依赖高组	自然资源 依赖低组
Lev	−0.839 （−1.600）	0.593 （1.172）	1.482 （1.315）	−0.035 （−0.095）
Roa	−1.269 （−0.769）	1.262 （0.850）	3.771 （1.257）	−0.109 （−0.098）
Growth	0.421* （1.704）	0.032 （0.167）	0.247 （0.775）	0.230 （1.225）
Board	−0.282 （−0.615）	−0.724 （−1.552）	0.455 （0.695）	−0.456 （−1.318）
Indep	2.115 （1.315）	2.607* （1.812）	4.081* （1.792）	2.679** （2.233）
Both	0.241 （1.392）	−0.139 （−0.767）	0.321 （1.128）	0.061 （0.453）
Age	−0.465** （−1.983）	−1.157*** （−3.891）	−1.518*** （−3.434）	−0.571*** （−2.785）
Cash	0.291 （0.366）	−0.401 （−0.571）	0.657 （0.585）	−0.379 （−0.591）
Gdp_gro	2.599* （1.684）	−1.481 （−1.477）	−0.510 （−0.354）	−1.072 （−1.084）
Gdp_ave	0.444 （1.614）	0.432** （2.341）	0.488* （1.711）	0.221* （1.795）
Psi	0.771 （0.962）	−1.707* （−1.759）	0.165 （0.125）	−0.106 （−0.169）
Age_man	0.725 （1.106）	1.889 （1.618）	−1.169 （−0.732）	0.627 （1.094）
Graduate	−0.066 （−0.327）	0.243 （1.116）	−0.016 （−0.044）	−0.012 （−0.078）
Tenure	−0.659** （−2.281）	−0.642** （−2.211）	−0.009 （−0.019）	−0.617*** （−2.718）
Change	−0.436* （−1.846）	−0.461* （−1.767）	0.026 （0.059）	−0.490** （−2.470）
Constant	−11.080** （−2.366）	−12.030** （−2.254）	0.323 （0.040）	−7.688** （−2.418）

续表

变量	Gma			
	（1） 经济发展 水平高组	（2） 经济发展 水平低组	（3） 自然资源 依赖高组	（4） 自然资源 依赖低组
Ind/Year/Cite	Yes	Yes	Yes	Yes
Observations	693	817	254	1 174
R－squared	0.225	0.298	0.263	0.241
组间系数差异 经验 P 值	0.001		0.000	

注：***、**、*分别表示在 0.01、0.05、0.1 的水平上显著。

5.5.3 自然资源资产离任审计、社会压力与企业绿色并购

自然资源资产离任审计制度的实施，可能还会引发或强化来自媒体和公众等社会群体对重污染企业的关注。媒体作为一种重要的社会力量，其"捕风捉影"的负面报道往往不具有全面性，可能存在事实扭曲现象，增加企业的短期业绩压力，使企业行为更加短视（杨道广等，2017）。潘爱玲等（2019）研究认为，媒体负面报道能够引发企业对环保整改的关注，企业为降低环保舆论压力会倾向于实施绿色并购，借助绿色并购的速度优势、眼球效应和信号传递功能，缓解外界舆论压力。可见，媒体监督所产生的社会压力会进一步强化自然资源资产离任审计对企业短期绿色发展行为的监督作用，使企业行为更倾向于采取策略型的绿色并购投资行为，以快速向社会传递企业绿色发展的利好信号。同时，郑思齐等（2013）研究认为，公众环境关注对地方政府环境治理具有推动作用。资源环境问题关注度越高的公民对环境资源浪费与破坏的不合法行为容忍度越低，越可能通过信访、举报的形式向有关部门反映。这一方面增加了地方政府环境资源管理和保护不力的曝光度和透明度，使地方政府官员不仅承受来自政府部门的环境资源保护政绩考核压力，还需要接受来自公众等社会群体的环保压力；另一方面也加大了企业来自政府的环境监管力度，增强了自然资源资产离任审计的监督作用，使企业更可能通过采取策略型绿色并购行为来缓解外界监督压力。为检验来自媒体和公众的社会压力在自然资源资产离任审计与企业绿色并购关系中的作用，本书按照媒体压力将样本分为社会媒体压力高组和社会媒体压力低

组，按照公众压力将样本分为社会公众压力高组和社会公众压力低组，检验自然资源资产离任审计对企业绿色创新投资行为影响的异质性。其中，借鉴杨道广等（2017）的研究，采用重污染企业媒体负面报道数量作为媒体压力的衡量指标，并采用媒体负面报道数量加 1 后取自然对数进行衡量，该数据主要来自《中国经济新闻数据库》。同时，借鉴郑思齐等（2013）的研究，本书采用公众对于"环境污染"关注程度的百度指数作为社会公众压力的衡量指标，该数据通过借助 Python 技术从百度搜索引擎中获取。

表5.14 列示了社会压力在自然资源资产离任审计与企业绿色并购之间的异质性检验结果。第（1）列、第（2）列为来自社会媒体压力异质性的作用，回归结果可以看出在社会媒体压力高组，自然资源资产离任审计的交乘项（Audit × Time）与企业绿色并购（Gma）在 1% 的水平上呈显著正相关，而在社会媒体压力低组，自然资源资产离任审计的交乘项（Audit × Time）与企业绿色并购（Gma）不存在显著相关性，同时两种之间的组间差异系数经验 P 值为 0.000，说明社会媒体压力不同，自然资源资产离任审计对企业绿色并购的影响存在显著差异，即相比低社会媒体压力，高社会媒体压力下自然资源资产离任审计更能督促企业实施绿色并购。同时，第（3）列、第（4）列为来自社会公众压力异质性的作用，回归结果可以看出社会公众压力高组，自然资源资产离任审计交乘项（Audit × Time）与企业绿色并购（Gma）在 1% 的水平上呈显著正相关，回归系数为 1.598，而在社会公众压力低组，自然资源资产离任审计交乘项（Audit × Time）与企业绿色并购（Gma）仍在 1% 的水平上呈显著正相关，回归系数为 1.158，且两组之间的组间系数差异经验 P 值为 0.013，说明社会公众压力不同，自然资源资产离任审计对企业绿色并购行为的影响存在显著差异。由于社会公众压力高组系数更大，说明相比低社会公众压力，高社会公众压力下自然资源资产离任审计更有利于监督企业实施绿色并购。

表5.14　自然资源资产离任审计、社会压力与企业绿色并购的检验结果

变量	Gma			
	（1） 社会媒体 压力高组	（2） 社会媒体 压力低组	（3） 社会公众 压力高组	（4） 社会公众 压力低组
Audit × Time	1.892 *** （2.951）	1.301 （0.780）	1.598 *** （9.826）	1.158 *** （4.836）

续表

变量	Gma			
	（1） 社会媒体 压力高组	（2） 社会媒体 压力低组	（3） 社会公众 压力高组	（4） 社会公众 压力低组
Audit	1. 017 ** （2. 114）	0. 775 ** （2. 035）	0. 595 * （1. 913）	0. 802 * （1. 680）
Time	1. 175 *** （2. 620）	0. 939 ** （2. 335）	0. 979 * （1. 925）	0. 815 * （1. 681）
lnsize	0. 040 （0. 517）	0. 069 （0. 970）	− 0. 001 （ − 0. 004）	0. 265 *** （3. 337）
Lev	0. 152 （0. 297）	− 0. 159 （ − 0. 316）	0. 237 （0. 486）	− 0. 573 （ − 1. 211）
Roa	0. 503 （0. 334）	− 0. 798 （ − 0. 532）	− 0. 155 （ − 0. 091）	− 0. 515 （ − 0. 377）
Growth	0. 001 （0. 003）	0. 131 （0. 615）	0. 145 （0. 616）	0. 036 （0. 190）
Board	− 0. 724 （ − 1. 634）	− 0. 214 （ − 0. 595）	0. 080 （0. 190）	− 1. 226 ** （ − 2. 495）
Indep	0. 372 （0. 227）	3. 649 *** （2. 844）	3. 663 *** （2. 591）	0. 441 （0. 260）
Both	− 0. 472 * （ − 1. 945）	0. 321 ** （2. 024）	0. 039 （0. 215）	0. 033 （0. 200）
Age	− 0. 412 （ − 1. 494）	− 0. 800 *** （ − 3. 301）	− 0. 369 （ − 1. 556）	− 1. 003 *** （ − 3. 810）
Cash	− 0. 189 （ − 0. 201）	− 0. 188 （ − 0. 238）	− 0. 878 （ − 0. 973）	− 0. 154 （ − 0. 231）
Gdp_gro	− 0. 447 （ − 0. 301）	− 1. 591 （ − 1. 347）	2. 484 （1. 472）	− 1. 866 ** （ − 2. 021）
Gdp_ave	0. 478 *** （2. 639）	0. 190 （1. 248）	0. 484 ** （2. 196）	0. 494 *** （2. 861）
Psi	0. 011 （0. 015）	− 0. 665 （ − 0. 985）	0. 105 （0. 135）	− 3. 125 *** （ − 2. 859）
Age_man	0. 648 （0. 850）	− 0. 075 （ − 0. 110）	0. 723 （1. 116）	0. 975 （0. 888）
Graduate	0. 052 （0. 238）	− 0. 055 （ − 0. 323）	− 0. 005 （ − 0. 022）	0. 099 （0. 524）

续表

变量	Gma			
	（1）	（2）	（3）	（4）
	社会媒体 压力高组	社会媒体 压力低组	社会公众 压力高组	社会公众 压力低组
Tenure	−0.134 （−0.383）	−0.584** （−2.053）	−0.515* （−1.685）	−0.729** （−2.507）
Change	−0.129 （−0.452）	−0.449* （−1.926）	−0.355 （−1.413）	−0.598** （−2.372）
Constant	−8.421** （−2.154）	−3.628 （−1.021）	−10.500*** （−2.597）	−9.841* （−1.937）
Ind/Year/City	Yes	Yes	Yes	Yes
Observations	650	819	747	776
R−squared	0.325	0.233	0.278	0.308
组间系数差异 经验 P 值	0.000		0.013	

注：***、**、* 分别表示在 0.01、0.05、0.1 的水平上显著。

5.5.4　自然资源资产离任审计、内部风险补偿与企业绿色并购

并购重组在提高企业发展质量、推动产业结构升级方面具有重要作用。作为企业重要的资产配置行为，企业绿色并购行为仍是一项高风险的经济活动。在并购过程中，企业可能面对融资约束、目标评估和反收购对抗等多方面的失败风险。制度压力和市场压力虽能影响企业实施绿色并购，但企业内部管理层的意志仍在企业绿色投资战略中占有重要作用。公司治理理论表明，股东可以通过分散投资保障投资收益，而经理人只有通过经营业绩来换取薪酬、福利等短期回报，因此股东的风险态度是风险中性的，而经理人的风险态度是风险厌恶的（Jensen & Meckling，1976）。对绿色并购这种高风险的投资活动来说，经理人所获得的收益与其所承担的潜在成本是不对称的（Amihub & Lev，1981）。经理人不能获得并购所创造的全部收益，却要承担并购失败所带来的个人职业风险。因此，风险厌恶的经理人可能会因为不愿意承担风险而放弃那些高风险但净现值为正的并购项目（Holmstrom & Weisis，1989；Smith & Stulz，1985）。因此，需要企业内部加强对高管的有效风

险补偿（谢德仁和黄亮华，2013），以提高管理者的风险承担能力和意愿，促进企业实施绿色并购。由于薪酬补偿和股权补偿是目前企业内部对管理层进行有效风险补偿的两种方式，因此本书将从高管薪酬补偿和高管股权补偿两个方面探讨内部风险补偿在自然资源资产离任审计与企业绿色并购之间的作用。具体而言，本书根据企业薪酬补偿和股权补偿的高低，将样本分别分为薪酬补偿高组和薪酬补偿低组以及股权补偿高组和股权补偿低组。其中，借鉴蔡贵龙等（2018）的研究方法，本书选取企业前三名高管薪酬取自然对数衡量高管薪酬补偿，以及采用管理层持股的自然对数衡量高管股权补偿。

表 5.15 列示了企业内部风险补偿在自然资源资产离任审计与企业绿色并购之间的异质性检验结果。第（1）列、第（2）列为基于企业薪酬补偿异质性的检验结果，回归结果表明，在薪酬补偿高组，自然资源资产离任审计交乘项（Audit×Time）在 1% 的水平上与企业绿色并购（Gma）呈显著正相关，而在薪酬补偿低组，自然资源资产离任审计交乘项（Audit×Time）与企业绿色并购（Gma）不存在显著相关性，且经过组间系数差异检验表明，组间系数差异经验 P 值为 0.001，说明上述两组回归结果在 1% 的水平上存在显著差异，反映出企业内部薪酬风险补偿不同，自然资源资产离任审计对企业绿色并购的影响存在显著差异，即相比低薪酬风险补偿，企业高薪酬风险补偿更有利于促进企业实施绿色并购。第（3）列、第（4）列为基于企业股权补偿异质性的检验结果，回归结果发现，在股权补偿高组，自然资源资产离任审计交乘项（Audit×Time）在 1% 的水平上与企业绿色并购（Gma）呈显著正相关，而在股权补偿低组，自然资源资产离任审计交乘项（Audit×Time）与企业绿色并购（Gma）不存在显著相关性，且经过组间系数差异检验表明，组间系数差异经验 P 值为 0.000，说明上述两组回归结果在 1% 的水平上存在显著差异，反映出企业内部股权风险补偿不同，自然资源资产离任审计对企业绿色并购的影响存在显著差异，即相比低股权风险补偿，企业高股权风险补偿更有利于促进企业实施绿色并购。整体而言，相比低内部风险补偿，企业高内部风险补偿更有利于促进企业在自然资源资产离任审计制度下实施绿色并购。

表 5.15 自然资源资产离任审计、内部风险补偿与企业绿色并购的检验结果

变量	Gma			
	（1）	（2）	（3）	（4）
	薪酬 补偿高组	薪酬 补偿低组	股权 补偿高组	股权 补偿低组
Audit × Time	1.621 *** （2.824）	0.578 （1.250）	1.455 *** （4.645）	0.645 （0.888）
Audit	1.211 * （1.711）	1.004 *** （2.755）	0.953 （1.443）	0.915 （1.510）
Time	1.213 * （1.730）	1.248 *** （2.737）	0.582 （1.541）	0.623 （1.144）
lnsize	0.002 （0.030）	0.092 （1.596）	− 0.050 （− 0.885）	0.271 ** （2.421）
Lev	− 0.459 （− 0.822）	0.279 （0.693）	0.699 * （1.776）	− 1.492 ** （− 2.287）
Roa	− 0.929 （− 0.536）	− 0.297 （− 0.209）	− 0.121 （− 0.097）	− 1.902 （− 0.822）
Growth	0.028 （0.125）	0.025 （0.115）	− 0.010 （− 0.046）	− 0.011 （− 0.045）
Board	0.116 （0.257）	− 0.725 * （− 1.854）	− 0.459 （− 1.231）	− 0.059 （− 0.112）
Indep	5.003 *** （3.255）	1.121 （0.782）	0.965 （0.765）	5.921 *** （3.047）
Both	− 0.220 （− 1.047）	0.204 （1.484）	− 0.023 （− 0.180）	0.220 （0.741）
Age	− 0.606 （− 1.529）	− 0.679 *** （− 3.252）	− 0.672 *** （− 3.526）	− 0.697 （− 1.570）
Cash	0.265 （0.259）	− 0.784 （− 1.029）	− 0.195 （− 0.290）	− 1.241 （− 0.947）
Gdp_gro	0.856 （0.667）	− 1.835 * （− 1.772）	− 1.726 * （− 1.759）	− 0.276 （− 0.187）
Gdp_ave	0.090 （0.411）	0.313 ** （2.405）	0.337 *** （2.712）	− 0.106 （− 0.406）
Psi	− 0.635 （− 0.727）	− 0.051 （− 0.081）	− 1.181 ** （− 1.993）	1.404 （1.439）
Age_man	− 2.248 ** （− 2.554）	1.794 *** （3.307）	0.386 （0.682）	− 0.304 （− 0.315）

续表

变量	Gma			
	（1） 薪酬 补偿高组	（2） 薪酬 补偿低组	（3） 股权 补偿高组	（4） 股权 补偿低组
Graduate	0.567** （2.078）	−0.183 （−1.133）	0.069 （0.458）	0.253 （0.795）
Tenure	−0.926** （−2.488）	−0.200 （−0.799）	−0.419* （−1.676）	−0.334 （−0.804）
Change	−0.496 （−1.639）	−0.208 （−0.956）	−0.237 （−1.151）	−0.535 （−1.511）
Constant	5.528 （1.058）	−11.190*** （−3.600）	−2.643 （−0.852）	−6.067 （−1.048）
Ind/Year/City	Yes	Yes	Yes	Yes
Observations	827	704	1 016	412
R−squared	0.257	0.357	0.255	0.329
组间系数差异 经验 P 值	0.001		0.000	

注：***、**、*分别表示在 0.01、0.05、0.1 的水平上显著。

第 6 章

自然资源资产离任审计与绿色创新：
激励型压力传递下的企业行为选择

    自然资源资产离任审计制度预期目标的实现，不仅需要通过影响政治监督和市场监督力量来促进企业实施绿色并购，以追求绿色投资的速度和形式，更需要通过激励手段，引导企业领略制度战略宗旨，重视绿色投资的实质性，使其投资行为结果更符合制度预期。一般而言，激励强调对企业绿色转型发展提供相对公平甚至无偿性的支持，承载着优化资源配置结构、供给结构和需求结构的战略使命（柳光强，2016），旨在引导企业实施具有战略意义的投资行为，实现企业和城市绿色转型的经济社会发展目标。在自然资源资产离任审计下，政府部门将倾向于采取以政府补助为主的激励性政策措施来引导企业实施绿色投资行为。本书通过整理重污染企业政府补助数据发现，在试点地区城市，自然资源资产离任审计试点后比试点前，地方政府对重污染行业政府补助年平均额度增加了近8%。随着绿色信贷等市场金融举措的不断推广，通过设定环境准入门槛配置信贷资源，增加了污染型企业发展的遵循成本和债务融资约束，进而加大了该类企业的市场退出风险，从而制约污染型行业的绿色转型发展（于波，2021）。以政府补助为主的政府激励性政策措施旨在支持污染型企业绿色转型发展，稳定地区经济发展和就业水平等，而非将其挤出市场。特别是规模较大的污染型企业，在保障就业和缴纳税金方面贡献力度较大，该类企业的破产将很大程度影响地区就业水平和经济发展等的稳定性。因此，地方政府的政府补助激励性政治举措对促进污染型企业实施绿色投资和服务社会经济发展目标方面具有重要意义，有利于弥补市场有效性的不足。

此外，由于自然资源资产离任审计的政府审计职能可以提高地区环境治理的信息透明度，即上级审计部门能够通过对比不同地方政府资源环境保护的审计结果，分析出地区间的环境监管差异，进而有针对性地加强对较弱环境监管地区政府的审计，发挥降低不同地区间环境监管差异的正外部性，如此可缩小不同地区市场之间的环保准入差异，使得企业跨地区转移污染产业发展的可能性降低，进而提高了市场的绿色竞争性。随着市场绿色竞争激烈程度的增加，企业仅采取短期策略型绿色投资行为将不能满足市场需要，难以实现自身绿色生产技术和产品的竞争性，而需重视绿色投资实质性，采取更具有战略意义的绿色投资行为。

绿色创新作为加快形成绿色发展方式和解决环境污染问题的根本之策，不仅能增强企业自身绿色产品市场竞争优势，也能在改善空气质量、降低污染排放等环境问题方面发挥重要作用，是提高企业持续竞争力与环境保护的"共赢"机制，对推动我国生态文明建设具有战略意义（解学梅和朱琪玮，2021）。因此本章主要从激励型压力传递视角，并从政府激励和市场激励两个方面，借助政府审计理论及其对市场的正外部性讨论自然资源资产离任审计对企业绿色创新行为的影响。

6.1 理论分析与研究假设

针对自然资源资产离任审计对企业绿色创新的影响，本节主要从政府审计功能及其正外部性以及组织合法性视角进行论证。政府审计功能主要通过审计职能及其独立性发挥（褚剑和陈骏，2021）。从政府审计职能来看，自然资源资产离任审计隶属于政府审计，其目的主要是监督"关键少数"领导干部在资源环境管理与保护方面的贯彻执行，具有揭示和抵御领导干部环境不合法行为的功能。该制度的常态化实施将有利于规范领导干部经济发展决策，以贯彻中央生态文明发展目标为自身行动力，从而给予辖区企业，特别是致力于绿色转型发展的企业，提供相对稳定的外部经营环境，优化现有政治经营环境和信贷融资环境，避免"一刀切"关停政策带来的高昂政治成本，并通过实施积极的财政政策降低企业绿色创新的外部不确定性及融资约束（徐佳和崔静波，2020），挤压污染性企业的寻租空间。一般而言，地方政府的财政政策和治理水平会对企业投资行为产生重要影响（陈德球和陈运森，2013）。在自然资源资产离任审计制度下，地方政府对环境监管和环境政策的强化，使得地区环境治理水平得以提升，给予真正致力于清洁生产和绿色转型发展的企业以信心，激励企业实施绿色创新。

从审计独立性来看，自然资源资产离任审计的审计主体主要是政府审计机关（蔡春和毕铭悦，2014），其独立于其他政府部门，具有一定的审计独立性。根据审计独立性，政府审计机关能够结合审计结果，对被审计领导干部任职期间自然资源管理和生态环境保护变化产生的原因进行综合分析，客观评价被审计领导干部责任履行情况，一定程度上降低了地方政府和中央政府之间的信息不对称，弱化了地方政府的信息优势，制约地方政府在环保方面的不合法行为，这对于完善地区市场经济环境、促进资源公平分配具有重要意义。绿色信贷是当前推动环境保护与节能减排的重要市场举措，通过设定环境准入门槛达到优化信贷资源配置作用。这项金融举措为清洁型企业发展提供了良好的市场环境，但同时也增加了污染型企业发展的遵循成本和债务融资约束，对该类企业的绿色创新具有挤出效应（陆菁等，2021），使得致力于绿色创新绿色转型发展的污染型企业得不到相应的融资需求而加大了市场退出风险，从而制约污染型行业的绿色转型发展。自然资源资产离任审计通过提高地方政府的环境审计力度，加大了地方政府的环境治理压力，使得地方政府倾向于在权衡经济增长和环境治理之间作出发展决策，做到既能保障就业率和经济增长率等，又能达到环境保护效果。出于上述决策动机，地方政府在对待辖区污染型企业的态度方面将更倾向于支持该类企业绿色创新发展，特别是规模较大的污染型企业，其在保障就业和缴纳税金方面贡献力度较大，更有意愿对致力于绿色创新研发的污染型企业提供相应的政府补助和税收优惠等，以此激励污染型企业加快绿色转型步伐，弥补市场有效性的不足。

此外，自然资源资产离任审计的政府审计功能具有一定的正外部性。上级审计部门能够通过对比不同地方政府资源环境保护的审计结果，分析出地区间的环境监管差异，进而有针对性地加强对较弱环境监管地区政府的审计。与原环境监管较强地区相比，自然资源资产离任审计提高环境管制力度对原环境监管较弱地区的作用更为明显。长期来看，自然资源资产离任审计会使不同地区之间的环境监管差异缩小，进而使得不同地区市场准入的环保管制差异缩小。对企业而言，借助不同市场环境保护准入要求实施跨地转移污染产业投机行为的可能性会降低（Bartram et al.，2019；沈坤荣和周力，2020），即由市场准入环境保护管制要求高的地区转移至市场准入环境保护管制要求低的地区的可能性降低。特别地，当不同市场环保准入管制要求均提高且趋于相同时，企业很难通过跨越不同地区市场转移污染产业，进而激励企业从根本上改变现有经济发展模式。在此情景下，市场绿色生产竞争程度会增加，绿色专利技术竞争优势明显，而且绿色产品市场得以拓展，使得绿色创新风险得以降低，激励企业为提高并维持市场竞争优势，必须从战略上实施能促进企业长期发展的绿色创新投资行为，加大对绿色创新研发投入，以获取更多的发展空间及利润空间。因此，本书推断自然资源资产离任审计可通过发挥政府审计功能的正外部性，缩小不同地区市场环境保护准入差异，使得市场绿色创新的竞争性增加、绿色产品市场份额拓展、风险降低，激励企业实施绿色创新。

从组织合法性理论看，自然资源资产离任审计制度下，政府激励手段给予了企业财政支持，是政府为实现地区产业绿色转型发展，无偿给予企业的财政性资金，承载着优化资源配置结构、供给结构和需求结构的政策意图（柳光强，2016），旨在引导企业实施战略型绿色投资策略，实现城市绿色转型发展的经济社会发展目标。绿色创新是促进企业以及城市绿色转型发展的根本性策略，不仅能够提高社会效益，也能够增强企业自身绿色产品市场竞争优势，是提高企业持续竞争力与环境保护的"共赢"机制。同时，政府补助在很大程度上会激励企业实施绿色创新（Manso，2011），维护企业满足政治合法性的持续性。与一般制度不同，自然资源资产离任审计制度背景下，对致力于绿色转型发展的污染型企业实施政府补助，属于自然资源资产资金管理范畴，是自然资源资产离任审计的主要内容之一，因此该政府补助拨款将更易受到来自政府审计部门的监督，也迫使政府更为谨慎地监督企业关于政府补助资金的使用情况，降低企业的机会主义行为，进而提高企业的政治合法性。另外，在激励性质的市场合法性推动下，企业会积极改变自身战略投资方向，而更倾向于实施绿色创新，提高企业在市场中的竞争优势，维护企业市场合法性的持续性，提高消费者对企业产品重复消费和企业盈余收益的可能性，降低市场压力。

综合来看，本书认为，自然资源资产离任审计通过发挥政府审计功能及其正外部性实现对企业绿色创新的政策激励和市场激励，促进企业加大绿色创新投资，以缓解政治激励压力和市场激励压力，提高企业政治合法性和市场合法性。基于以上分析，本书提出如下假设。

假设 6-1：在其他条件不变时，自然资源资产离任审计制度下企业将倾向于实施绿色创新。

6.2　研究设计

6.2.1　样本选择与数据来源

结合自然资源资产离任审计的实施背景和企业绿色创新数据的可获得性，本书选取 2011~2019 年我国 A 股重污染上市公司为研究样本。其中，自然资源资产离任审计数据主要来自地方政府审计局官网，借鉴聂天凯等（2021）的研究，手工收集了自然资源资产离任审计试点实施地区，2014 年试点地区与前面一致。同时，2015~2017 年，开展了后续试点工作，共涉及 154 个城市，相比于后续试点批次，试点地区样本企业受到政策预期效应等其他因素的干扰较小，因此本书重点关注 2014 年的试点政策，为了排除其他试点时期政策效应的干扰，本书将除 2014 年试点外后续试点涉及地区的上市公司从样本中剔除。因此，本书样本中对照组为 2014 年试点地区以及后续试点地区外的其他地区的重污染上市公司。同时，绿色专利数据来源于 CNRDS 数据库，其他数据均来自 CASMAR 数据库。

6.2.2　变量定义与模型设计

（1）变量定义。

①自然资源资产离任审计。自然资源资产离任审计，是本章的解释变

量，由自然资源资产离任审计试点地区和试点时间交乘而得。关于自然资源资产离任审计的界定，详见前面所述。其中，当企业所在地位于自然资源资产离任审计试点地区时取值为 1，否则取值为 0，而当处理样本时间属于 2014 年及之后时取值 1，否则取值为 0。同时，关于自然资源资产离任审计试点地区的选择，本书将"市"作为基本单位，即如果试点地区是在县级层面展开，考虑到上市公司所在地基本位于地级市及以上地区，因此本书将县级层面试点纳入所属地级市层面的试点情况。

②绿色创新。绿色创新，是本章节的被解释变量。关于绿色创新的界定，详见前面所述。借鉴黎文靖和郑曼妮（2016）的研究，本书采用企业绿色发明专利独立申请数量的自然对数进行衡量。

（2）模型设计。

由于自然资源资产离任审计为外生事件，因此本书构建如下双重差分模型以验证假设：

$$\text{Gino}_{i,t} = \beta_0 + \beta_1 \text{Audit}_{i,t} + \beta_2 \text{Time}_{i,t} + \beta_3 \text{Audit}_{i,t} \times \text{Time}_{i,t} +$$
$$\sum \beta_n \text{Controls}_{i,t} + \varepsilon_{i,t} \qquad (6-1)$$

其中，Gino 表示企业绿色创新；Audit 表示企业所在地是否位于自然资源资产离任审计试点地区；Time 表示自然资源资产离任审计试点时间；Audit×Time 表示本章的关键解释变量，该变量回归系数及其显著性反映了自然资源资产离任审计对企业绿色创新的影响效果。具体变量定义如表 6.1 所示。

表 6.1   **变量定义**

变量类型	变量符号	变量名称	变量定义
被解释变量	Gino	绿色并购	ln（绿色发明专利独立申请数量＋1）
解释变量	Audit	自然资源资产离任审计试点地区	虚拟变量，若企业所在地位于自然资源资产离任审计试点地区，取值 1，否则取值为 0
	Time	试点实施时间	试点实施前（2013 年及之前）取值 0，试点实施后（2014 年及之后）取值 1
	Audit×Time	自然资源资产离任审计	自然资源资产离任审计试点地区与试点实施时间的交互项

续表

变量类型		变量符号	变量名称	变量定义
控制变量	企业层面	lnsize	企业规模	ln（期末资产总额）
		Lev	负债水平	年末负债总额/年末资产总额
		Roa	盈利能力	净利润/年末平均总资产
		Growth	成长能力	（当期营业收入－上期营业收入）/上期营业收入
		Board	董事会规模	ln（董事会人数）
		Indep	独立董事占比	独立董事在董事会所占的比例
		Both	两职合一	董事长是否兼任总经理，兼任取1，否则取0
		Age	公司年龄	ln（处理年份－公司成立年份＋1）
		Cash	现金持有水平	（货币资金＋交易性金融资产）/期末总资产
	城市层面	Gdp_gro	城市 GDP 增长率	（处理年城市 GDP－上一年城市 GDP）/上一年城市 GDP
		Gdp_ave	人均 GDP	人均生产总值取对数
		Psi	城市第二产业比重	城市第二产业总产值/城市 GDP
	官员层面	Age_man	市委书记年龄	ln（处理年份－市委书记出生日期＋1）
		Graduate	市委书记学历	本科及以上学历取值为1；大专及以下学历取值为0
		Tenure	市委书记任期	ln（处理年份－上任年份＋1）
		Change	市委书记变更	如果当年市委书记发生变更，取值为1；否则，取值为0

6.3 实证检验与结果分析

6.3.1 描述性统计分析

表6.2为本章主要变量的描述性统计结果。从该表可知，被解释变量企业绿色创新（Gino）的均值为1.141，中位数为1.099，标准差为1.044，最小值为0.000，最大值为5.533，可以发现企业绿色创新已成为一种趋势，但不同企业之间绿色创新水平存在较大差异，且大部分企业绿色创新水平低于行业平均水平，有待进一步提高，为本章研究的必要性提供经验支持。相比第5章，本章节因变量为绿色创新，总样本缺失值较少，从而总样本数量相对较多，导致关键解释变量和控制变量等描述性统计情况发生相应的变动。其中，自然资源资产离任审计试点地区（Audit）均值为0.129，表明总样本中12.9%的企业所在地区位于自然资源资产离任审计试点地区。自然资源离任审计试点时间（Time）均值为0.743，即有74.3%的样本位于自然资源资产离任审计试点实施后，考虑到数据的可获得性等因素，仍有25.7%的样本位于自然资源资产离任审计试点实施前。

在企业层面控制变量中，公司规模（lnsize）的均值是23.200，中位数是23.080，标准差是1.464，最小值是20.560，最大值是27.070，说明我国重污染企业上市公司规模普遍较大，资产总额较高，且公司规模存在较大差异。企业负债水平（Lev）的均值是0.508，中位数为0.519，均值小于中位数，说明样本左偏，大部分企业负债水平较高，甚至达到最大值0.952，反映出重污染企业绿色转型发展亟须资金的支持。企业盈利能力（Roa）均值是0.037，中位数是0.031，标准差是0.058，均值大于中位数，说明大部分企业盈利水平低于行业盈利平均水平，且企业之间的盈利水平差异较小。企业成长能力（Growth）的均值是0.151，中位数是0.088，均值大于中位数，说明样本右偏，大部分企业成长水平低于行业平均水平，反映出重污染企业大部分属于成熟期企业，亟须新型业务拓展，实现新的盈利增长点。企业董事会规模（Board）均值是2.215，中位数是2.197，且25分数与中位数相同，与 75 分位数差异较小，说明大多数企业董事会规模相似。企业独立董事占比（Indep）均值为 0.369，中位数为 0.333，25 分位数与中位数相同，且与 75 分位数差异较小，标准差为 0.052，说明大多是企业之间独立董事占比相似。企业两职合一（Both），表示企业董事长与总经理是否为同一人，其均值为 0.164，说明 16.4% 的企业属于上述情况，但多数企业不存在两职合一情况，治理结构普遍较好。企业成立年龄（Age）取对数的均值为 2.848，中位数为 2.905，标准差为 0.316，最小值为 1.811，最大值为 3.424，说明大多数企业成立年限较久。企业现金持有水平（Cash）的均值是 0.128，中位数是 0.106，均值大于中位数，说明大多数企业现金持有水平低于行业平均水平。

在城市层面控制变量中，城市 GDP 增长率（Gdp_gro）均值是 0.095，中位数是 0.091，标准差是 0.081，说明城市之间的增长率差距较小。城市人均 GDP 水平（Gdp_ave）均值是 11.290，中位数是 11.340，均值小于中位数，说明大部分城市人均 GDP 水平高于全国城市平均水平。城市第二产业占比（Psi）均值是 0.427，中位数是 0.441，说明大部分城市第二产业占比较高。

在官员层面控制变量中，官员年龄（Age_man）取对数的均值是 4.008，中位数是 4.025，标准差是 0.122，最大值是 4.251，最小值是 3.563，说明各地区政府官员年龄相近。在官员学历（Graduate）分布中，均值是 1.090，且 25 分位数、中位数与 75 分位数相同，说明大多数官员学历均在本科学历以上。在官员任期（Tenure）分布中，均值是 2.686，中位数是 2.000，标准差是 1.868，说明大部分官员任期短于平均水平，且不同城市之间官员任期时间的长短有较大差异。在官员是否变更（Change）变量中，均值是 0.300，说明总样本中有 30% 的地区市委书记发生变更。

表 6.2　　　　　　　　　　　　　　　　描述性统计

变量	N	Mean	P25	P50	P75	Sd	Min	Max
Gino	1 861	1.141	0.000	1.099	1.792	1.044	0.000	5.533
Audit	1 863	0.129	0.000	0.000	0.000	0.335	0.000	1.000
Time	1 863	0.743	0.000	1.000	1.000	0.437	0.000	1.000
lnsize	1 861	23.200	22.040	23.080	24.160	1.464	20.560	27.070

续表

变量	N	Mean	P25	P50	P75	Sd	Min	Max
Lev	1 861	0.508	0.377	0.519	0.651	0.194	0.091	0.952
Roa	1 861	0.037	0.009	0.031	0.064	0.058	−0.166	0.209
Growth	1 861	0.151	−0.028	0.088	0.247	0.339	−0.412	1.911
Board	1 859	2.215	2.197	2.197	2.398	0.209	1.609	2.708
Indep	1 859	0.369	0.333	0.333	0.385	0.052	0.308	0.571
Both	1 840	0.164	0.000	0.000	0.000	0.370	0.000	1.000
Age	1 861	2.848	2.668	2.905	3.065	0.316	1.811	3.424
Cash	1 861	0.128	0.064	0.106	0.166	0.094	0.001	0.684
Gdp_gro	1 861	0.095	0.068	0.091	0.117	0.081	−0.985	0.716
Gdp_ave	1 861	11.290	10.950	11.340	11.680	0.524	9.616	13.060
Psi	1 861	0.427	0.359	0.441	0.515	0.123	0.162	0.698
Age_man	1 861	4.008	3.971	4.025	4.069	0.122	3.563	4.251
Graduate	1 857	1.090	1.000	1.000	2.000	0.695	0.000	2.000
Tenure	1 861	2.686	1.000	2.000	3.000	1.868	1.000	11.000
Change	1 861	0.300	0.000	0.000	1.000	0.459	0.000	1.000

6.3.2 相关性分析

表 6.3 列示了本章主要变量之间的相关性结果。在 Pearson 相关系数检验中，自然资源资产离任审计试点地区与试点时间的交乘项（Audit × Time）与企业绿色创新（Gino）的相关系数为 0.059，且在 5% 的水平上显著正相关，这初步说明自然资源资产离任审计与企业绿色创新之间存在直接的正向关系。在控制变量中，企业规模（lnsize）、企业盈利能力（Roa）、企业董事会规模（Board）、独立董事占比（Indep）、两职合一（Both）、企业年龄（Age）、城市 GDP 增长率（Gdp_growth）、人均 GDP 水平（Gdp_ave）、城市第二产业占比（Psi）等均与企业绿色创新存在直接的相关性。

6.3.3 单变量分析

表 6.4 列示了实验组和控制组在自然资源资产离任审计试点实施前后企业绿色创新投资水平的差异性。在自然资源资产离任审计试点实施后，控制

表 6.3 Pearson 相关系数

变量	Gino	Audit	Time	Audit×Time	Insize	Lev	Roa	Growth	Board	Indep	Both	Age	Cash	Gdp_gro	Gdp_ave	Psi	Age_man	Graduate	Tenure	Change
Gino	1																			
Audit	0.020	1																		
Time	0.126***	-0.002	1																	
Audit×Time	0.059***	0.845***	0.191***	1																
Insize	0.275***	-0.014	0.105***	0.021	1															
Lev	0.037	0.006	-0.013	0.021	0.468***	1														
Roa	0.040*	0.017	-0.009	0.009	-0.063***	-0.471***	1													
Growth	0.024	0.024	-0.052**	-0.006	-0.022	-0.036	0.323***	1												
Board	0.099***	-0.019	-0.113***	-0.047**	0.326***	0.188***	0.017	-0.025	1											
Indep	0.043*	-0.037	0.055**	-0.036	0.101***	0.021	-0.061***	-0.021	-0.378***	1										
Both	-0.109***	0.000	0.009	-0.001	-0.203***	-0.175***	0.096***	0.004	-0.144***	0.037	1									
Age	0.086***	0.051**	0.372***	0.094***	0.156***	0.184***	-0.039*	-0.087***	0.043*	-0.026	-0.071***	1								
Cash	-0.008	-0.018	0.004	-0.029	-0.031	-0.331***	0.233***	0.083***	-0.128***	-0.031	0.109***	-0.060***	1							
Gdp_gro	-0.051**	0.080***	-0.319***	0.014	-0.061***	-0.004	0.040*	0.119***	0.020	-0.062***	-0.003	-0.149***	0.043*	1						
Gdp_ave	0.134***	0.114***	0.256***	0.153***	0.183***	-0.051**	0.117***	-0.020	-0.008	-0.022	0.016	0.176***	-0.004	-0.063***	1					
Psi	-0.224***	0.023	-0.264***	-0.032	-0.367***	-0.123***	0.004	0.007	-0.040*	-0.058***	0.111***	-0.085***	0.108***	0.102***	-0.320***	1				
Age_man	-0.004	0.061***	0.009	0.085***	-0.031	-0.003	0.000	0.007	-0.020	0.044*	-0.012	0.068***	0.063***	-0.029	0.022	0.047**	1			
Graduate	0.025	0.213***	0.057**	0.189***	-0.061***	0.011	-0.016	-0.012	-0.050**	0.064***	-0.011	0.088***	0.007	-0.020	0.097***	0.015	0.275***	1		
Tenure	-0.015	-0.063***	-0.188***	-0.048**	0.045*	0.037	0.012	0.011	0.032	-0.006	-0.031	-0.130***	-0.031	0.084***	-0.041*	-0.120***	0.241***	-0.012	1	
Change	0.003	0.031	-0.040*	0.030	-0.006	-0.004	0.009	0.019	-0.025	0.018	-0.008	0.015	0.024	-0.030	-0.007	0.060***	-0.082***	0.008	-0.592***	1

注：***、**、* 分别表示在 0.01、0.05、0.1 的水平上显著。

组和实验组绿色创新投资均值都显著增加，且在 1% 的水平上显著。同时，第（7）列给出了用实验组的变动减去控制组的变动，以消除时序上的变动差异。结果显示，绿色创新均值的双重差分值在 10% 的水平上显著。以上结果初步说明，自然资源资产离任审计制度能够促进企业实施绿色创新。

表 6.4 实验组和控制组在离任审计试点前后的绿色创新投资差异

变量	控制组		实验组		Difference		DID
	试点前 (1)	试点后 (2)	试点前 (3)	试点后 (4)	(5) = (2) − (1)	(6) = (4) − (3)	(7) = (6) − (5)
Gino	0.932	1.202	0.811	1.330	0.270*** (4.612)	0.518*** (3.263)	0.248* (1.720)

注：***、* 分别表示在 0.01、0.1 的水平上显著。

6.3.4 多元回归结果分析

表 6.5 列示了本章核心假设的多元回归检验结果。其中，回归模型因变量为企业绿色创新（Gino），第（1）列为不控制相关控制变量回归结果的回归系数，第（2）列为相应的 t 值检验，可以发现，关键解释变量（Audit × Time）与企业绿色创新的估计系数为 0.268，t 值为 1.730，在 10% 的水平上呈显著正相关。第（3）列和第（4）列为控制相关控制变量的回归结果，可以发现，在控制相关控制变量后，关键解释变量（Audit × Time）与企业绿色创新的估计系数为 0.337，t 值为 2.081，仍在 5% 的水平上呈显著正相关。以上结果表明自然资源资产离任审计制度试点能够促进企业加大绿色创新投资，从而验证本章研究假设。

在企业层面控制变量方面，企业规模与企业绿色创新在 1% 的水平上呈显著正相关，说明规模越大的重污染企业越倾向于实施绿色创新。企业负债水平在 1% 的水平上与企业绿色创新呈显著负相关，说明企业负债水平越高，企业绿色创新投入越少，这可能与企业资金约束存在密切关系，企业负债水平越高，说明企业可用于创新投入的资金越有限，从而抑制绿色创新。企业董事会规模与企业绿色创新在 1% 的水平上与企业绿色创新呈显著正相关，说明董事会在决定企业是否实施绿色创新投资方面发挥决定性作用，因此对高管的内部激励很可能影响企业绿色创新投资水平。企业两职合一（董事长与总经理为同一人）与企业绿色创新在1%的水平上与企业绿色创新呈显著负相关，说明当企业权力过于集中时，不利于企业绿色创新研发投资。企业现金持有水平与企业绿色创新在1%的水平上呈显著正相关，说明企业资金越富裕，越有利于促进企业开展绿色创新投资。在城市控制变量方面，城市第二产业占比在1%的水平上与企业绿色创新呈显著负相关，说明当城市工业企业比重较高时，城市绿色发展意识将会相对薄弱，由于创新具有正外部性，且创新具有投入多、风险高的特点，企业绿色创新投资的主动性将会降低，不利于企业积极开展绿色创新。同时，官员层面控制变量与企业绿色创新之间不存在统计意义上的显著相关性。

表 6.5　　　　　　　　　　　　　　　多元回归结果

变量	Gino			
	不控制相关变量		控制相关变量	
	（1）	（2）	（3）	（4）
	系数	t 值	系数	t 值
Audit × Time	0. 268 *	（1. 730）	0. 337 **	（2. 081）
Audit	− 0. 060	（ − 0. 471）	− 0. 136	（ − 1. 012）
Time	0. 468 ***	（5. 668）	0. 085	（0. 759）
lnsize			0. 211 ***	（8. 226）
Lev			− 0. 601 ***	（ − 3. 494）
Roa			− 0. 147	（ − 0. 302）
Growth			0. 067	（0. 963）
Board			0. 354 ***	（2. 699）
Indep			0. 167	（0. 359）
Both			− 0. 200 ***	（ − 3. 270）
Age			0. 153	（1. 607）
Cash			0. 741 ***	（2. 738）
Gdp_gro			0. 224	（0. 713）
Gdp_ave			0. 003	（0. 072）
Psi			− 0. 013 ***	（ − 6. 244）
Age_man			0. 072	（0. 315）
Graduate			0. 047	（1. 294）

变量	Gino			
	不控制相关变量		控制相关变量	
	（1）	（2）	（3）	（4）
	系数	t 值	系数	t 值
Tenure			− 0.019	（− 1.055）
Change			− 0.048	（− 0.731）
Constant	0.445 ***	（4.083）	− 5.435 ***	（− 4.496）
Ind/Year/City	Yes		Yes	
Observations	1 849		1 822	
R − squared	0.097		0.187	

注：***、**、* 分别表示在 0.01、0.05、0.1 的水平上显著。

6.3.5 稳健性检验

（1）平行趋势检验。

为进一步说明 DID 结果的合理性，本书对基准回归结果进行平行趋势检验，并将其绘制成图。其检验的基本原理是：如果在试点实施之前，实验组和控制组绿色创新投资行为保持相同的趋势，而在试点实施后发生显著变化，说明自然资源资产离任审计作为外生事件对企业绿色投资行为产生了一定冲击，满足平行趋势要求，适用双重差分模型。图 6.1 展示了自然资源资产离任审计后实验组和控制组绿色创新投资行为变化趋势，可以看到，在自然资源资产离任审计试点（2014 年）之前，实验组和控制组绿色创新投资满足平行趋势，而在试点后，相比控制组，实验组绿色创新投资明显增加，证明本章节构建双重差分模型检验自然资源资产离任审计对企业绿色创新的影响具有一定的可行性，证明了自然资源资产离任审计事件的外生性以及本书结果的可靠性。

（2）反事实检验。

为进一步证明本章回归结果的稳健性，本书随机假设自然资源资产离任审计试点实施时间为 2012 年，样本选择区间改为 2011 ~ 2013 年，对基准模型重新回归，如果关键解释变量回归系数依然显著，则拒绝本书原假设，否则，本书假设将得到支持。表 6.6 列示了相应的反事实检验回归结果。从该

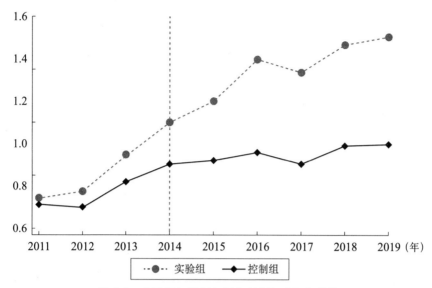

图6.1　实验组与控制组绿色创新行为平行趋势

注：图为作者通过 Stata 软件绘制而成。

表可以发现，若将自然资源资产离任审计试点实施时间往前推两年，自然资源资产离任审计与企业绿色创新将不存在明显关系，证明了本章主回归结果的稳健性。

表6.6　　　　　　　　　　　　　　反事实检验结果

变量	Gino			
	（1）	（2）	（3）	（4）
	系数	t 值	系数	t 值
Audit × Time	− 0.205	（ − 0.812）	− 0.205	（ − 0.797）
Audit	0.045	（0.232）	0.018	（0.092）
Time	0.329 ***	（3.168）	0.350 **	（2.473）
lnsize			0.170 ***	（3.552）
Lev			− 0.629 *	（ − 1.835）
Roa			− 1.821 *	（ − 1.953）
Growth			0.093	（0.765）
Board			0.802 ***	（3.116）
Indep			− 1.844 **	（ − 2.533）
Both			0.202	（1.618）

续表

变量	Gino			
	（1）	（2）	（3）	（4）
	系数	t 值	系数	t 值
Age			0. 341 **	(2. 168)
Cash			0. 427	(0. 914)
Gdp_gro			1. 456 *	(1. 819)
Gdp_ave			− 0. 017	(− 0. 214)
Psi			− 0. 016 ***	(− 3. 779)
Age_man			0. 158	(0. 362)
Graduate			0. 090	(1. 374)
Tenure			0. 022	(0. 755)
Change			0. 164	(1. 412)
Constant	0. 571 ***	(3. 272)	− 5. 165 **	(− 2. 182)
Ind/Year/City	Yes		Yes	
Observations	476		470	
R – squared	0. 129		0. 255	

注：***、**、* 分别表示在 0.01、0.05、0.1 的水平上显著。

（3）PSM – DID 检验。

为了缓解内生性的影响，本书使用 PSM – DID 方法进行稳健性检验。通过采取最近邻匹配方法，选取特定变量作为匹配变量，以及按照一定匹配比例来获取可比的控制组，然后利用匹配上的样本和双重差分模型对自然资源资产离任审计试点实施前后企业绿色创新情况进行重新检验，如果回归结果显著，说明本章节主回归结果具有稳健性。对此，本书用城市第二产业比重（Psi）、官员任期（Tenure）、官员年龄（Age）、官员变更（Change）、总资产收益率（Roa）、资产负债率（Lev）、公司规模（lnsize）7 个变量作为倾向得分（PSM）匹配的基础，采取最近邻匹配方法，以及按照 1∶4 比例来获取可比的控制组，使匹配之后的变量标准化偏差在 10% 之内，与匹配前相比，匹配后变量的标准化偏差得以明显缩小。在此基础上，本书通过对控制组和处理组共同取值范围内数据进行重新回归，配对后的回归结果与前述结果基本一致，如表 6.7 所示，从而进一步证明本章主回归结果具有稳健性。

表 6.7　　　　　　　　　　　　　　PSM – DID 检验结果

变量	Gino	
	（1）	（2）
	系数	t 值
Audit × Time	0.347**	（2.121）
Audit	−0.145	（−1.069）
Time	0.067	（0.587）
lnsize	0.212***	（8.069）
Lev	−0.627***	（−3.616）
Roa	−0.106	（−0.217）
Growth	0.058	（0.816）
Board	0.358***	（2.705）
Indep	0.227	（0.478）
Both	−0.210***	（−3.432）
Age	0.122	（1.170）
Cash	0.777***	（2.827）
Gdp_gro	0.208	（0.661）
Gdp_ave	0.006	（0.127）
Psi	−0.013***	（−6.063）
Age_man	0.048	（0.205）
Graduate	0.051	（1.380）
Tenure	−0.015	（−0.783）
Change	−0.043	（−0.633）
Constant	−5.307***	（−4.313）
Ind/Year/City	Yes	
Observations	1 788	
R – squared	0.185	

注：***、** 分别表示在 0.01、0.05 的水平上显著。

（4）排除样本自选择问题。

为检验自然资源资产离任审计试点城市选择，是否因存在样本自选择问题而影响基准回归结果，借鉴张琦和谭志东（2019）的研究，本书将城市特征层面中第二产业占 GDP 比重（Psi）、人均 GDP（Gdp_ave）以及城市工业企业数量（Companies）三个指标作为是否成为试点城市的影响因素，并采用 Heckman 两阶段法进行样本自选择问题检验，回归结果见表 6.8。从回归结果可以看到，在 Heckman 第一阶段，城市第二产业占 GDP 比重、人均 GDP 以及城市工业企业数量均与城市是否为试点城市呈显著相关性，并在 Heckman 第二阶段中，逆米尔斯比率（λ）回归系数不显著，因此可以得出，领导干部自然资源资产离任审计试点城市的选择相对随机，不存在样本自选择问题，且在控制逆米尔斯比率后，Audit × Time 的回归系数依然在 1% 的水平上显著正相关，与前面结果一致，进一步证明本章基准回归结果的稳健。

表 6.8　　　　　　　　　　排除样本自选择检验结果

变量	First		Second	
	Audit		Gino	
	（1）系数	（2）t 值	（3）系数	（4）t 值
Audit × Time			0.322**	(2.330)
Audit			−0.099	(−0.711)
Time			0.287***	(2.598)
lnsize			0.211***	(6.882)
Lev			−0.695***	(−3.486)
Roa			0.063	(0.115)
Growth			0.061	(0.824)
Board			0.392***	(2.647)
Indep			0.210	(0.408)
Both			−0.249***	(−3.617)
Age			0.230**	(2.051)
Cash			0.800***	(2.594)
Gdp_gro			0.175	(0.463)
Age_man			0.393	(1.537)
Graduate			0.023	(0.559)
Tenure			−0.035*	(−1.875)
Change			−0.079	(−1.125)

续表

变量	First		Second	
	Audit		Gino	
	（1） 系数	（2） t 值	（3） 系数	（4） t 值
λ			－ 0.287	（－0.412）
Psi	0.008 ***	（3.237）		
Gdp_ave	0.353 ***	（3.540）		
Companies	0.055 **	（2.286）		
Constant	－ 6.058 ***	（－5.210）	－ 7.223 ***	（－5.576）
Ind/Year/City	Yes		Yes	
Observations	1 596		1 562	
R － squared	0.024		0.251	

注：***、**、* 分别表示在 0.01、0.05、0.1 的水平上显著。

（5）排除全国性政策影响的安慰剂检验。

本书一种可能的竞争性解释是文章结果可能是受到本书未观测到的其他全国性重大政治、经济、环境政策的影响。为了排除上述竞争性解释，本书以 2014 年自然资源资产离任审计试点城市以外的其他城市中重污染企业样本作为安慰剂样本，设计了证伪检验。如果安慰剂样本中的污染企业未见同样的绿色创新投资反应，则说明试点城市中样本企业实施绿色创新投资行为是受到自然资源资产离任审计制度的影响，而非同期其他的全国性政策法规的影响。表 6.9 列示了排除全国性政策影响的安慰剂检验结果。从回归结果可以发现，交互项 Audit×Time 的系数估计值不显著（系数为 0.209，t 值为 1.229），安慰剂样本企业并未表现出与试点城市企业同样的绿色创新投资行为选择反应。证伪检验基本可以排除试点城市企业的绿色创新投资行为选择是受到同窗口期其他全国性政策的影响。

表 6.9　　　　排除全国性政策影响的安慰剂检验结果

变量	（1）	（2）
	Gino	t 值
Audit × Time	0.209	（1.229）

续表

变量	(1)	(2)
	Gino	t 值
Audit	1.973 ***	(2.705)
Time	0.302	(1.379)
lnsize	0.223 ***	(7.143)
Lev	− 0.548 ***	(− 2.824)
Roa	0.215	(0.420)
Growth	0.071	(1.031)
Board	0.108	(0.688)
Indep	− 0.327	(− 0.573)
Both	− 0.182 ***	(− 2.625)
Age	0.247 **	(2.115)
Cash	0.847 ***	(2.667)
Gdp_growth	− 0.022	(− 0.064)
Gdp_ave	0.011	(0.069)
Psi	− 0.425	(− 0.623)
Age_man	0.212	(0.758)
Graduate	0.007	(0.149)
Tenure	− 0.027	(− 1.413)
Change	− 0.071	(− 1.111)
Constant	− 6.621 ***	(− 3.004)
Ind/Year/City	Yes	
Observations	1 822	
R − squared	0.372	

注: ***、**分别表示在 0.01、0.05 的水平上显著。

（6）替换绿色创新的衡量指标。

现有研究中，大部分学者（王班班和齐绍洲，2016；徐佳和崔静波，2020）采用绿色专利申请总数量作为企业绿色创新水平的衡量指标。对此，本书进一步采用绿色专利申请总数量（Gino1）进一步检验自然资源资产离任审计对企业绿色创新的影响。回归结果如表6.10所示。结果表明，采用绿色专利申请总数之后，无论是否加入控制变量，关键解释变量自然资源资产离任审计（Audit×Time）的回归系数均显著为正，且在10%的水平上与企业绿色创新呈显著正相关，与主回归结果一致，说明本书结论具有一定的稳健性。

表6.10　　　　　　　　　替换绿色创新衡量指标检验结果

变量	Gino1			
	不控制相关变量		控制相关变量	
	（1）	（2）	（3）	（4）
	系数	t 值	系数	t 值
Audit×Time	0.387*	（1.804）	0.420*	（1.924）
Audit	−0.275	（−1.619）	−0.339*	（−1.914）
Time	0.180	（1.376）	−0.433**	（−2.462）
lnsize			0.440***	（10.810）
Lev			−0.908***	（−3.305）
Roa			−0.948	（−1.244）
Growth			0.082	（0.721）
Board			0.633***	（2.881）
Indep			0.359	（0.430）
Both			−0.340***	（−3.762）
Age			0.090	（0.614）
Cash			0.790*	（1.949）
Gdp_gro			0.299	（0.640）
Gdp_ave			−0.058	（−0.749）
Psi			−0.021***	（−6.265）
Age_man			−0.037	（−0.098）
Graduate			0.139**	（2.488）
Tenure			−0.027	（−0.937）
Change			−0.050	（−0.487）
Constant	1.545***	（8.449）	−8.615***	（−4.359）
Ind/Year/City	Yes		Yes	
Observations	1 849		1 822	
R−squared	0.133		0.245	

注：***、**、*分别表示在0.01、0.05、0.1的水平上显著。

（7）企业绿色创新的滞后效应检验。

由于本书在基准回归中主要检验自然资源资产离任审计对企业当期绿色创新水平的影响，但一般而言，部分创新所需时间可能为一年甚至一年以上的时间（孔东民等，2017）。为此，本书将解释变量和所有控制变量进行了滞后一期和滞后两期处理，并重新进行回归。表 6.11 为绿色创新滞后效应的检验结果。第（1）列、第（2）列为绿色创新滞后一期的回归结果，可以发现无论是否控制相关控制变量，自然资源资产离任审计（Audit × Time）仍与企业绿色创新在 5% 的水平上呈显著正相关。第（3）列、第（4）列为绿色创新滞后两期的回归结果，可以发现，无论是否控制相关控制变量，自然资源资产离任审计（Audit × Time）仍与企业绿色创新在 10% 的水平上呈显著正相关。以上结果表明，在自然资源资产离任审计制度下，企业绿色创新仍具有滞后效应，与大多数关于企业创新的研究结论一致。

表 6.11　　　　　　　　　企业绿色创新的滞后效应检验结果

变量	(1) Gino_lag1	(2) Gino_lag1	(3) Gino_lag2	(4) Gino_lag2
Audit × Time	0.181** (1.983)	0.190** (2.049)	0.189* (1.811)	0.195* (1.818)
Audit	0.050 0.33	0.012 0.07	0.278 1.390	0.182 0.860
Time	0.591*** (5.338)	0.159 (1.214)	0.544*** (4.033)	0.146 (0.951)
lnsize		0.176*** (6.461)		0.152*** (4.895)
Lev		−0.501*** (−2.757)		−0.747*** (−3.527)
Roa		−0.356 (−0.713)		−1.210** (−2.007)
Growth		−0.083 (−1.122)		−0.122 (−1.397)
Board		0.459*** (3.453)		0.649*** (4.267)
Indep		0.653 (1.351)		0.959* (1.690)

续表

变量	（1） Gino_lag1	（2） Gino_lag1	（3） Gino_lag2	（4） Gino_lag2
Both		−0.177*** （−2.787）		−0.189** （−2.165）
Age		0.142 （1.456）		0.160 （1.308）
Cash		0.559** （2.036）		0.642* （1.837）
Gdp_gro		−0.276 （−0.954）		0.285 （0.882）
Gdp_ave		0.089* （1.675）		0.127** （1.969）
Psi		−0.014*** （−6.103）		−0.011*** （−4.409）
Age_man		0.035 （0.149）		−0.087 （−0.327）
Graduate		0.016 （0.416）		0.076* （1.742）
Tenure		−0.018 （−1.023）		−0.019 （−0.860）
Change		−0.023 （−0.351）		−0.049 （−0.606）
Constant	0.562*** （4.334）	−5.544*** （−4.482）	0.481*** （3.518）	−5.655*** （−3.908）
Ind/Year/City	Yes	Yes	Yes	Yes
Observations	1 768	1 745	1 332	1 314
R − squared	0.097	0.179	0.098	0.174

注：***、**、* 分别表示在0.01、0.05、0.1 的水平上显著。

6.4　激励型压力传递机制检验

6.4.1　缓解融资约束

通过前述理论分析，绿色信贷市场举措提高了污染型企业的债务融资约束，加大了市场退出风险，而自然资源资产离任审计通过发挥政府审计功能，使得地方政府在鼓励重污染型企业绿色发展时，更多从维护社会效益角度出发，对致力于绿色创新的企业倾向于给予一定的政府补助，以缓解该类企业绿色转型发展过程中的融资约束，支持重污染企业的绿色转型发展，从而保障地区社会就业、经济增长等与环境治理协同发展（张恬静和李强，2021）。基于此，本部分将重污染企业享有的政府补助作为中介变量，进一步分析自然资源资产离任审计是否能通过政府补助促进企业绿色创新。其中，本书政府补助数据来自国泰安数据库，这里的政府补助（Sub）包括了绿色创新研发补贴和奖励，将其作为一个中介变量进行机制检验。

表6.12列示了自然资源资产离任审计缓解企业融资约束的中介作用机制检验结果。第（1）列为自然资源资产离任审计与企业绿色创新之间的回归结果，其中，回归系数为0.337，t值为2.081，即在5%的水平上自然资源资产离任审计与企业绿色创新呈显著正相关，与基准回归结果一致。第（2）列为自然资源资产离任审计与中介变量政府补助之间的回归结果，其中，回归系数为0.607，t值为2.377，即在5%的水平上自然资源资产离任审计与企业政府补助呈显著正相关，说明自然资源资产离任审计制度下，政府加大了对重污染企业绿色转型发展的资金补助，缓解了企业绿色发展中的融资约束问题。进一步地，第（3）列为加入中介变量后，自然资源资产离任审计与企业绿色创新之间的回归结果，可以发现自然资源资产离任审计仍在5%的水平上与企业绿色创新呈显著正相关，且政府补助也在1%的水平上与企业绿色创新呈显著正相关，说明自然资源为资产离任审计可通过政府补助缓解企业融资约束来促进企业加大绿色创新投资，即政府补助起部分中介作用。这一回归结果验证了前面理论假设逻辑推演的可行性。

表6.12　　　　　　　　缓解融资约束的作用机制检验结果

变量	(1) Gino	(2) Sub	(3) Gino
Audit × Time	0.337 ** (2.081)	0.607 ** (2.377)	0.335 ** (2.099)
Audit	−0.136 (−1.012)	1.725 * (1.862)	−0.141 (−1.068)
Time	0.085 (0.759)	0.092 (0.395)	0.072 (0.639)

续表

变量	(1) Gino	(2) Sub	(3) Gino
Sub			0.063 *** (3.002)
Maqi		− 0.001 (− 0.367)	
Invent		0.084 *** (3.056)	
lnsize	0.211 *** (8.226)	0.593 *** (14.83)	0.169 *** (5.863)
Lev	− 0.601 *** (− 3.494)	0.653 *** (2.824)	− 0.631 *** (− 3.665)
Roa	− 0.147 (− 0.302)	1.442 ** (2.109)	− 0.241 (− 0.494)
Growth	0.067 (0.963)	− 0.246 ** (− 2.149)	0.074 (1.072)
Board	0.354 *** (2.699)	0.192 (0.914)	0.354 *** (2.701)
Indep	0.167 (0.359)	− 1.446 * (− 1.749)	0.244 (0.525)
Both	− 0.200 *** (− 3.270)	− 0.017 (− 0.209)	− 0.204 *** (− 3.307)
Age	0.153 (1.607)	0.302 ** (2.533)	0.143 (1.502)
Cash	0.741 *** (2.738)	0.028 (0.073)	0.773 *** (2.776)
Gdp_gro	0.224 (0.713)	− 0.029 (− 0.090)	0.208 (0.654)
Gdp_ave	0.003 (0.072)	− 0.492 ** (− 2.337)	− 0.003 (− 0.056)
Psi	− 0.013 *** (− 6.244)	− 0.020 * (− 1.787)	− 0.013 *** (− 6.088)
Age_man	0.072 (0.315)	− 1.196 *** (− 2.968)	0.119 (0.517)
Graduate	0.047 (1.294)	− 0.033 (− 0.563)	0.051 (1.401)

续表

变量	(1) Gino	(2) Sub	(3) Gino
Tenure	- 0.019 (- 1.055)	- 0.042 (- 1.374)	- 0.020 (- 1.140)
Change	- 0.048 (- 0.731)	- 0.007 (- 0.078)	- 0.054 (- 0.819)
Constant	- 5.435 *** (- 4.496)	11.950 *** (4.190)	- 5.602 *** (- 4.603)
Ind/Year/City	Yes	No	Yes
Observations	1 822	1 380	1 807
R - squared	0.187	0.605	0.191

注: *** 、 ** 、 * 分别表示在 0.01、0.05、0.1 的水平上显著。

6.4.2 缩小市场环保准入差异

根据前面所述,自然资源资产离任审计具有监督地方政府资源环境保护的功能,并通过发挥政府审计功能的正外部性,缩小地区间环境监管差异,抑制重污染企业污染产业的跨地转移,增加市场绿色创新的竞争性,扩大绿色创新产品的市场需求,从而降低企业绿色创新的外在风险,激励企业实施绿色创新。为证明这一逻辑的可行性,本书借鉴张韩等(2021)的研究,采用污染源监管信息公开指数(PITI 指数)衡量地区环境监管水平,并通过分年度计算城市环境监管与全国其他城市环境监管均值的差异,表示该地区与其他各地区环境监管差异的平均值,即地区环境监管差异,以此作为地区市场环保准入差异的衡量指标。

表 6.13 列示了自然资源资产离任审计缩小市场环保准入差异的中介作用检验结果。第(1)列为自然资源资产离任审计与企业绿色创新之间的回归结果,与前面相似,在 5% 的水平上自然资源资产离任审计与企业绿色创新呈显著正相关。第(2)列为自然资源资产离任审计与市场环保准入差异之间的回归结果,其中回归系数为 - 0.020,t 值为 - 3.187,说明自然资源资产离任审计在 1% 的水平上与市场环保准入差异呈显著负相关,即自然资源资产离任审计试点实施,会使得不同地区或不同市场之间环保准入差异缩小。进一步地,第(3)列展示了加入中介变量(Piti_gap)后,自然资源资

产离任审计仍与企业绿色创新在 10% 的水平上呈显著正相关，其市场环保准入差异与企业绿色创新之间的回归系数为 −1.115，t 值为 −1.710，说明市场环保准入差异与企业绿色创新存在显著负相关关系，即市场环保准入差异越大，企业绿色创新投资越少。换言之，当市场环保准入差异缩小时，将有利于企业加大绿色创新投资。整体而言，自然资源资产离任审计可通过缩小市场环保准入差异促进企业加大绿色创新投资，市场环保准入差异起到部分中介作用。这一结论也充分证明了本书研究假设逻辑推演的可行性。

表 6.13　　　　　缩小市场环保准入差异的作用机制检验结果

变量	(1) Gino	(2) Piti_gap	(3) Gino
Audit × Time	0.337 ** (2.081)	− 0.020 *** (− 3.187)	0.327 * (1.945)
Audit	− 0.136 (− 1.012)	− 0.087 *** (− 3.649)	− 0.294 (− 1.640)
Time	0.085 (0.759)	0.152 *** (9.618)	− 0.077 (− 0.278)
Piti_gap			− 1.115 * (− 1.710)
lnsize	0.211 *** (8.226)	− 0.001 (− 0.654)	0.427 *** (10.210)
Lev	− 0.601 *** (− 3.494)	0.004 (0.419)	− 0.907 *** (− 3.301)
Roa	− 0.147 (− 0.302)	− 0.013 (− 0.511)	− 0.842 (− 1.102)
Growth	0.067 (0.963)	0.003 (0.783)	0.081 3 (0.715)
Board	0.354 *** (2.699)	0.018 ** (2.333)	0.621 *** (2.828)
Indep	0.167 (0.359)	0.041 (1.336)	0.381 (0.455)
Both	− 0.200 *** (− 3.270)	0.003 (0.980)	− 0.334 *** (− 3.695)
Age	0.153 (1.607)	− 0.004 (− 0.856)	0.121 (0.820)
Cash	0.741 *** (2.738)	0.002 (0.107)	0.746 * (1.832)

续表

变量	(1) Gino	(2) Piti_gap	(3) Gino
Gdp_gro	0.224 (0.713)	0.034* (1.764)	0.288 (0.619)
Gdp_ave	0.003 (0.072)	0.047*** (4.536)	−0.086 (−1.090)
Psi	−0.013*** (−6.244)	0.908*** (7.939)	0.755 (0.451)
Age_man	0.072 (0.315)	0.009 (0.797)	0.063 (0.164)
Graduate	0.047 (1.294)	0.001 (0.456)	0.128** (2.283)
Tenure	−0.019 (−1.055)	0.006*** (5.975)	−0.025 (−0.875)
Change	−0.048 (−0.731)	0.009*** (2.680)	−0.042 (−0.405)
Constant	−5.435*** (−4.496)	−0.956*** (−7.422)	−9.910*** (−4.673)
Ind/Year/City	Yes	Yes	Yes
Observations	1 822	1 834	1 822
R−squared	0.187	0.959	0.246

注：***、**、* 分别表示在 0.01、0.05、0.1 的水平上显著。

6.5　进一步分析

6.5.1　自然资源资产离任审计、产权性质与企业绿色创新

国有企业因其在地方经济发展中承担较多的政治任务，且经常接受来自各级国资委和审计部门的严格监督与管理，当企业经营效率下降时，国家审计部门等政府部门会给予及时的企业发展意见。随着国家对生态文明建设的逐步重视，国有企业作为生产方式绿色低碳转型的"领头羊"，相比非国有

企业，国有企业会更为积极主动的发挥绿色转型发展的带头作用。基于这一分析，本书在基准模型的基础上，将整体样本分为国有企业和非国有企业两个子样本，进一步考察自然资源资产离任审计试点政策对于不同类型企业主体是否会产生异质性的绿色创新效应。

表 6.14 为基于企业产权性质异质性的回归检验结果。第（1）列、第（2）列为基于国有企业性质下，自然资源资产离任审计与企业绿色创新之间的回归结果，其中回归系数为 0.488，t 值为 2.649，在 1% 的水平上自然资源资产离任审计与企业绿色创新投资行为呈显著正相关。第（3）列、第（4）列为非国有企业性质下自然资源资产离任审计对企业绿色创新的影响，其中回归系数为 0.003，t 值为 0.001，即非国有企业中自然资源资产离任审计与企业绿色创新不存在统计意义上的显著相关性。以上结果表明，在自然资源资产离任审计制度下，相比非国有企业，国有企业将承担更多的绿色创新责任，绿色创新表现更好，这一结论与王馨和王营（2021）等的研究结果相一致。

表 6.14　　　　　　　　　　产权性质异质性的检验结果

变量	Gino			
	国有企业		非国有企业	
	（1） 系数	（2） t 值	（3） 系数	（4） t 值
Audit × Time	0.488 ***	(2.649)	0.003	(0.001)
Audit	− 0.299 **	(− 2.234)	0.269	(0.871)
Time	0.147	(0.915)	0.095	(0.602)
lnsize	0.266 ***	(8.009)	0.120 ***	(2.613)
Lev	− 1.045 ***	(− 4.578)	0.152	(0.546)
Roa	− 0.955	(− 1.466)	1.113	(1.631)
Growth	0.035	(0.356)	0.087	(0.839)
Board	0.556 ***	(3.495)	− 0.080	(− 0.348)
Indep	0.389	(0.663)	− 1.082	(− 1.369)
Both	− 0.347 ***	(− 3.585)	− 0.137 *	(− 1.813)
Age	0.084	(0.567)	0.190	(1.619)
Cash	− 0.533	(− 1.325)	1.416 ***	(3.836)

续表

变量	Gino			
	国有企业		非国有企业	
	(1) 系数	(2) t 值	(3) 系数	(4) t 值
Gdp_gro	0.345	(0.763)	0.276	(0.604)
Gdp_ave	−0.038	(−0.555)	0.003	(0.047)
Psi	−0.008 ***	(−2.914)	−0.016 ***	(−4.618)
Age_man	−0.108	(−0.394)	0.070	(0.165)
Graduate	0.093 *	(1.846)	−0.019	(−0.346)
Tenure	−0.023	(−1.015)	−0.006	(−0.220)
Change	−0.060	(−0.670)	−0.009	(−0.092)
Constant	−5.842 ***	(−4.113)	−1.091	(−0.427)
Ind/Year/City	Yes		Yes	
Observations	1 036		786	
R − squared	0.255		0.180	
组间系数差异 经验 P 值	0.001			

注：***、**、* 分别表示在 0.01、0.05、0.1 的水平上显著。

6.5.2 自然资源资产离任审计、城市特征与企业绿色创新

一般而言，城市经济发展水平和自然资源依赖程度是影响地方生态环境和产业转型发展的重要因素。在经济发展水平较高的城市，一方面，公众环保意识较强，会更倾向于购买绿色环保产品，增加市场绿色竞争压力；另一方面，经济发展水平较高的城市，地方财政压力较小，具有更多政府资金资助重污染企业绿色转型发展，相比经济发展水平较低的城市，更有利于激励企业实施绿色创新。同时，城市发展对自然资源的过度依赖，会导致自然资源浪费、环境污染严重，造成城市缺乏人才吸引力和发展创造力，产生"资源诅咒"效应（Auty，1993），不利于城市产业转型发展，从而不利于重污染企业为实现自身绿色转型发展实施绿色创新。相比自然资源依赖程度较高的城市，自然资源依赖程度较低的地区，由于对资源产业的依赖程度较低，当地企业转型发展的难度较低，在市场和政策的推动下更有利于企业实施绿色

创新。基于此，本书进一步从城市经济发展水平和自然资源依赖程度两个方面的城市特征，分析自然资源资产离任审计对企业绿色创新的不同影响效果。

表6.15列示了基于城市经济发展水平和城市自然资源依赖程度异质性特征的检验结果。第（1）列、第（2）列为基于城市经济发展水平异质性特征的检验结果，可以发现，在城市经济发展水平高组，自然资源资产离任审计交乘项（Audit×Time）与企业绿色创新在5%的水平上呈显著正相关（系数为0.674，t值为2.324），而在城市经济发展水平低组，自然资源资产离任审计交乘项（Audit×Time）与企业绿色创新不存在统计意义上的显著相关性。其中，组间差异系数经验P值为0.000，说明这两组回归结果在1%的水平上存在显著差异，且在经济发展水平高的城市，自然资源资产离任审计对企业绿色创新投资行为的影响更明显。第（3）列、第（4）列为基于城市自然资源依赖程度异质性特征的检验结果，可以发现，在自然资源依赖高组，自然资源资产离任审计交乘项（Audit×Time）与企业绿色创新不存在显著相关性，而在自然资源依赖低组，自然资源资产离任审计交乘项（Audit×Time）与企业绿色创新在5%的水平上呈显著正相关（系数为0.203，t值为2.123）。其中组间差异系数经验P值为0.020，说明这两组回归结果在5%的水平上存在显著差异，且在自然资源依赖程度低的城市，自然资源资产离任审计对企业绿色创新投资行为的影响更明显。

表6.15　自然资源资产离任审计、城市特征与企业绿色创新的检验结果

变量	Gma			
	（1） 经济发展 水平高组	（2） 经济发展 水平低组	（3） 自然资源 依赖高组	（4） 自然资源 依赖低组
Audit×Time	0.674 ** (2.324)	0.175 (0.975)	−0.076 (−0.171)	0.203 ** (2.123)
Audit	−0.388 (−1.470)	0.006 (0.045)	−0.412 * (−1.891)	−0.037 (−0.223)
Time	−0.160 (−0.794)	0.450 *** (3.238)	0.417 ** (1.997)	0.022 (0.163)
lnsize	0.283 *** (7.860)	0.117 *** (3.224)	0.194 *** (3.684)	0.199 *** (6.810)
Lev	−0.744 *** (−2.664)	−0.507 ** (−2.434)	−1.093 *** (−3.016)	−0.467 ** (−2.382)

续表

变量	Gma			
	(1) 经济发展 水平高组	(2) 经济发展 水平低组	(3) 自然资源 依赖高组	(4) 自然资源 依赖低组
Roa	-0.491 (-0.592)	-0.034 (-0.058)	-0.545 (-0.603)	0.045 (0.081)
Growth	0.152 (1.274)	-0.002 (-0.020)	0.111 (0.949)	0.059 (0.698)
Board	0.385* (1.823)	0.221 (1.367)	0.412* (1.750)	0.337** (2.101)
Indep	-0.607 (-0.769)	0.906 (1.631)	-0.051 (-0.061)	0.413 (0.727)
Both	-0.136 (-1.282)	-0.238*** (-3.127)	-0.115 (-0.973)	-0.246*** (-3.554)
Age	0.346** (2.395)	0.113 (0.950)	0.193 (1.187)	0.179 (1.635)
Cash	0.838* (1.829)	0.586* (1.690)	-0.285 (-0.573)	0.983*** (2.968)
Gdp_gro	2.105** (2.418)	-0.067 (-0.208)	-0.006 (-0.009)	0.240 (0.669)
Gdp_ave	0.100 (0.728)	-0.180*** (-2.677)	-0.238** (-2.317)	0.122** (2.118)
Psi	-1.241*** (-3.500)	0.148 (0.432)	-0.420 (-0.864)	-1.135*** (-4.249)
Age_man	0.107 (0.345)	0.713 (1.623)	0.574 (0.944)	0.022 (0.087)
Graduate	0.002 (0.042)	0.075 (1.553)	-0.04 (-0.745)	0.059 (1.352)
Tenure	-0.041 (-1.636)	-0.018 (-0.726)	-0.064* (-1.964)	-0.011 (-0.508)
Change	-0.101 (-1.036)	-0.021 (-0.247)	-0.124 (-1.100)	-0.025 (-0.315)
Constant	-8.663*** (-3.684)	-4.520** (-2.188)	-4.511 (-1.552)	-6.558*** (-4.621)
Ind/Year/Cite	Yes	Yes	Yes	Yes
Observations	887	935	440	1 382

续表

变量	Gma			
	（1） 经济发展 水平高组	（2） 经济发展 水平低组	（3） 自然资源 依赖高组	（4） 自然资源 依赖低组
R－squared	0.275	0.147	0.251	0.200
组间系数差异 经验 P 值	0.000		0.020	

注：***、**、* 分别表示在 0.01、0.05、0.1 的水平上显著。

6.5.3　自然资源资产离任审计、社会压力与企业绿色创新

绿色创新投资项目具有较大的信息不对称性，短期内绿色发展效果不明显，很难得到媒体的正面报道，而媒体负面报道会加大企业对短期业绩的重视程度，抑制绿色创新投入，因此，媒体监督预期可能会负向影响自然资源资产离任审计对企业绿色创新的激励作用。但与此同时，媒体对地方政府政策性支持以及市场绿色产品的竞争优势进行正面客观报道，也会激励企业实施绿色创新，强化自然资源资产离任审计对企业绿色创新的激励作用。可见，媒体压力是否在自然资源资产离任审计与企业绿色创新关系中发挥正向作用有待进一步检验。另外，公众关注也具有社会监督作用，可以推动地方政府更加关注环境治理问题（郑思齐等，2013），使得自然资源资产离任审计对企业绿色创新的潜在激励机制得以挖掘，绿色创新环境得以优化，政策性激励以及绿色产品竞争市场份额得以拓展，从而进一步激励企业实施绿色创新。因此，本书预期公众关注预期会正向影响自然资源资产离任审计与企业绿色创新之间的关系，并按照企业面临的社会媒体压力的高低以及社会公众压力的高低，将样本进一步分为社会媒体压力高组以及社会媒体压力低组和社会公众压力高组以及社会公众压力低组。其中，媒体监督和公众关注的具体衡量方式与前面类似。

表 6.16 列示了社会压力在自然资源资产离任审计与企业绿色创新之间异质性作用的检验结果。第（1）列、第（2）列为基于社会媒体压力异质性的检验结果，回归结果可以看出，在社会媒体压力高组以及社会媒体压力低组，自然资源资产离任审计交乘项（Audit × Time）与企业绿色创新（Gino）均不存在显著相关性。第（3）列、第（4）列为基于社会公众压力异质性的检验结果，从回归结果可以看出，在社会公众压力高组，自然资源资产离任审计交乘项（Audit×Time）与企业绿色创新（Gino）在5%的水平上呈显著正相关，而在社会媒体压力低组，二者不存在显著相关性，且组间系数差异经验P值为0.002，在1%的水平上，上述分组检验结果存在显著差异，反映出社会公众压力不同，自然资源资产离任审计对企业实施绿色创新的激励作用存在显著差异，即相较于低社会公众压力，高社会公众压力更有利于激励企业实施绿色创新。

表6.16　　　　　　　　　　社会压力异质性的检验结果

变量	Gino			
	（1） 社会媒体 压力高组	（2） 社会媒体 压力低组	（3） 社会公众 压力高组	（4） 社会公众 压力低组
Audit × Time	0.526 (1.207)	0.186 (0.840)	0.554** (2.181)	0.162 (0.649)
Audit	−0.323* (−1.923)	0.021 (0.116)	0.066 (0.290)	−0.116 (−0.699)
Time	−0.201 (−1.057)	0.206 (1.447)	−0.239 (−1.079)	0.188 (1.359)
lnsize	0.223*** (5.837)	0.189*** (5.549)	0.259*** (7.325)	0.121*** (3.232)
Lev	−0.937*** (−3.736)	−0.307 (−1.346)	−0.910*** (−3.433)	−0.473** (−2.143)
Roa	−1.339* (−1.879)	0.731 (1.109)	−0.749 (−0.862)	0.175 (0.288)
Growth	0.005 (0.050)	0.122 (1.263)	0.173 (1.547)	−0.046 (−0.491)
Board	0.498** (2.520)	0.168 (0.937)	0.453** (2.136)	0.243 (1.477)
Indep	0.079 (0.117)	0.348 (0.526)	−0.030 (−0.038)	0.682 (1.239)
Both	−0.278*** (−2.801)	−0.208*** (−2.692)	−0.184* (−1.713)	−0.227*** (−3.024)
Age	0.200 (1.450)	0.182 (1.431)	0.299** (2.144)	0.165 (1.281)

续表

变量	Gino			
	(1) 社会媒体 压力高组	(2) 社会媒体 压力低组	(3) 社会公众 压力高组	(4) 社会公众 压力低组
Cash	0.116 (0.253)	1.067*** (3.048)	0.807* (1.723)	0.645* (1.936)
Gdp_gro	−1.401** (−2.209)	0.970** (2.564)	1.107 (1.237)	0.148 (0.443)
Gdp_ave	0.030 (0.442)	0.010 (0.147)	0.184 (1.482)	−0.022 (−0.319)
Psi	−0.011*** (−3.441)	−0.014*** (−4.532)	−0.015*** (−3.793)	−0.007* (−1.741)
Age_man	0.147 (0.433)	0.205 (0.646)	0.013 (0.042)	0.904** (2.045)
Graduate	0.017 (0.286)	0.050 (1.035)	0.032 (0.574)	0.074 (1.432)
Tenure	−0.052* (−1.760)	−0.012 (−0.547)	−0.032 (−1.208)	−0.023 (−0.893)
Change	−0.101 (−0.992)	−0.034 (−0.396)	−0.093 (−0.937)	−0.014 (−0.151)
Constant	−5.944*** (−3.362)	−5.645*** (−3.319)	−8.721*** (−3.894)	−6.604*** (−3.145)
Ind/Year/City	Yes	Yes	Yes	Yes
Observations	815	1 007	894	928
R − squared	0.254	0.186	0.261	0.143
组间系数差异 经验 P 值	0.255		0.002	

注：***、**、*分别表示在0.01、0.05、0.1的水平上显著。

6.5.4 自然资源资产离任审计、内部风险补偿与企业绿色创新

现代公司金融理论普遍认为股东的风险态度是风险中性的，而经理人的风险态度是风险厌恶的（Jensen & Meckling, 1976; Parrino et al., 2005）。这是因为股东可以通过多样化投资来分散非系统性风险，而经理人将其人力资本和财务资本均投资在某一特定公司，面临着较高的非系统性风险。因

此，公司经理人基于自身利益诉求往往会采取注重短期经济利益的利己主义行为，从而忽略或规避具有风险不确定性但从长期来看有助于提高企业持续经营能力的创新研发投入。在自然资源资产离任审计制度下，企业内部风险补偿不足，将会弱化企业的绿色创新投入，制约自然资源资产离任审计的制度效果，在此情况下，考虑企业内部风险补偿因素在自然资源资产离任审计与企业绿色创新关系中的作用显得尤为必要。由于薪酬补偿和股权补偿是目前企业内部对管理层进行有效激励的两种方式，对此本书从高管薪酬补偿和高管股权补偿两个方面探讨内部风险补偿在自然资源资产离任审计与企业绿色创新之间的作用。具体而言，本书根据企业薪酬补偿和股权补偿的高低，将样本分别分为薪酬补偿高组和薪酬补偿低组以及股权补偿高组和股权补偿低组，并进行分组检验。其中，对于高管薪酬补偿，本书借鉴蔡贵龙等（2018）的研究方法，选取企业前三名高管薪酬取自然对数进行衡量；对于高管股权补偿则采用管理层持股的自然对数进行衡量。

表 6.17 列示了来自企业薪酬补偿和股权补偿的内部风险补偿的异质性检验结果。第（1）列、第（2）列为基于企业内部薪酬补偿异质性的检验结果，可以发现，在薪酬补偿高组，自然资源资产离任审计交乘项（Audit × Time）与企业绿色创新（Gino）在10%的水平上呈显著正相关，而在薪酬补偿低组，二者不存在显著相关性，且组间系数差异经验 P 值为 0.012，说明企业内部薪酬风险补偿不同，自然资源资产离任审计对企业绿色创新的影响存在显著差异，即与低薪酬补偿相比，高薪酬补偿更有利于发挥自然资源资产离任审计与企业绿色创新之间的正向作用，这与现有相关研究结论相一致（刘媛媛等，2021）。第（3）列、第（4）列为基于企业内部股权补偿异质性的检验结果，可以发现，在股权补偿高组，自然资源资产离任审计交乘项（Audit × Time）与企业绿色创新（Gino）在1%的水平上呈显著正相关，而在股权补偿低组，二者不存在显著相关性，且组间系数差异经验 P 值为 0.013，说明企业内部股权风险补偿，自然资源资产离任审计对企业绿色创新的影响存在显著差异，即与低股权补偿相比，高股权补偿更有利于促进自然资源资产离任审计制度下绿色创新效应的发挥。这可能是因为股权激励能够使管理者关注长远经营目标，推动企业朝绿色方向发展，有利于改善企业绿色研发支出热情，与现有相关研究一致（尹美群等，2018）。整体而言，企业内部风险补偿有利于促进企业在自然资源资产离任审计制度下实施绿色

创新。

表6.17　　　　　　　　　企业内部风险补偿异质性的检验结果

变量	Gino			
	（1） 薪酬 补偿高组	（2） 薪酬 补偿低组	（3） 股权 补偿高组	（4） 股权 补偿低组
Audit × Time	0.480 * （1.767）	0.017 （0.089）	0.528 *** （2.832）	0.049 （0.185）
Audit	−0.020 （−0.081）	−0.156 （−0.990）	0.333 （1.391）	−0.484 *** （−3.465）
Time	0.052 （0.284）	0.080 （0.537）	0.111 （0.750）	−0.068 （−0.402）
lnsize	0.258 *** （7.411）	0.097 ** （2.282）	0.234 *** （6.359）	0.199 *** （5.524）
Lev	−0.519 * （−1.806）	−0.583 *** （−2.711）	−0.729 *** （−2.934）	−0.546 ** （−2.400）
Roa	−0.890 （−1.250）	0.087 （0.122）	−0.189 （−0.289）	−0.277 （−0.394）
Growth	0.123 （1.198）	0.002 （0.023）	0.090 （0.860）	0.089 （0.944）
Board	0.348 * （1.824）	0.296 * （1.649）	−0.074 （−0.388）	0.718 *** （3.904）
Indep	−0.356 （−0.563）	0.877 （1.216）	−0.216 （−0.346）	0.500 （0.696）
Both	−0.283 *** （−2.905）	−0.180 ** （−2.318）	−0.214 *** （−3.003）	−0.204 * （−1.828）
Age	−0.011 （−0.072）	0.328 *** （3.006）	0.146 （1.279）	0.328 ** （2.034）
Cash	0.298 （0.760）	1.132 *** （3.217）	1.435 *** （4.178）	−0.207 （−0.488）
Gdp_gro	0.029 （0.065）	0.436 （0.961）	0.119 （0.301）	0.492 （0.902）
Gdp_ave	−0.047 （−0.570）	−0.010 （−0.161）	−0.025 （−0.389）	0.101 （1.353）
Psi	−0.016 *** （−5.171）	−0.008 ** （−2.499）	−0.016 *** （−5.258）	−0.010 *** （−3.225）

续表

变量	Gino			
	(1) 薪酬 补偿高组	(2) 薪酬 补偿低组	(3) 股权 补偿高组	(4) 股权 补偿低组
Age_man	0.011 (0.034)	0.125 (0.395)	0.020 (0.058)	0.102 (0.323)
Graduate	0.055 (0.939)	0.036 (0.745)	−0.048 (−1.016)	0.106* (1.803)
Tenure	−0.011 (−0.450)	−0.020 (−0.832)	−0.013 (−0.522)	−0.022 (−0.887)
Change	−0.061 (−0.636)	−0.034 (−0.383)	−0.076 (−0.886)	−0.029 (−0.297)
Constant	−4.922*** (−2.824)	−3.685** (−2.057)	−4.120** (−2.392)	−7.774*** (−4.502)
Ind/Year/City	Yes	Yes	Yes	Yes
Observations	956	866	974	848
R − squared	0.234	0.137	0.216	0.248
组间系数差异 经验 P 值	0.012		0.013	

注：***、**、*分别表示在0.01、0.05、0.1的水平上显著。

第 7 章
自然资源资产离任审计下企业绿色投资行为选择的后果及其差异性

　　绿色并购和绿色创新作为自然资源资产离任审计监督和激励型压力传递下企业两种不同的绿色投资行为选择，相较而言，前者更侧重策略性，后者更侧重战略性。由于自然资源资产离任审计总体制度目标是加快推进生态文明建设，促进我国经济高质量发展，因此有必要围绕这一制度目标，进一步研究并检验自然资源资产离任审计制度下企业上述两种绿色投资行为在促进企业绿色转型发展、推动社会环境效益改善以及官员晋升激励方面的后果及其差异性，以为企业作出最优绿色投资行为选择提供理论依据和经验证明。具体地，本章主要根据组织合法性理论以及两种绿色投资行为的投资特征对自然资源资产离任审计制度下企业绿色投资行为选择的后果及其差异性展开研究。

7.1　理论分析与研究假设

7.1.1　企业层面后果及其差异性

　　在生态文明建设理念背景下，促进重污染企业的绿色转型发展是自然资源资产离任审计的总体目标之一。在该目标下，企业绿色转型发展更强调企业通过发挥能动性，经过一系列绿色投资行为改变现存发展模式，旨在提高能源使用效率、降低污染排放，并维持新型清洁型生产经营状态。实际上，企业绿色转型发展是企业为寻求政治合法性和市场合法性而努力采取绿色投资行为，以获取政府及市场参与者等利益相关主体对企业发展模式和发展理念重新认知的一种发展状态，它随着企业为寻求合法性努力程度的不同而得到不同的转型效果。合法性强调企业绿色投资行为是否满足利益相关者预期，与利益相关者理论颇为接近，是企业建立和持续存在的关键性资源（马克斯·韦伯，1989）。企业需积极寻求合法性，将自身嵌入特定的制度环境，才能顺应环境、维持生存和发展（DiMaggio & Powell，1983）。当前，组织寻求合法性已是一种常见的行为，但每个企业在能力和意愿上不同（Baumann et al.，2016），寻求组织合法性的努力程度将有所不同（魏江等，2020），导致企业会采取不同的投资行为并得到不同的经济效益（Deephouse et al.，2017；Pollock & Rindova，2003；Singh et al.，1986）。根据企业对合法性的努力程度不同，可将合法性分为"遵从性"合法和"能动性"合法（解学梅和朱琪玮，2021）。"遵从性"合法行为反映了企业被动顺从来自政府以及利益相关者的环保管制要求，这一行为主要因政府、市场等外在环境的监督力度而被动采取绿色投资释放合法化信号。而"能动性"合法行为反映了企业主动通过战略调整获取关键性资源，这一行为主要借助政府、市场等外在环境的激励信号而积极向外界传达企业合法化信号。相比"遵从性"合法行为，"能动性"合法行为因付出更多的主观努力和积极性，转型效果将更为理想。

根据组织合法性理论，绿色并购作为自然资源资产离任审计监督机制下的策略型绿色投资行为，是企业为快速扩大绿色生产规模而直接获取目标公司现有绿色生产资源的外延式发展行为。这种行为更像是合法性行为中的"遵从性"合法行为，其在乎的是一种绿色投资形式，以期在较短的时间内向外界释放合法信号，改变市场参与者对企业属性的认知，而忽略了该行为对企业自身绿色发展的转型效果。这是因为绿色并购行为具有临时性，而企业绿色转型发展具有长期性，企业利益相关者短期内主观认知会随着绿色并购效果是否能真正推动企业绿色转型发展而发生改变。与绿色并购相比，绿色创新是自然资源资产离任审计激励机制驱动下的战略型绿色投资行为，更像是合法性行为中的"能动性"合法行为，其注重的是一种绿色投资实质，旨在通过发挥自主能动性研发出具有不可模仿性和竞争性的绿色产品和技术，具有一定的长期性，需要企业因承担较多的创新风险和利益冲突而付出更多的努力，反映了企业绿色发展的决心。由于绿色创新旨在利用创新技术降低企业污染排放、切实改善环境质量，从长期来看，更有利于改善企业传统发展模式，获得政府和市场等外界环境的认可，并借助绿色产品竞争优势，提高企业在市场中的竞争地位。因此，从合法性角度分析可直观得到，相比绿色并购，自然资源资产离任审计制度下企业绿色创新会更有利于企业的绿色转型发展。

特别是在企业资源有限的条件下，考虑资源约束的制约作用时，自然资源资产离任审计下企业绿色并购和绿色创新投资行为具有竞争性。绿色并购活动因需要消耗巨额资金而挤压企业研发资源，冲击企业正常的研发活动，最终阻碍创新（Hitt et al.，1991；Paruchuri et al.，2006）。根据绿色并购和绿色创新在促进企业绿色转型发展方面的差异性表现，当这两种绿色投资行为之间存在挤出效应时，企业更可能优先选择绿色创新，以更好推动企业绿色转型发展。基于上述分析，本书提出如下假设。

假设 7 - 1：在自然资源资产离任审计制度下，企业绿色投资行为选择对企业绿色转型发展产生差异性后果，即相比绿色并购，绿色创新更有利于企业绿色转型发展。

7.1.2　社会层面后果及其差异性

改善社会环境效益，加快推进我国生态文明建设是自然资源资产离任审计制度实施的终极目标，也是各方利益主体共同努力的方向。社会环境效益强调环境领域的生态环境改善，本质属于社会公共服务，由政府主体负责监督与管理，保障社会公共利益。然而在中国现行制度背景下，地方政府和辖区企业在一定程度上往往是相互依存和相互成就的关系，双方会为了获得各自所需实施双向贿赂和寻租（Shleifer & Vishny，1994），成为恶化社会生态环境的两大主要源头（龙硕和胡军，2014）。对此，中央政府制定自然资源资产离任审计制度，目的就是从根本上控制地方政府主要领导干部的生态环境责任，常态化落实地方政府保障社会环境效益的宗旨。这一政策很大程度上约束了地方政府的环境资源保护行为，使企业成为可能损害社会环境效益的主体，企业绿色投资行为也成为社会环境效益能否得以改善的关键。而为降低环保税收成本、外部融资成本以及增加市场收益等，企业也会重点关注企业绿色投资行为对社会环境效益的影响（沈洪涛和马正彪，2014），以优化自身绿色投资行为选择。这是因为企业绿色投资行为的社会环境效益决定了企业污染行为的负外部性和环境治理成本，也影响企业的合法性地位，进而影响企业经营风险、融资成本和市场收益等。

然而，企业不同的绿色投资行为，在改善社会环境效益方面存在一定的差异。企业不同绿色投资行为影响企业自身绿色转型发展的力度不同，导致其对社会环境效益的影响不同。特别是以空气质量为代表的社会环保情况，能够对地区环境保护或破坏行为作出较为快速的反应，那么当企业绿色投资行为对自身绿色转型发展力度存在差异时，其对以空气质量为代表的社会环境效益的影响也将存在差异。由于前面已经阐述企业绿色并购和绿色创新这两种绿色投资行为中，绿色创新更有利于改善企业自身绿色转型发展，那么对应到社会环境效益改善方面也必定会优于绿色并购。因此，从社会环境效益维度考虑，基于绿色并购和绿色创新两种投资行为之间的挤出效应，相比绿色并购，企业绿色创新将更有利于提高社会环境效益。基于上述分析，本书提出如下假设。

假设 7 - 2：在自然资源资产离任审计制度下，企业绿色投资行为选择对社会环境效益改善产生差异性后果，即相比绿色并购，绿色创新更有利于提高社会环境效益。

7.1.3　政治层面后果及其差异性

在中国经济增长过程中，地方政府发挥了不可替代的作用，而地方政府大力发展经济的一个重要动力就是晋升激励。就自然资源管理与环境保护而言，周黎安等（2013）指出，当把环境治理情况纳入地方政府的绩效考核范围，并与晋升挂钩时，地方官员的晋升激励将成为政治目标实现的突破口与解决之道。因此，从政治维度考虑自然资源资产离任审计制度下企业绿色投资行为是否具有官员晋升激励效应，对保障制度效能的持续性、实现自然资源资产离任审计制度预期目标方面具有重要意义。

自然资源资产离任审计改变了地方官员晋升考核依据，即由过去的唯

GDP 论转变为经济增长与环境资源保护并重的考核内容，通过对地方官员任期内环境资源保护情况进行"任中"或"离任"审计，并采取终身追究制，增加了地方官员环境资源保护压力。自然资源资产离任审计将环境资源保护与地方官员自身利益相关联，促进了地方政府官员对环境资源保护的重视，迫使地方政府改变努力方向。地方政府官员为保障自身晋升利益，在积极推动地方经济发展的同时，会重点考虑企业对城市绿色转型发展的贡献情况，如此便拉近了地方政府与辖区绿色发展企业之间的利益绑定关系。

在政治目标不仅包含经济增长也包含绿色发展业绩时，地方政府便会有足够动力将绿色发展业绩摊派给辖区企业，使企业在官员任期内能够带来显著的绿色发展成效。而当上级政府根据审计结果，对绿色发展业绩良好的地方官员进行提拔时，会更加引起地方官员对自然资源资产离任审计的重视，从而继续督促企业加大绿色投资，以保障自身任期内的绿色发展业绩。由于城市绿色发展业绩主要由辖区企业绿色投资进行推动，因此当企业绿色投资能够对官员产生晋升激励效应时，能够更好地加强自然资源资产离任审计制度的权威性和有效性，以加大地方政府对辖区企业绿色投资的监督和引导。然而，由于官员的任期时间较短，企业绿色投资所需消耗时间的长短直接影响到官员任期内的绿色发展业绩，导致对官员晋升激励效应的影响不同。绿色并购是快速扩大企业绿色生产规模，及时向外界释放利好信号的主要绿色投资行为，能够在短期内增加地方官员所在辖区内的绿色发展业绩，符合官员晋升利益。相比绿色并购，企业绿色创新本身具有不确定性、长期性和高风险性，虽有利于促进企业长期产出和可持续发展，但由于周期较长，与政府官员晋升利益不一致，导致其可能对官员任期内绿色发展业绩贡献相对较小，从而可能对官员的晋升激励效应相对较弱（程仲鸣等，2020）。因此，相比绿色创新，企业采取绿色并购将会更符合官员晋升利益需求。基于上述分析，本书提出如下假设。

假设 7-3：在自然资源资产离任审计制度下，企业绿色投资行为选择对官员晋升激励产生差异性后果，即相比绿色创新，绿色并购更容易产生官员晋升激励效应。

7.2　研究设计

7.2.1　样本选择与数据来源

结合自然资源资产离任审计的实施背景和企业绿色创新数据的可获得性，本书选取 2011～2019 年我国 A 股重污染上市公司为研究样本。其中，自然资源资产离任审计数据主要来自百度搜索引擎以及地方政府审计局官网，借鉴聂天凯等（2021）的研究，手工收集了自然资源资产离任审计试点实施地区的数据，2014 年试点的地区包括：山东省（青岛市、烟台市）、江苏省（连云港市）、内蒙古自治区（赤峰市、鄂尔多斯市、牙克石市、乌拉特后期）、陕西省（西安市）、湖北省（黄冈市、武汉市）、贵州省（赤水市）、福建省（福州市、宁德市、武夷山市）、四川省（绵阳市）、广东省（深圳市）、云南省（昆明市）。2015～2017 年，开展了后续试点工作，共涉及 154 个城市，相比于后续试点批次，试点地区样本企业受到政策预期效应等其他因素的干扰较小，因此本书重点关注 2014 年的试点政策，为了排除其他试点时期政策效应的干扰，本书将除 2014 年试点外后续试点涉及地区的上市公司从样本中剔除。因此，本书样本中对照组为 2014 年试点地区以及后续试点地区外的其他地区的重污染上市公司。绿色并购数据来自东方财富网并购重组数据库和 CSMAR 数据库。绿色专利申请数据、企业是否减少"三废"排放以及企业是否提高能源使用效率数据均来源于 CNRDS 数据库。空气质量数据来自中国空气质量在线监测分析平台。官员晋升数据通过借助择城网和政府官网手工收集而得。其他数据均来自 CASMAR 数据库。

7.2.2　变量定义与模型设计。

（1）变量定义。

①自然资源资产离任审计。关于自然资源资产离任审计的界定，详见前面所述。该变量是由自然资源资产离任审计试点地区和试点时间交乘而得。这两个变量都是虚拟变量，其中，当企业所在地位于自然资源资产离任审计

试点地区时取值为 1，否则取值为 0，而当处理样本时间属于 2014 年及之后时取值 1，否则取值为 0。同时，关于自然资源资产离任审计试点地区的选择，本书将"市"作为基本单位，即如果试点地区是在县级层面展开，考虑到上市公司所在地基本位于地级市及以上地区，因此本书将县级层面试点纳入所属地级市层面的试点情况。

②绿色投资行为。关于绿色投资行为，本书尤指企业绿色并购和绿色创新投资行为，具体衡量方式与前面一致。

③企业绿色转型。结合研究目标，本书中的企业绿色转型，更强调绿色发展背景下的转型效果。借鉴黄溶冰等（2019）的研究，并结合研究主题，本书采用企业是否提高能源使用效率以及是否减少"三废"排放两个方面进行近似衡量企业绿色转型。当企业能源使用效率提高或减少"三废"排放时，企业绿色转型发展效果更好；否则转型效果不佳。

④社会环境效益。本书社会环境效益，是强调企业在绿色并购和绿色创新实施后，是否在宏观层面促进了社会环境效益的改善。由于政府部门以及社会公众当前最关注的社会环境问题主要为空气质量状况，而且该问题更容易因重污染企业环境违规行为而作出相对明显的变化。因此，本书将城市年平均空气质量好坏作为衡量企业绿色投资行为后社会环境效益变化的替代变量。

⑤官员晋升。本书中官员晋升，是强调企业绿色并购和绿色创新在优化自身发展模式和社会环境效益之后，地方官员是否因其绿色发展业绩得到上级部门相应提拔。借鉴周黎安等（2004）、张军和高远（2007）的研究，本书将官员的政治升迁分为"晋升""同级水平"（包括留任和同级调动）和"终止"三种可能。如果官员当年发生"晋升"赋值为 1，"同级水平"和"终止"赋值为 0。其中，若官员的晋升或终止发生于每年的 6 月之前，本书将其记为上一年的升迁情况；同理，若官员的晋升或终止发生于每年的下半年（6 月之后），本书将它们记为当年的升迁情况。这是因为官员的升迁具有时滞性，比如在某年年初发生的升迁事件很难归结为当前的业绩考核结果。同时，为避免潜在的互为因果内生性问题，本书将官员晋升滞后一期处理。

（2）模型设计。

为检验自然资源资产离任审计制度下企业绿色投资行为选择后果问题，借鉴青平等（2016）的研究，本书构建如下回归模型：

$$Y_{i,t} = \lambda_1 + \lambda_2 Audit_{i,t} + \lambda_3 Time_{i,t} + \lambda_4 Audit_{i,t} \times Time_{i,t} +$$
$$\lambda_5 Audit_{i,t} \times Time_{i,t} \times Gma + \lambda_6 Audit_{i,t} \times Time_{i,t} \times Gino +$$
$$\lambda_7 Gma + \lambda_8 Gma \times Audit + \lambda_9 Gma \times Time + \lambda_{10} Gino +$$
$$\lambda_{11} Gino \times Audit + \lambda_{12} Gino \times Time + \sum \lambda_n Controls_{i,t} + \varepsilon_{i,t}$$

$$(7-1)$$

其中，因变量 $Y_{i,t}$ = （$Transition_{i,t}$，$Society_{i,t}$，$Promotion_{i,t}$），表示企业绿色投资行为选择后果，Transition 表示企业绿色转型情况；Society 表示企业绿色投资后的社会环境效益；Promotion 表示企业绿色投资能否给官员带来晋升激励效应，采用官员是否晋升的滞后一期进行衡量。变量 Audit × Time × Gma 与 Audit × Time × Gino 表示本章的关键解释变量，系数 λ_5 和 λ_6 反映自然资源资产离任审计下绿色并购和绿色创新投资行为的后果。Controls 表示控制变量。以此检验自然资源资产离任审计制度下企业绿色投资行为选择的后果及其差异性。具体变量定义如表7.1所示。

表7.1 变量定义

变量类型	变量符号	变量名称	变量定义
被解释变量	Jyny	企业绿色转型	虚拟变量，表示企业是否提高能源使用效率，如果是，取值为1，否则取值为0
	Jssf		虚拟变量，表示企业是否减少"三废排放"，如果是，取值为1，否则取值为0
	Society	社会环境效益	采用地区处理年份年平均空气质量进行衡量
	Promotion	官员晋升	虚拟变量，官员晋升赋值为1，否则取0，并滞后一期处理
解释变量	Audit	自然资源资产离任审计试点地区	虚拟变量，若企业所在地位于自然资源资产离任审计试点地区，取值1，否则取值为0
	Time	试点实施时间	试点实施前（2013年及之前）取值0，试点实施后（2014年及之后）取值1
	Audit × Time	自然资源资产离任审计	自然资源资产离任审计试点地区与试点实施时间的交互项
	Gma	绿色并购	虚拟变量，如果企业处理年份实施了绿色并购，取值为1，否则为0
	Gino	绿色创新	ln（绿色发明专利独立申请数量 +1）

续表

变量类型		变量符号	变量名称	变量定义
控制变量	企业层面	lnsize	企业规模	ln（期末资产总额）
		Lev	负债水平	年末负债总额/年末资产总额
		Roa	盈利能力	净利润/年末平均总资产
		Growth	成长能力	（当期营业收入 – 上期营业收入）/上期营业收入
		Board	董事会规模	ln（董事会人数）
		Indep	独立董事占比	独立董事在董事会所占的比例
		Both	两职合一	董事长是否兼任总经理，兼任取 1，否则取 0
		Age	公司年龄	ln（处理年份 – 公司成立年份 + 1）
		Cash	现金持有水平	（货币资金 + 交易性金融资产）/期末总资产
	城市层面	Gdp_ave	人均 GDP	人均生产总值取对数
		Gdp_gro	城市 GDP 增长率	（处理年城市 GDP – 上一年城市 GDP）/上一年城市 GDP
		Psi	城市第二产业比重	城市第二产业总产值/城市 GDP
	官员层面	Age_man	市委书记年龄	ln（处理年份 – 市委书记出生日期 + 1）
		Gen	市委书记性别	女性取值为 0；男性取值为 1
		Graduate	市委书记学历	研究生及以上学历取值为 2，本科学历取值为 1，大专及以下学历取值为 0
		Tenure	市委书记任期	处理年份 – 上任年份
		Change	市委书记变更	如果当年市委书记发生变更，取值为 1，否则，取值为 0

7.3 实证检验与结果分析

7.3.1 描述性统计分析

表7.2为本章主要变量的描述性统计结果。从该表可知，后果被解释变量一之企业是否提高能源使用效率（Jyny）的均值是0.659，中位数是1.000，标准差是0.474，说明65.9%的企业实现了能源使用效率的提高。后果被解释变量二之企业是否减少"三废"排放（Jssf）的均值是0.852，说明85.2%的企业实现了废水、废气以及固体废弃物排放的减少。后果被解释变量三之城市空气质量的均值是4.390，中位数是4.392，均值和中位数近似相同，说明空气质量较好的城市与空气质量较差的城市近乎各占一半，样本分布较为合理。后果被解释变量四之官员是否晋升（Promotion）的均值是0.387，说明总样本中有近38.7%的地方官员在相应年份得到了提拔，这为检验自然资源资产离任审计制度下绿色发展业绩对地方官员是否有晋升激励提供了基本数据支持，有利于这一假设的进一步检验。绿色并购（Gma）的均值为0.107，说明在总样本中有10.7%的企业实施绿色并购投资行为。绿色创新（Gino）的均值为1.414，中位数为1.099，说明大部分企业绿色创新水平低于行业平均水平，有待进一步提高。自然资源资产离任审计试点地区（Audit）的均值为0.129，说明有12.9%的样本企业所在地位于自然资源资产离任审计试点地区，自然资源资产离任审计试点时间（Time）的均值为0.744，说明有74.4%的样本属于自然资源资产离任审计实施后，这主要是因为2014年为离任审计试点开始时间，2011年前的缺失值较多，导致非试点时间的样本数量偏少，但不影响后续回归结果检验。

在企业层面控制变量中，公司规模（lnsize）的均值是23.200，中位数是23.080，标准差是1.464，最小值是20.560，最大值是27.070，说明我国重污染企业上市公司规模普遍较大，资产总额较高，且公司规模存在较大差异。企业负债水平（Lev）的均值为0.508，中位数为0.519，均值小于中位数，说明样本左偏，大部分企业负债水平较高，甚至达到最大值0.952，反映出重污染企业绿色转型发展亟须资金的支持。企业盈利能力（Roa）的均值是 0.037，中位数是 0.031，标准差是 0.058，均值大于中位数，说明大部分企业盈利水平低于行业盈利平均水平，且企业之间的盈利水平差异较小。企业成长能力（Growth）的均值是 0.151，中位数是 0.088，均值大于中位数，说明样本右偏，大部分企业成长水平低于行业平均水平，反映出重污染企业大部分属于成熟期企业，亟须新型业务拓展，实现新的盈利增长点。企业董事会规模（Board）的均值是 2.215，中位数是 2.197，且 25 分数与中位数相同，与 75 分位数差异较小，说明大多数企业董事会规模相似。企业独立董事占比（Indep）的均值为 0.369，中位数为 0.333，25 分位数与中位数相同，且与 75 分位数差异较小，标准差为 0.052，说明大多是企业之间独立董事占比相似。企业两职合一（Both），表示企业董事长与总经理是否为同一人，其均值为 0.164，说明 16.4% 的企业属于上述情况，但多数企业不存在两职合一情况，治理结构普遍较好。企业成立年龄（Age）取对数的均值为 2.848，中位数为 2.905，标准差为 0.316，最小值为 1.811，最大值为 3.424，说明大多数企业成立年限较久。企业现金持有水平（Cash）的均值是 0.128，中位数是 0.106，均值大于中位数，说明大多数企业现金持有水平低于行业平均水平。

在城市层面控制变量中，城市 GDP 增长率（Gdp_gro）的均值是 0.095，中位数是 0.091，标准差为 0.081，说明城市之间的增长率差距较小。城市人均 GDP 水平（Gdp_ave）均值是 11.290，中位数是 11.340，均值小于中位数，说明大部分城市人均 GDP 水平高于全国城市平均水平。城市第二产业占比（Psi）均值是 0.427，中位数是 0.441，说明大部分城市第二产业占比较高。

在官员层面控制变量中，官员年龄（Age_man）取对数的均值是 4.008，中位数是 4.025，标准差是 0.122，最大值是 4.251，最小值是 3.563，说明各地区政府官员年龄相近。在官员学历（Graduate）分布中，均值是 1.090，且 25 分位数、中位数与 75 分位数相同，说明大多数官员学历均在本科学历以上。在官员任期（Tenure）分布中，均值是 2.686，中位数是 2.000，标准差是 1.868，说明大部分官员任期短于平均水平，且不同城市之间官员任期时间的长短有较大差异。在官员是否变更（Change）变量中，均值是 0.300，说明总样本中有 30% 的地区市委书记发生变更。

表7.2 描述性统计

变量	N	Mean	P25	P50	P75	Sd	Min	Max
Jyny	873	0.659	0.000	1.000	1.000	0.474	0.000	1.000
Jssf	873	0.852	1.000	1.000	1.000	0.355	0.000	1.000
Maqi	1 502	4.390	4.193	4.392	4.617	0.305	3.797	5.126
Promotion	1 861	0.387	0.000	0.000	1.000	0.487	0.000	1.000
Gma	1 849	0.107	0.000	0.000	0.000	0.309	0.000	1.000
Gino	1 861	1.141	0.000	1.099	1.792	1.044	0.000	5.533
Audit	1 861	0.129	0.000	0.000	0.000	0.335	0.000	1.000
Time	1 861	0.744	0.000	1.000	1.000	0.436	0.000	1.000
lnsize	1 861	23.200	22.040	23.080	24.160	1.464	20.560	27.070
Lev	1 861	0.508	0.377	0.519	0.651	0.194	0.091	0.952
Roa	1 861	0.037	0.009	0.031	0.064	0.058	-0.166	0.209
Growth	1 861	0.151	-0.028	0.088	0.247	0.339	-0.412	1.911
Board	1 859	2.215	2.197	2.197	2.398	0.209	1.609	2.708
Indep	1 859	0.369	0.333	0.333	0.385	0.052	0.308	0.571
Both	1 840	0.164	0.000	0.000	0.000	0.370	0.000	1.000
Age	1 861	2.848	2.668	2.905	3.065	0.316	1.811	3.424
Cash	1 861	0.128	0.064	0.106	0.166	0.094	0.001	0.684
Gdp_gro	1 861	0.095	0.068	0.091	0.117	0.081	-0.985	0.716
Gdp_ave	1 861	11.290	10.950	11.340	11.680	0.524	9.616	13.06
Psi	1 861	0.427	0.359	0.441	0.515	0.125	0.147	0.821
Age_man	1 861	4.008	3.971	4.025	4.069	0.122	3.563	4.251
Graduate	1 857	1.090	1.000	1.000	2.000	0.695	0.000	2.000
Tenure	1 861	2.686	1.000	2.000	3.000	1.868	1.000	11.000
Change	1 861	0.300	0.000	0.000	1.000	0.459	0.000	1.000

7.3.2 相关性分析

表7.3列示了本章主要变量之间的相关性结果。在 Pearson 相关系数检验中，企业实施绿色并购（Gma）与企业是否提高能源使用效率（Jyny）不存在统计意义上的显著相关性，与是否减少"三废"排放在5%的水平上呈

表 7.3

Pearson 相关系数

变量	Jyry	Jssf	Maqi	Promotion	Gena	Gino	Audit	Time	Audit×Time	Insize	Lev	Roa	Growth	Board	Indep	Both	Age	Cash	Gdp_gro	Gdp_ave	Psi	Age_man	Graduate	Tenure	Change
Jyry	1.000																								
Jssf	0.143***	1.000																							
Maqi	0.102***	0.134***	1.000																						
Promotion	0.072***	0.077***	0.151***	1.000																					
Gena	-0.028	-0.065***	0.226***	0.108***	1.000																				
Gino	0.093***	0.069***	0.094***	0.040*	-0.054***	1.000																			
Audit	0.004	-0.046	-0.324***	-0.079***	0.213***	-0.076***	1.000																		
Time	-0.043	-0.084***	-0.434***	-0.163***	0.133***	0.050*	-0.002	1.000																	
Audit×Time	0.054**	0.034*	0.349***	0.116***	0.248***	0.060***	0.845***	0.191***	1.000																
Insize	0.266***	0.198***	0.198***	0.145***	0.002	0.195***	-0.014	0.105***	0.021	1.000															
Lev	0.109***	0.068***	0.068***	0.109***	0.000	0.020	0.006	-0.013	0.021	0.468***	1.000														
Roa	-0.067***	0.046	0.046	-0.038	0.000	0.035	0.017	-0.009	0.009	-0.063***	-0.471***	1.000													
Growth	-0.018	0.064*	0.064*	-0.005	0.010	0.016	0.024	-0.052**	-0.006	-0.022	-0.036	0.323***	1.000												
Board	0.101***	0.009	0.009	0.148***	-0.066***	0.123***	-0.019	-0.113***	-0.047**	0.326***	0.188***	0.017	-0.025	1.000											
Indep	0.037	0.034	0.034	-0.056**	0.014	0.016	-0.037	0.055**	-0.036	0.101***	0.021	-0.061***	-0.021	-0.378***	1.000										
Both	-0.080***	-0.086***	-0.086***	-0.072***	0.056**	-0.091***	0.000	0.009	-0.001	-0.203***	0.175***	0.096***	0.004	-0.144***	0.037	1.000									
Age	-0.050	-0.072***	-0.072***	-0.208***	0.055**	0.070***	0.051***	0.372***	0.094***	0.156***	0.184***	-0.039*	-0.087***	0.043*	-0.026	-0.071***	1.000								
Cash	-0.134***	-0.166***	-0.166***	-0.068***	-0.010	0.012	-0.018	-0.029	-0.029	-0.301***	-0.331***	0.233***	0.083***	-0.128***	-0.031	0.109***	-0.060***	1.000							
Gdp_gro	-0.060	0.009	0.009	0.053**	-0.019	-0.052**	0.080***	0.004	0.04	-0.080***	-0.004	0.040*	0.119***	0.020	-0.062***	-0.003	-0.149***	0.043*	1.000						
Gdp_ave	-0.030	0.020	0.020	-0.057**	0.106***	0.046***	0.114***	0.256***	0.153***	0.183***	-0.051***	0.117***	-0.020	-0.008	-0.022	0.016	0.176***	-0.004	-0.063***	1.000					
Psi	-0.142***	-0.067*	-0.022	-0.075***	-0.021	-0.134***	0.063***	-0.227***	0.011	-0.404***	-0.139***	0.016	0.010	-0.066***	-0.056**	0.125***	-0.057***	0.111***	0.085***	-0.338***	1.000				
Age_man	-0.036	-0.055	-0.216***	-0.290***	0.047*	-0.005	0.061***	0.009	0.065***	-0.031	-0.003	0.000	0.007	-0.020	0.044*	-0.012	0.068***	0.063***	-0.029	0.022	0.077***	1.000			
Graduate	-0.086***	-0.046	-0.212***	-0.156***	0.039*	0.005	0.213***	0.057***	0.189***	-0.061***	0.011	-0.016	-0.012	-0.050**	0.064***	-0.011	0.088***	0.007	-0.020	0.097***	0.015	0.275***	1.000		
Tenure	0.042	0.066*	0.003	0.167***	-0.032	0.002	-0.063***	-0.188***	-0.048***	0.045**	0.037	0.012	0.011	0.032	-0.006	-0.031	-0.130***	-0.031	0.084***	-0.041**	-0.126***	0.241***	-0.012	1.000	
Change	-0.021	-0.031	-0.004	-0.064**	0.012	0.015	0.031	-0.040**	0.030	-0.006	-0.004	0.009	0.019	-0.025	0.018	-0.008	0.015	0.024	-0.030	-0.007	0.067***	-0.062***	0.008	-0.592***	1.000

注：***、**、*分别表示在 0.01、0.05、0.1 的水平上显著。

显著负相关，与空气质量（Maqi）在1%的水平上呈显著正相关，且与地方官员是否晋升（Promotion）之间在1%的水平上呈显著正相关，初步说明企业仅实施绿色并购不能实质性提高企业能源使用效率和减少污染排放，但在改善空气质量方面和促进官员晋升方面存在显著相关性，进而初步证明企业绿色并购更多是监督型压力传递下的绿色投资行为选择，侧重改善外在主体对企业绿色发展情况的认知。企业实施绿色创新（Gino）与企业是否提高能源使用效率（Jyny）、是否减少"三废"排放（Jssf）、改善空气质量（Maqi）以及促进官员晋升（Promotion）方面均存在显著正相关性，初步说明企业绿色创新行为更是一种具有战略意义的实质性绿色投资行为，相比绿色并购，企业绿色创新能更有效改变企业属性和优化绿色发展模式。同时，自然资源资产离任审计试点地区与试点时间的交乘项（Audit × Time）与企业是否提高能源使用效率（Jyny）在5%的水平上呈显著正相关，而与企业是否减少"三废"排放不存在显著相关性，说明自然资源资产离任审计试点实施有利于企业提高能源使用效率，但在影响企业减少"三废"排放方面效果不显著。自然资源资产离任审计试点地区与试点时间的交乘项（Audit × Time）与改善空气质量（Maqi）和地方官员是否晋升（Promotion）在1%的水平上呈显著正相关，说明自然资源资产离任审计制度的实施有利于优化地方空气质量，且该制度实施后，地方官员的晋升概率增加。另外，自然资源资产离任审计试点地区与试点时间的交乘项（Audit × Time）与企业实施绿色并购（Gma）和实施绿色创新（Gino）均在1%的水平上呈显著正相关，说明自然资源资产离任审计试点实施有利于企业加大绿色并购和绿色创新投资。以上相关性结果为本章进一步检验自然资源资产离任审计制度下两种绿色投资行为后果及其差异性提供了初步证明。

在控制变量中，企业规模（lnsize）、负债水平（Lev）、企业盈利能力（Roa）、企业董事会规模（Board）、两职合一（Both）、现金持有水平（Cash）、城市第二产业占比（Psi）、官员学历（Graduate）等均与企业是否提高能源使用效率（Jyny）存在直接的相关性。企业规模（lnsize）、负债水平（Lev）、企业成长性（Growth）、两职合一（Both）、企业年龄（Age）、现金持有水平（Cash）、城市第二产业占比（Psi）、官员任期（Tenure）等均与企业是否减少"三废"排放（Jyny）存在直接的相关性。企业规模（lnsize）、负债水平（Lev）、企业成长性（Growth）、两职合一（Both）、企业年龄（Age）、现金持有水平（Cash）、城市 GDP 增长率（Gdp_gro）、城市人均 GDP（Gdp_ave）以及官员年龄（Age_man）、官员学历（Graduate）等均与城市空气质量（Maqi）存在直接的相关性。

企业规模（lnsize）、负债水平（Lev）、企业董事会规模（Board）、独立董事占比（Indep）、两职合一（Both）、企业年龄（Age）、现金持有水平（Cash）、城市 GDP 增长率（Gdp_gro）、城市人均 GDP（Gdp_ave）、城市第二产业占比（Psi）、官员年龄（Age_man）、官员学历（Graduate）、官员任期（Tenure）以及官员是否变更（Change）等均与官员是否晋升（Promotion）存在显著相关性。董事会规模（Board）、两职合一（Both）、企业年龄（Age）、城市人均 GDP（Gdp_ave）、官员年龄（Age_man）、官员学历（Graduate）等均与企业实施绿色并购（Gma）存在显著相关性。企业规模（lnsize）、董事会规模（Board）、两职合一（Both）、企业年龄（Age）、城市 GDP 增长率（Gdp_gro）、城市人均 GDP（Gdp_ave）、城市第二产业占比（Psi）等均与企业实施绿色创新（Gma）存在显著相关性。

7.3.3 多元回归结果分析

（1）企业绿色转型后果及其差异性的回归结果分析。

表 7.4 列示了自然资源资产离任审计下企业绿色投资行为选择后果的检验结果。其中，第（1）列为基于企业是否提高能源使用效率的多元回归结果，可以发现，自然资源资产离任审计交乘项（Audit × Time）与企业是否提高能源使用效率（Jyny）之间的回归系数为 0.552，Z 值为 1.815，在 10% 的水平上呈显著正相关，说明自然资源资产离任审计制度实施有利于企业提高能源使用效率。同时，关键解释变量之 Audit × Time × Gma 交乘项与企业是否提高能源使用效率之间的回归系数为 −0.544，Z 值为 −0.953，不存在统计意义上的相关性，表明在自然资源资产离任审计试点实施下，企业绿色并购投资行为并不能在提高企业能源使用效率方面带来显著效应。而关键解释变量之 Audit × Time × Gino 交乘项与企业是否提高能源使用效率之间的回归系数为 6.407，Z 值为 9.315，在 1% 的水平上呈显著正相关，表明自然资源资产离任审计试点实施下，企业绿色创新投资行为可有效促进企业提高能源使用效率，即相比绿色并购，在自然资源资产离任审计制度下企业绿色创新行为更有利于企业绿色转型发展，该结果支持了研究假设 7−1。

第（2）列为基于企业是否减少"三废"排放经济后果的多元回归结果。从中可以发现自然资源资产离任审计交乘项（Audit × Time）与企业是否减少"三废"排放（Jssf）之间的回归系数为 0.597，Z 值为 1.717，在 10% 的水平上呈显著正相关，说明自然资源资产离任审计制度实施有利于企业减少"三废"排放。同时，关键解释变量之 Audit × Time × Gma 交乘项与企业是否减少"三废"排放之间的回归系数为 −0.622，Z 值为 −1.087，不存在统计意义上的相关性，表明在自然资源资产离任审计试点实施下，企业绿色并购投资行为并不能在促进企业减少"三废"排放方面带来显著成效。而关键解释变量之 Audit × Time × Gino 交乘项与企业是否减少"三废"排放之间的回归系数为 1.316，Z 值为 2.120，在 5% 的水平上呈显著正相关，表明自然资源资产离任审计试点实施下，企业绿色创新投资行为可有效促进企业减少"三废"排放，即相比绿色并购，在自然资源资产离任审计制度下企业绿色创新行为更有利于企业绿色转型发展，该结果再次支持了研究假设 7 - 1。

（2）社会环境效益后果及其差异性的回归结果分析。

表 7.4 中第（3）列为基于社会层面城市空气质量改善情况的回归检验结果。可以发现，自然资源资产离任审计交乘项（Audit × Time）与城市空气质量之间的回归系数为 0.063，t 值为 2.188，在 5% 的水平上呈显著正相关，说明自然资源资产离任审计制度实施有利于改善城市层面空气质量。同时，在该模型中企业绿色并购和绿色创新投资行为表示的是城市层面处理年份企业绿色并购和绿色创新数量的汇总数，以此与城市层面空气质量进行回归检验。其中，关键解释变量之一 Audit × Time × Gma 交乘项与空气质量之间的回归系数为 −0.088，t 值为 −1.447，不存在统计意义上的显著相关性，表明在自然资源资产离任审计试点实施下，企业绿色并购投资行为并不能在改善城市空气质量方面带来显著成效。而关键解释变量之二 Audit × Time × Gino 交乘项与企业是否减少"三废"排放之间的回归系数为 0.612，t 值为 10.671，在 1% 的水平上呈显著正相关，表明自然资源资产离任审计试点实施下，企业绿色创新投资行为在促进城市空气质量改善方面的具有更为显著的成效。即相比绿色并购，在自然资源资产离任审计制度下企业绿色创新行为更有利于改善社会环境效益，该结果支持了研究假设 7 - 2。

（3）官员晋升激励后果及其差异性的回归结果分析。

表7.4中第（4）列为基于政治层面官员晋升激励情况的回归检验结果。从中可以发现，自然资源资产离任审计交乘项（Audit × Time）与官员晋升（Promotion）之间的回归系数为1.199，Z值为2.836，在1%的水平上呈显著正相关，说明自然资源资产离任审计制度实施并没有阻碍官员晋升，相反更有利于激励官员发展绿色业绩，促进其晋升，即自然资源资产离任审计对官员具有晋升激励作用，从而可以有效保障制度效能的可持续性，这与本书逻辑推理基本一致。同时，在该模型中企业绿色并购和绿色创新投资行为表示的是官员任期内企业绿色并购和绿色创新投资数量的逐年汇总数，以此与官员是否晋升进行回归。其中关键解释变量之一 Audit × Time × Gma 交乘项与官员晋升之间的回归系数为 -0.291，Z值为 -0.880，不存在统计意义上的相关性，表明在自然资源资产离任审计试点实施下，企业绿色并购投资行为并不能给官员带来显著的绿色发展业绩，对官员晋升激励较弱。而关键解释变量之二 Audit × Time × Gino 交乘项与官员晋升的回归系数为0.435，Z值为2.451，在5%的水平上呈显著正相关，表明自然资源资产离任审计制度下，官员任期内企业实施绿色创新更能在官员任期内带来有效的绿色发展业绩，促进官员晋升，即在自然资源资产离任审计制度下，相比绿色并购，企业绿色创新更有利于产生官员晋升激励效应，所得结论与假设7-3相反。这反映出自然资源资产离任审计制度下官员晋升机制得到进一步完善，该制度因实施终身问责制，能够更加有效约束地方政府实施绿色短期效应的投机行为。由于辖区企业绿色并购短期策略型投资行为并不能真正有效提高地方官员绿色业绩，从而激励地方官员重视更具有绿色转型发展实质性的绿色创新投资行为，推动企业和城市绿色转型发展，这一结果为自然资源资产离任审计能否实现预期制度目标以及该制度是否具有优越性提供了有力证明，为进一步大力推广与重视自然资源资产离任审计工作提供了理论依据。

表7.4　　自然资源资产离任审计下企业绿色投资行为选择后果检验

变量	（1） Jyny	（2） Jssf	（3） Maqi	（4） Promotion
Audit × Time	0.552* (1.815)	0.597* (1.717)	0.063** (2.188)	1.199*** (2.836)

变量	（1） Jyny	（2） Jssf	（3） Maqi	（4） Promotion
Audit × Time × Gma	− 0. 544 （− 0. 953）	− 0. 622 （− 1. 087）	− 0. 088 （− 1. 447）	− 0. 291 （− 0. 880）
Audit × Time × Gino	6. 407 *** （9. 315）	1. 316 ** （2. 120）	0. 612 *** （10. 671）	0. 435 ** （2. 451）
Audit	− 0. 236 （− 0. 190）	− 0. 309 （− 0. 262）	0. 220 *** （2. 678）	0. 765 ** （2. 312）
Time	− 2. 082 *** （− 3. 754）	− 1. 728 ** （− 2. 326）	− 0. 491 *** （− 6. 040）	− 0. 912 *** （− 4. 131）
Gma	− 0. 300 （− 1. 172）	− 0. 189 （− 0. 674）	− 0. 001 （− 0. 043）	− 0. 195 （− 1. 271）
Gino	− 0. 094 （− 0. 614）	0. 333 （1. 345）	− 0. 025 （− 1. 348）	− 0. 024 （− 0. 267）
Audit × Gma	− 5. 635 *** （− 8. 572）	4. 377 *** （5. 950）	0. 581 *** （3. 150）	0. 905 （1. 222）
Time × Gma	− 5. 634 *** − 8. 560	4. 177 （5. 250）	0. 381 *** （6. 150）	0. 825 （1. 102）
Audit × Gino	0. 064 （0. 118）	− 1. 429 ** （− 2. 451）	0. 085 （1. 594）	− 0. 327 （− 1. 422）
Time × Gino	0. 130 （0. 792）	− 0. 443 * （− 1. 662）	0. 027 （1. 413）	0. 023 （0. 239）
lnsize	0. 366 *** （4. 147）	0. 340 ** （2. 302）	− 0. 001 （− 0. 405）	0. 111 ** （2. 314）
Lev	− 1. 002 （− 1. 585）	1. 703 * （1. 942）	0. 007 （0. 347）	− 0. 185 （− 0. 605）
Roa	− 3. 657 ** （− 2. 555）	3. 188 * （1. 707）	− 0. 013 （− 0. 250）	1. 162 （1. 251）
Growth	0. 234 （1. 119）	0. 447 （1. 419）	− 0. 001 （− 0. 017）	− 0. 061 （− 0. 395）
Board	0. 426 （1. 116）	− 1. 366 ** （− 2. 531）	0. 008 （0. 479）	− 0. 155 （− 0. 667）
Indep	− 0. 966 （− 0. 653）	− 6. 136 *** （− 2. 582）	− 0. 042 （− 0. 611）	− 0. 047 （− 0. 057）
Both	0. 133 （0. 630）	− 0. 415 （− 1. 565）	0. 007 （0. 983）	− 0. 051 （− 0. 416）

续表

变量	（1）Jyny	（2）Jssf	（3）Maqi	（4）Promotion
Age	0.359 （1.108）	−0.147 （−0.402）	−0.001 （−0.073）	−0.324 ** （−2.048）
Nature	−1.084 *** （−4.924）	0.388 （1.303）	−0.002 （−0.292）	−1.424 *** （−2.836）
Cash	−0.373 （−0.352）	0.146 （0.113）	−0.002 （−0.066）	−0.640 （−1.153）
Gdp_grow	−1.255 * （−1.916）	−0.290 （−0.397）	0.086 ** （2.048）	−0.129 （−1.444）
Gdp_ave	0.554 （1.217）	1.260 * （1.737）	−0.064 ** （−2.033）	−0.738 *** （−4.809）
Psi	−0.812 （−0.811）	0.205 （0.171）	0.095 （0.002）	−3.014 *** （−8.188）
Age_man	0.002 （0.003）	0.880 （1.024）	−0.162 *** （−4.741）	−0.135 ** （−2.210）
Graduate	0.016 （0.137）	−0.219 （−1.558）	0.006 （1.157）	0.089 *** （3.023）
Tenure	−0.012 （−0.273）	−0.046 （−0.680）	−0.001 （−0.566）	0.706 *** （6.191）
Change	−0.093 （−0.587）	−0.287 （−1.368）	−0.024 *** （−3.060）	0.111 ** （2.314）
Constant	−9.638 （−1.389）	−9.740 ** （−2.224）	5.932 *** （5.990）	4.790 *** （6.650）
Ind/Year/City	Yes	Yes	Yes	Yes
Observations	856	845	1 235	1 264
R – squared	0.257	0.328	0.919	0.223

注：***、**、* 分别表示在 0.01、0.05、0.1 的水平上显著。

7.3.4　稳健性检验

（1）反事实检验。

①企业层面反事实检验。为进一步证明本章回归结果的稳健性，本书随机假设自然资源资产离任审计试点实施时间为 2012 年，样本选择区间改为2011～2013 年，对基准模型进行重新回归。如果关键解释变量回归系数依然

显著，则拒绝本书原假设，否则，本书假设将得到支持。表7.5列示了企业层面后果的反事实检验回归结果。从该表可以发现，若将自然资源资产离任审计试点实施时间往前推两年，自然资源资产离任审计与企业提高能源使用效率以及减少"三废"排放不存在显著相关性，且企业绿色并购（Gma）和绿色创新（Gino）投资行为均与企业提高能源使用效率以及减少"三废"排放不存在显著相关性，说明自然资源资产离任审计试点前，企业绿色并购和绿色创新意愿不强，对企业绿色转型发展效果不够理想。其中，关键解释变量自然资源资产离任审计与绿色并购的交乘项（Audit×Time×Gma）以及自然资源资产离任审计与绿色创新的交乘项（Audit×Time×Gino）与企业是否提高能源使用效率以及减少"三废"排放均不存在显著相关性，从而再次说明自然资源资产离任审计试点前，企业绿色投资行为效果不佳，证明了本书回归结果的稳健性。

②社会层面的反事实检验。为进一步证明社会层面后果回归结果的稳健性，本书随机假设自然资源资产离任审计试点实施时间为2012年，样本选择区间改为2011～2013年，对基准模型重新回归，如果关键解释变量回归系数依然显著，则拒绝本书原假设，否则，本书假设将得到支持。表7.5第（3）列为基于社会层面城市空气质量后果的反事实检验回归结果。从该表可以发现，若将自然资源资产离任审计试点实施时间往前推两年，自然资源资产离任审计与城市空气质量不存在显著相关性，同时，自然资源资产离任审计与绿色并购交乘项以及自然资源资产离任审计与绿色创新交乘项与城市空气质量之间的关系仍不显著。这反映出在上述期间内，自然资源资产离任审计制度下企业绿色投资行为并不会有效改善城市空气质量，从而证明了本书回归结果的稳健性。

③政治层面的反事实检验。为进一步证明政治层面官员晋升激励后果多元回归结果的稳健性，本书随机假设自然资源资产离任审计试点实施时间为2012年，并将样本选择区间设定为2011～2013年，对基准模型进行重新回归，如果关键解释变量回归系数依然显著，则拒绝本书原假设，否则，本书假设将得到支持。表7.5第（4）列为基于政治层面官员晋升激励后果的反事实检验回归结果。从该表可以发现，若将自然资源资产离任审计试点实施时间往前推两年，自然资源资产离任审计与官员晋升之间不存在显著相关性，同时，自然资源资产离任审计与绿色并购交乘项以及自然资源资产离任

审计与绿色创新交乘项与官员晋升之间的关系仍不显著。这反映出在此期间，自然资源资产离任审计制度下企业绿色投资行为并不会给官员带来晋升激励效应，从而证明了本书回归结果的稳健性。

表 7.5 　　　　　　　　　　反事实检验

变量	(1) Jyny	(2) Jssf	(3) Maqi	(4) Promotion
Audit × Time	0.429 (0.433)	1.251 (1.128)	0.015 (0.166)	0.228 (0.564)
Audit × Time × Gma	−0.114 (−0.142)	−0.026 (−0.132)	−0.330 (−1.509)	−1.961 (−1.215)
Audit × Time × Gino	−0.158 (−0.132)	−0.953 (−0.811)	−0.061 (−0.904)	0.046 (0.157)
Audit	−0.044 (−0.052)	−1.341 (−1.532)	0.201** (2.419)	−0.105 (−0.322)
Time	−0.572 (−1.148)	−0.870 (−1.603)	0.534*** (6.220)	−0.374 (−1.642)
Gma	−0.817 (−5.931)	0.127 (0.580)	0.001 (0.022)	0.034 (0.213)
Gino	0.469 (1.454)	−0.221 (−0.759)	0.011 (0.598)	−0.062 (−0.718)
Audit × Gma	−0.705 (−0.879)	−0.027 (1.431)	0.426* (1.958)	1.830** (2.134)
Time × Gma	−0.124 (−1.021)	−0.046 (−0.697)	−0.426* (−1.961)	−1.830 (−2.131)
Audit × Gino	−0.098 (−0.099)	−0.225 (−0.240)	0.050 (0.755)	−0.006 (−0.023)
Time × Gino	−0.495 (−1.368)	0.525 (1.058)	−0.015 (−0.764)	0.105 (1.072)
lnsize	0.337*** (2.731)	0.351** (2.281)	−0.023*** (−3.675)	0.019 (0.430)
Lev	−0.613 (−0.646)	0.143 (0.140)	−0.062 (−1.511)	0.295 (1.018)
Roa	−0.174 (−0.055)	0.743 (0.265)	−0.012 (−0.100)	0.979 (1.150)
Growth	0.324 (0.940)	0.593 (1.498)	−0.006 (−0.345)	0.088 (0.716)

续表

变量	(1) Jyny	(2) Jssf	(3) Maqi	(4) Promotion
Board	0.887 (1.320)	0.749 (0.904)	−0.028 (−0.845)	−0.242 (−1.043)
Indep	−0.821 (−0.372)	−0.463 (−0.160)	0.226* (1.810)	0.298 (0.349)
Both	−0.094 (−0.269)	0.541 (1.310)	0.015 (0.950)	0.189* (1.775)
Age	−0.030 (−0.069)	0.349 (0.657)	0.038* (1.666)	−0.002 (−0.015)
Cash	−0.325 (−0.236)	−1.578 (−0.962)	−0.011 (−0.758)	−0.272*** (−2.659)
Gdp_grow	−7.370*** (−3.030)	−2.196 (−0.949)	−0.148** (−2.205)	−0.349 (−0.731)
Gdp_ave	−0.299 (−1.253)	0.054 (0.215)	0.201*** (2.721)	−0.375 (−0.709)
Psi	0.434 (0.760)	−1.329* (−1.677)	0.049*** (3.756)	−0.353*** (−3.990)
Age_man	0.302 (0.290)	−2.904 (−1.365)	0.050** (2.299)	0.250 (1.509)
Graduate	−0.476** (−2.575)	0.203 (0.877)	−0.087 (−1.597)	−1.619*** (−4.319)
Tenure	−0.020 (−0.240)	0.032 (0.260)	0.052*** (5.784)	−0.042 (−0.686)
Change	0.026 (0.088)	−0.218 (−0.576)	−0.002 (−0.418)	0.163*** (5.879)
Constant	−6.837 (−1.098)	7.075 (0.723)	−4.869*** (−5.590)	7.830*** (3.605)
Ind/Year/City	Yes	Yes	Yes	Yes
Observations	211	232	283	137
R − squared	0.186	0.152	0.477	0.187

注：***、**、* 分别表示在 0.01、0.05、0.1 的水平上显著。

（2）PSM − DID 检验。

为缓解内生性的影响，本书使用 PSM − DID 方法进行稳健性检验。通过采取最近邻匹配方法，选取特定变量作为匹配变量，以及按照一定匹配比例来获取可比的控制组，利用匹配上的样本和双重差分模型对自然资源资产离任审计试点实施前后绿色并购和绿色创新的投资后果进行重新检验。对此，本书将城市第二产业比重（Psi）、官员任期（Tenure）、官员变更（Change）、总资产收益率（Roa）、资产负债率（Lev）、公司规模（lnsize）6个变量作为倾向得分匹配（PSM）的基础，采取最近邻匹配方法，以及按照1∶4比例来获取可比的控制组，通过平衡性检验的结果表明，匹配之后的变量标准化偏差在10%之内，与匹配前相比，变量的标准化偏差明显缩小，有效消除了由变量的系统性差异导致的研究结果偏误。在此基础上，本书对控制组和处理组共同取值范围内数据进行重新回归。

①企业层面PSM－DID检验。表7.6第（1）列为基于企业是否提高能源使用效率后果的PSM－DID检验结果。从回归结果可以看出，自然资源资产离任审计（Audit×Time）与企业是否提高能源使用效率（Jyny）之间的回归系数为0.834，Z值为1.710，在10%的水平上呈显著正相关，同时，Audit×Time×Gma交乘项与企业是否提高能源使用效率之间的回归系数为－0.512，Z值为－1.096，不存在统计意义上的显著相关性，而Audit×Time×Gino交乘项与企业是否提高能源使用效率之间的回归系数为0.743，Z值为1.891，在10%的水平上呈显著正相关，反映出自然资源资产离任审计下企业绿色创新投资行为能促使企业提高能源使用效率。与绿色并购相比，企业绿色创新更有利于企业绿色转型发展，与基准回归结果一致。

表7.6第（2）列为基于企业是否减少"三废"排放后果的PSM－DID检验结果。从回归结果可以看出，自然资源资产离任审计（Audit×Time）与因变量企业是否减少"三废"排放之间的回归系数为1.303，Z值为2.356，在5%的水平上呈显著正相关，同时，Audit×Time×Gma交乘项与企业是否减少"三废"排放之间的回归系数为－0.491，Z值为－1.019，不存在统计意义上的显著相关性，而Audit×Time×Gino交乘项与企业是否减少"三废"排放之间的回归系数为0.910，Z值为1.750，在10%的水平上呈显著正相关，反映出自然资源资产离任审计下企业绿色创新投资行为能促进企业是否减少"三废"排放。即与绿色并购相比，企业绿色创新更有利于企业绿色转型发展，与基准回归结果一致。

②社会层面PSM－DID检验。表7.6第（3）列为基于社会层面空气质量后果的PSM－DID检验结果。从回归结果可以看出，自然资源资产离任审

计（Audit×Time）与因变量城市空气质量之间的回归系数为0.143，t值为2.731，在1%的水平上呈显著正相关，同时，Audit×Time×Gma交乘项与空气质量之间的回归系数为 -5.340，t值为 -0.745，不存在统计意义上的显著相关性，而 Audit×Time×Gino 交乘项与空气质量之间的回归系数为1.985，t值为3.261，在1%的水平上呈显著正相关，反映出自然资源资产离任审计下企业绿色创新投资行为能促进社会空气质量改善。即与绿色并购相比，企业绿色创新更有利于改善社会效益，与基准回归结果一致。

③政治层面 PSM-DID 检验。表7.6第（4）列为基于政治层面官员晋升激励后果的 PSM-DID 检验结果。从回归结果可以看出，自然资源资产离任审计（Audit×Time）与因变量官员晋升之间的回归系数为1.172，Z值为3.129，在1%的水平上呈显著正相关，同时，Audit×Time×Gma交乘项与官员晋升之间的回归系数为0.508，Z值为1.361，不存在统计意义上的显著相关性，而 Audit×Time×Gino 交乘项与官员晋升之间的回归系数为0.749，Z值为1.802，在10%的水平上呈显著正相关，反映出自然资源资产离任审计下企业绿色创新投资行为有利于促进官员晋升。即与绿色并购相比，企业绿色创新更有利于产生官员晋升激励效应，与基准回归结果一致。

表7.6　　　　　　　　　　　　　　PSM-DID 检验

变量	(1) Jyny	(2) Jssf	(3) Maqi	(4) Promotion
Audit×Time	0.834 * (1.710)	1.303 ** (2.356)	0.143 *** (2.731)	1.172 *** (3.129)
Audit×Time×Gma	-0.512 (-1.096)	-0.491 (-1.019)	-5.340 (-0.745)	0.508 (1.361)
Audit×Time×Gino	0.743 * (1.891)	0.910 * (1.750)	1.985 *** (3.261)	0.749 * (1.802)
Audit	0.015 (0.038)	-0.062 (-0.152)	9.129 (0.997)	4.311 *** (4.558)
Time	-1.233 *** (-4.107)	-1.076 *** (-3.268)	-5.310 *** (-6.500)	-0.209 (-0.490)
Gma	-5.319 *** (-13.190)	3.642 *** (8.186)	-4.220 *** (-7.375)	0.619 (0.725)

续表

变量	(1) Jyny	(2) Jssf	(3) Maqi	(4) Promotion
Gino	0.093 (0.715)	0.259 (1.430)	−1.525 (−0.611)	−0.094 (−0.804)
Audit × Gma	5.096*** (11.080)	−3.726*** (−7.370)	4.44*** (7.176)	−0.933 (−1.070)
Time × Gma	0.005 (0.011)	−0.958* (−1.942)	4.919 (0.697)	−0.418* (−1.649)
Audit × Gino	0.021 (0.145)	−0.202 (−1.048)	1.543 (0.618)	0.107 (0.859)
Time × Gino	0.244*** (4.234)	0.224*** (2.754)	0.101 (0.259)	−0.036 (−0.526)
lnsize	−0.769* (−1.888)	−0.257 (−0.491)	0.815 (0.339)	0.188 (0.422)
Lev	−1.563 (−1.362)	1.670 (1.274)	−4.681 (−0.699)	1.098 (1.054)
Roa	0.247 (1.344)	0.603** (2.351)	0.615 (0.603)	0.170 (0.986)
Growth	0.503* (1.952)	−0.620* (−1.929)	0.738 (0.351)	0.158 (0.489)
Board	0.593 (0.536)	−0.668 (−0.483)	−6.677 (−0.847)	0.673 (0.546)
Indep	−0.131 (−0.839)	−0.143 (−0.829)	0.709 (0.768)	−0.089 (−0.585)
Both	0.319 (1.386)	0.223 (0.829)	0.640 (0.453)	−0.008 (−0.037)
Age	−0.425*** (−3.064)	0.327* (1.931)	−0.842 (−0.945)	−0.063 (−0.394)
Cash	−0.358 (−0.512)	−1.687** (−2.129)	2.679 (0.657)	−0.483 (−0.674)
Gdp_grow	−1.121* (−1.739)	0.120 (0.154)	11.69** (2.405)	1.007 (1.534)
Gdp_ave	−0.356*** (−2.730)	0.079 (0.526)	−10.49*** (−3.017)	−1.048*** (−3.089)
Psi	−0.653*** (−3.366)	−0.244 (−0.996)	−4.497 (−0.915)	2.176*** (2.968)

续表

变量	(1) Jyny	(2) Jssf	(3) Maqi	(4) Promotion
Age_man	0.413 (0.924)	−0.149 (−0.246)	−4.392 (−0.969)	−8.806*** (−11.760)
Graduate	−0.164** (−2.057)	−0.078 (−0.808)	0.288 (0.418)	0.133 (1.484)
Tenure	−0.033 (−0.868)	0.026 (0.551)	−0.420 (−1.492)	−0.093* (−1.840)
Change	−0.078 (−0.554)	−0.092 (−0.552)	−3.232*** (−3.492)	−0.762*** (−5.297)
Constant	−1.177 (−0.410)	−1.847 (−0.507)	8.300*** (6.277)	7.570*** (6.629)
Ind/Year/City	Yes	Yes	Yes	Yes
Observations	324	324	353	225
R−squared	0.255	0.232	0.881	0.487

注: ***、**、*分别表示在0.01、0.05、0.1的水平上显著。

（3）排他性检验。

为排除绿色并购和绿色创新在促进企业绿色转型发展、社会环境效益改善以及官员晋升激励后果方面的相互干扰，本书借鉴蔡庆丰和陈熠辉（2020）等的研究，将绿色并购和绿色创新均设定为虚拟变量，视为独立的相互不受干扰的两种绿色投资行为。具体而言，如果企业仅实施绿色并购取值为1，否则为0，并将其标记为 Choice1；如果企业仅实施绿色创新取值为1，否则为0，并将其标记为 Choice2。以此替换主回归结果中绿色并购和绿色创新的衡量方式，对其后果检验进行重新回归。回归结果如表7.7所示。第（1）列为基于企业层面是否提高能源使用效率的回归结果，可以发现自然资源资产离任审计与企业仅实施绿色并购的交乘项（Audit × Time × Choice1）与企业是否提高能源使用效率（Jyny）之间的回归系数为−0.426，Z值为−0.461，不存在显著相关性，而自然资源资产离任审计与企业仅实施绿色创新的交乘项（Audit × Time × Choice2）与企业是否提高能源使用效率（Jyny）之间的回归系数为6.307，Z值为7.605，在1%的水平上呈显著正相关，与前面结果一致，排除自然资源资产离任审计下绿色并购和绿色创新两种绿色投资行为在提高企业能源使用效率后果方面的相互干扰，进而证明本书回归结果的稳健。

第（2）列为基于企业层面是否减少"三废"排放的回归结果，可以发现自然资源资产离任审计与企业仅实施绿色并购的交乘项（Audit × Time × Choice1）与企业是否减少"三废"排放（Jssf）之间的回归系数为 − 2. 409，Z 值为 − 0. 825，不存在显著相关性，而自然资源资产离任审计与企业仅实施绿色创新的交乘项（Audit × Time × Choice2）与企业是否减少"三废"排放（Jssf）之间的回归系数为 4. 308，Z 值为 4. 722，在 1% 的水平上呈显著正相关，与前面结果一致，排除自然资源资产离任审计下，绿色并购和绿色创新两种绿色投资行为在促进企业减少"三废"排放后果方面的相互干扰，证明本书回归结果的稳健。

第（3）列为基于城市层面空气质量的回归结果，在此回归模型中，绿色投资行为为城市层面企业是否仅实施绿色并购或绿色创新的汇总数。通过回归结果可以发现，自然资源资产离任审计与企业仅实施绿色并购的交乘项（Audit × Time × Choice1）与空气质量（Maqi）之间的回归系数为 0. 070，t 值为 0. 888，不存在显著相关性，而自然资源资产离任审计与企业仅实施绿色创新的交乘项（Audit × Time × Choice2）与空气质量（Maqi）之间的回归系数为 0. 589，t 值为 8. 306，在 1% 的水平上呈显著正相关，与前面结果一致，排除自然资源资产离任审计下绿色并购和绿色创新两种绿色投资行为在改善城市空气质量后果方面的相互干扰，证明本书回归结果的稳健。

第（4）列为基于政治层面官员晋升的回归结果，在此回归模型中，绿色投资行为为城市层面官员任期内仅实施绿色并购或绿色创新投资行为企业数量的逐年加总数。通过回归结果可以发现，自然资源资产离任审计与企业仅实施绿色并购的交乘项（Audit × Time × Choice1）与官员晋升（Promotion）之间的回归系数为 − 0. 921，Z 值为 − 0. 913，不存在显著相关性，而自然资源资产离任审计与企业仅实施绿色创新的交乘项（Audit × Time × Choice2）与官员晋升（Promotion）之间的回归系数为 0. 973，Z 值为 1. 822，在 10% 的水平上呈显著正相关，与前面结果一致，排除自然资源资产离任审计下绿色并购和绿色创新两种绿色投资行为在促进官员晋升激励后果方面的相互干扰，证明本书回归结果的稳健。

表 7.7   排他性检验

变量	(1) Jyny	(2) Jssf	(3) Maqi	(4) Promotion
Audit × Time	0.456* (1.750)	1.110** (2.313)	0.037** (2.639)	0.151** (2.381)
Audit × Time × Choice1	−0.426 (−0.461)	−2.409 (−0.825)	0.070 (0.888)	−0.921 (−0.913)
Audit × Time × Choice2	6.307*** (7.605)	4.308*** (4.722)	0.589*** (8.306)	0.973* (1.822)
Audit	−0.808 (−0.664)	−1.491 (−1.339)	−0.270*** (−3.480)	1.269 (1.369)
Time	−1.805*** (−3.421)	−2.070*** (−2.982)	0.465*** (19.810)	0.719 (1.547)
Choice1	0.027 (0.086)	−0.405 (−1.165)	−0.021* (−1.776)	−0.034 (−0.138)
Choice2	−0.077 (−0.769)	−0.075 (−0.587)	0.006 (1.146)	0.136* (1.883)
Audit × Choice1	−5.818*** (−10.870)	4.738*** (7.448)	0.562*** (8.105)	1.911** (2.210)
Time × Choice1	0.032 (0.069)	0.196 (0.403)	0.019 (1.409)	−0.647* (−1.682)
Audit × Choice2	0.286 (0.363)	4.494*** (8.057)	−0.069 (−0.902)	−0.719 (−1.073)
Time × Choice2	0.207 (0.966)	−0.002 (−0.007)	−0.015 (−1.592)	−0.260 (−1.492)
lnsize	0.248*** (3.018)	0.363** (2.573)	0.002 (0.577)	−0.013 (−0.223)
Lev	−1.168* (−1.917)	1.553* (1.756)	−0.006 (−0.308)	0.514 (1.273)
Roa	−3.832*** (−2.726)	2.803 (1.517)	0.020 (0.374)	1.034 (0.967)
Growth	0.249 (1.178)	0.339 (1.055)	−0.001 (−0.037)	0.064 (0.465)
Board	0.465 (1.236)	−1.183** (−2.269)	−0.007 (−0.404)	0.048 (0.161)
Indep	−0.406 (−0.273)	−5.390** (−2.320)	0.057 (0.825)	0.441 (0.387)

续表

变量	(1) Jyny	(2) Jssf	(3) Maqi	(4) Promotion
Both	0. 103 (0. 506)	− 0. 346 (− 1. 293)	− 0. 007 (− 1. 026)	0. 242 * (1. 649)
Age	0. 245 (0. 777)	− 0. 067 (− 0. 191)	0. 004 (0. 317)	− 0. 036 (− 0. 184)
Cash	− 0. 290 (− 0. 285)	0. 092 (0. 070)	0. 001 (0. 039)	0. 191 (0. 281)
Gdp_grow	− 1. 191 * (− 1. 845)	− 0. 276 (− 0. 381)	− 0. 087 ** (− 2. 080)	− 0. 734 (− 1. 258)
Gdp_ave	0. 446 (0. 963)	1. 256 * (1. 786)	0. 069 ** (2. 170)	− 1. 215 *** (− 2. 752)
Psi	− 0. 602 (− 0. 612)	0. 041 (0. 034)	− 0. 005 (− 0. 099)	1. 635 ** (2. 096)
Age_man	− 0. 025 (− 0. 041)	0. 868 (1. 020)	0. 156 *** (4. 624)	− 1. 940 *** (− 3. 552)
Graduate	0. 027 (0. 240)	− 0. 230 (− 1. 643)	− 0. 006 (− 1. 072)	− 0. 052 (− 0. 556)
Tenure	− 0. 025 (− 0. 580)	− 0. 032 (− 0. 493)	0. 002 (0. 641)	0. 248 *** (5. 560)
Change	− 0. 096 (− 0. 618)	− 0. 239 (− 1. 170)	0. 025 4 *** (3. 184)	− 1. 013 *** (− 6. 405)
Constant	− 7. 148 (− 1. 022)	− 19. 850 ** (− 2. 276)	− 5. 948 *** (− 16. 07)	12. 770 ** (2. 338)
Ind/Year/City	Yes	Yes	Yes	Yes
Observations	768	647	1 469	1 473
R − squared	0. 233	0. 322	0. 918	0. 338

注：***、**、* 分别表示在0. 01、0. 05、0. 1 的水平上显著。

（4）替换企业绿色转型发展的度量方式。

企业绿色转型发展效果如何最终取决于企业价值是否得到提升。对此，本书从企业价值角度考虑企业绿色转型发展的情况，即利用企业价值（Tobin'Q）替换企业绿色转型发展的衡量方式，进一步检验自然资源资产离任审计制度下企业绿色投资行为选择的后果及其差异。表7.8 列示了因变量为托宾 Q 值的回归结果，可以发现，自然资源资产离任审计（Audit × Time）与企业价值（Tobin'Q）在10% 的水平上呈显著正相关，说明自然资源资产离任审计有利于企业价值的进一步提高，促进企业绿色转型。同时，自然资源资产离任审计与绿色并购的交乘项（Audit × Time × Gma）与企业价值（Tobin'Q）不存在统计意义上的显著相关性，而自然资源资产离任审计与绿色创新的交乘项（Audit × Time × Gino）与企业价值（Tobin'Q）在1%的水平上呈显著正相关，反映出在自然资产离任审计制度下，企业绿色并购并不能有效提高企业价值，而绿色创新更有利于提高企业价值，促进企业绿色转型发展，这与基准回归结果一致，从而证明本书回归结果的稳健。

表 7.8　　　　　　　　　　企业价值后果检验

变量	Gma	
	(1) Tobin'Q	(2) t 值
Audit × Time	0.104 *	(1.699)
Audit × Time × Gma	−0.155	(−1.264)
Audit × Time × Gino	0.173 ***	(3.106)
Audit	−0.330 *	(−1.901)
Time	0.118	(1.389)
Gma	0.119 *	(1.767)
Gino	0.058 ***	(3.107)
Audit × Gma	−0.063	(−0.797)
Time × Gma	−0.124 ***	(−2.698)
Audit × Gino	−0.032	(−1.523)
Time × Gino	−0.245 ***	(−17.290)
lnsize	−0.042	(−0.418)
Lev	1.901 ***	(6.443)
Roa	0.023	(0.545)
Growth	0.058	(0.917)
Board	0.074	(0.296)
Indep	0.021	(0.623)
Both	−0.118 ***	(−2.713)
Age	0.087 **	(2.410)
Cash	0.421 **	(2.540)

续表

变量	Gma	
	（1）Tobin'Q	（2）t 值
Gdp_grow	0.0419	（0.354）
Gdp_ave	0.124*	（1.849）
Psi	0.183	（1.184）
Age_man	0.220**	（2.068）
Graduate	0.024	（1.289）
Tenure	−0.007	（−0.918）
Change	−0.006	（−0.200）
Constant	3.842***	（3.998）
Ind/Year/City	Yes	
Observations	1 792	
R−squared	0.631	

注：***、**、* 分别表示在 0.01、0.05、0.1 的水平上显著。

（5）替换社会效益的度量方式。

借鉴丁焕峰等（2021）的研究方法，本书将城市层面社会环境效益采用城市工业二氧化硫排放情况作为替代变量，并对原始数据进行重新衡量，该数据主要来自《中国城市统计年鉴》。表7.9列示了因变量为社会层面城市工业二氧化硫排放（SO_2pf）的回归结果，可以发现，自然资源资产离任审计（Audit×Time）与城市工业二氧化硫排放在1%的水平上呈显著负相关，说明自然资源资产离任审计有利于减少城市工业二氧化硫排放，产生社会环境效益。同时，自然资源资产离任审计与绿色并购的交乘项（Audit×Time×Gma）与工业二氧化硫排放（SO_2pf）不存在统计意义上的显著相关性，而自然资源资产离任审计与绿色创新的交乘项（Audit×Time×Gino）与工业二氧化硫排放（SO_2pf）在1%的水平上呈显著正相关，反映出在自然资产离任审计制度下，绿色创新有利于进一步强化自然资源资产离任审计与工业二氧化硫排放之间的负向关系，进而说明自然资源资产离任审计下，企业绿色创新行为对降低工业二氧化硫排放具有边际贡献。相较于绿色并购，企业绿色创新投资行为更能够促进社会环境效益的改善，这与基准回归结果一致，从而证明本书回归结果的稳健。

表 7.9 城市工业二氧化硫排放后果检验

变量	Gma	
	(1) SO$_2$pf	(2) t 值
Audit × Time	−0.397 ***	(−3.072)
Audit × Time × Gma	0.039	(0.472)
Audit × Time × Gino	0.335 ***	(3.200)
Audit	1.403 **	(2.088)
Time	−1.870 ***	(−11.080)
Gma	0.040	(0.187)
Gino	0.033	(0.836)
Audit × Gma	−0.037	(−0.169)
Time × Gma	−0.060	(−0.839)
Audit × Gino	−0.038	(−0.945)
Time × Gino	0.008	(0.487)
lnsize	−0.008	(−0.065)
Lev	0.781 **	(2.416)
Roa	−0.027	(−0.658)
Growth	−0.079	(−0.939)
Board	−0.206	(−0.461)
Indep	−0.030	(−0.700)
Both	0.030	(0.470)
Age	−0.038	(−0.925)
Cash	−0.184	(−0.961)
Gdp_grow	−0.299 *	(−1.867)
Gdp_ave	0.014	(0.102)
Psi	1.484 ***	(6.284)
Age_man	−0.950 ***	(−6.885)
Graduate	−0.120 ***	(−4.268)
Tenure	0.110 ***	(11.260)
Change	0.249 ***	(6.352)

变量	Gma	
	（1）	（2）
	SO_2pf	t 值
Constant	7.404 ***	（4.153）
Ind/Year/City	Yes	
Observations	1 540	
R – squared	0.885	

注：***、**、* 分别表示在 0.01、0.05、0.1 的水平上显著。

7.4　进一步分析

7.4.1　企业绿色创新后果的集中考察：产权性质异质性视角

本章研究结果表明，相较于绿色并购，企业绿色创新在促进企业绿色转型发展、社会环境效益改善以及官员晋升激励方面具有更好的推动作用和明显的比较优势，那么绿色创新的效果主要集中于国有企业还是非国有企业呢？对于该问题的研究主要是用于揭示当前推动自然资源资产离任审计制度目标实现的主要力量，并为进一步优化制度完善工作提供可行建议和理论依据。

一般而言，产权性质不同，所受到的地方政府干预不同。国有企业由于背负着更多的政治和社会责任目标，其投资行为更多体现地方政府的政策性目标（陈信元和黄俊，2007）。在自然资源资产离任审计制度下，地方政府为权衡当地的经济发展、社会就业与生态环保之间的关系，一方面鼓励国有企业实施绿色并购，另一方面又抑制国有企业跨地并购，而倾向于让国有企业实施本地并购（方军雄，2008），以避免因失去企业控制权而对当地经济发展产生重大影响。因此，在绿色并购投资受限的情况下，国有企业更可能通过绿色自主创新来实现自身绿色发展。与国有企业相比，非国有企业受到政府直接干预的影响较小，可以不受区域限制，进而有更大概率实施绿色并购，引进绿色生产技术而非自主创新。根据前面检验结果，可以推断，由于国有企业实施更多的绿色自主创新，因此绿色创新投资行为在企业层面、社会层面与政治层面后果中的表现，将会在国有企业中更为显著。基于此，本部分将对样本数据按照产权性质分成国有企业和非国有企业，进一步考察产权性质异质性视角下自然资源资产离任审计绿色创新投资行为后果优势的集中体现。

表7.10为企业产权性质异质性视角下绿色创新后果差异性的回归检验结果。第（1）列为在控制自然资源资产离任审计制度下，国有企业绿色创新对企业能源使用效率的影响。相应地，第（2）列为在控制自然资源资产离任审计制度下，非国有企业绿色创新对企业能源使用效率的影响。通过对比这两列数据可以发现，国有企业中自然资源资产离任审计与绿色创新的交乘项（Audit × Time × Gino）与企业提高能源使用效率呈显著正相关，且组间差异经验 P 值为 0.000，即在 1% 的水平上这两组分组回归检验结果存在显著差异，可以反映出，相比非国有企业，自然资源资产离任审计制度下国有企业绿色创新投资可以更好地提高企业能源使用效率。

第（3）列为在控制自然资源资产离任审计制度下，国有企业绿色创新对企业减少"三废"排放的影响。相应地，第（4）列为在控制自然资源资产离任审计制度下，非国有企业绿色创新对企业减少"三废"排放的影响。通过对比这两列数据可以发现，国有企业中自然资源资产离任审计与绿色创新的交乘项（Audit × Time × Gino）与企业减少"三废"排放呈显著正相关，而非国有企业中二者不存在显著相关性，且组间系数差异经验 P 值为 0.000，即在 1% 的水平上这两组分组回归检验结果存在显著差异，反映出相比非国有企业，自然资源资产离任审计制度下国有企业绿色创新可以更好地促进企业减少"三废"排放。

第（5）列为在控制自然资源资产离任审计制度下，国有企业绿色创新对城市空气质量的影响。相应地，第（6）列为在控制自然资源资产离任审计制度下，非国有企业绿色创新对城市空气质量的影响。通过对比这两列数据可以发现，国有企业中自然资源资产离任审计与绿色创新的交乘项（Audit × Time × Gino）与城市空气质量在 1% 的水平上呈显著正相关，而非国有企业中二者不存在显著相关性，且组间系数差异经验 P 值为 0.005，即在 1% 的水平上，这两组分组回归检验结果存在显著差异，可以反映出，相比非国有

表 7.10　产权性质异质性下绿色创新后果差异的检验

变量	(1) Jyny 国有企业	(2) Jyny 非国有企业	(3) Jssf 国有企业	(4) Jssf 非国有企业	(5) Maqi 国有企业	(6) Maqi 非国有企业	(7) Promotion 国有企业	(8) Promotion 非国有企业
Audit × Time	1.552** (2.225)	1.352* (1.678)	2.014*** (4.201)	1.105 (1.466)	0.087*** (3.688)	0.118 (0.546)	1.155** (2.480)	0.603 (1.158)
Audit × Time × Gino	1.763** (1.986)	0.356 (0.685)	14.83*** (13.180)	0.496 (0.724)	0.060** (2.640)	0.038 (0.270)	0.695* (1.867)	0.262 (0.898)
Audit	-0.375 (-0.803)	4.808*** (6.853)	-0.519 (-0.949)	4.401*** (5.872)	-0.129 (-1.132)	-0.373* (-1.748)	0.628** (1.976)	0.276 (0.612)
Time	-1.644*** (-4.049)	-1.062* (-1.775)	-1.501*** (-3.110)	-0.714 (-1.261)	-0.460*** (-10.860)	-0.621*** (-15.26)	-1.262*** (-4.137)	-1.583*** (-5.653)
Gino	0.067 (0.418)	-0.133 (-0.392)	0.109 (0.402)	0.420 (1.293)	-0.020 (-0.960)	0.009 (0.543)	0.118 (1.216)	-0.239* (-1.875)
Time × Gino	0.019 (0.037)	0.618 (0.464)	-0.552 (-0.881)	-14.870*** (-13.550)	-0.034 (-0.376)	-0.029 (-0.211)	-0.548 (-1.643)	-0.039 (-0.157)
Audit × Gino	0.125 (0.710)	0.044 (0.129)	-0.088 (-0.309)	-0.471 (-1.385)	0.022 (1.023)	0.001 (0.069)	-0.112 (-0.991)	0.157 (1.142)
Lnsize	0.425*** (5.880)	-0.217 (-1.439)	0.388*** (3.346)	0.127 (0.720)	0.004 (0.490)	0.046*** (4.184)	0.005 (0.101)	0.065 (0.957)
Lev	-0.472 (-0.998)	-0.804 (-0.791)	-0.471 (-0.672)	-0.298 (-0.307)	0.050 (0.871)	0.059 (0.927)	-0.136 (-0.386)	-0.173 (-0.443)
Roa	-0.735 (-0.501)	-3.832* (-1.743)	0.147 (0.092)	3.404* (1.749)	0.128 (0.618)	-0.151 (-0.987)	2.281* (1.953)	1.162 (1.114)

续表

变量	(1) Jyny 国有企业	(2) Jyny 非国有企业	(3) Jssf 国有企业	(4) Jssf 非国有企业	(5) Maqi 国有企业	(6) Maqi 非国有企业	(7) Promotion 国有企业	(8) Promotion 非国有企业
Growth	-0.014 (-0.063)	1.103** (2.373)	0.304 (1.052)	1.226** (2.432)	0.003 (0.120)	0.013 (0.567)	0.171 (1.074)	-0.078 (-0.491)
Board	0.399 (1.270)	0.576 (0.916)	-0.870** (-2.168)	-0.616 (-0.890)	0.031 (0.748)	0.140** (2.208)	-0.087 (-0.339)	0.426 (1.211)
Indep	-2.653** (-2.065)	7.868*** (2.715)	-1.760 (-1.073)	0.016 (0.006)	-0.212 (-1.263)	0.212 (0.999)	2.748*** (2.935)	0.288 (0.230)
Both	-0.267 (-1.210)	0.082 (0.281)	-0.075 (-0.265)	-0.429* (-1.660)	0.024 (1.028)	-0.039** (-2.012)	0.077 (0.449)	-0.025 (-0.205)
Age	0.274 (0.865)	0.773 (1.555)	0.413 (1.062)	0.349 (0.696)	-0.115*** (-3.376)	-0.011 (-0.381)	0.110 (0.459)	0.041 (0.244)
Cash	0.461 (0.491)	-1.969 (-1.487)	-2.846** (-2.536)	-0.270 (-0.184)	0.215** (2.006)	0.161** (2.275)	-1.665** (-2.410)	-1.265** (-2.169)
Gdp_grow	-0.661 (-0.588)	-1.694* (-1.807)	3.183** (2.245)	-1.356 (-1.206)	-0.065 (-0.494)	-0.287** (-2.356)	0.056 (0.072)	-0.457 (-0.792)
Gdp_ave	-0.336** (-2.058)	-0.492 (-1.462)	-0.206 (-1.021)	0.330 (0.866)	-0.064*** (-2.985)	-0.032 (-1.598)	-0.096 (-0.852)	-0.096 (-0.870)
Psi	-0.420* (-1.808)	-1.627*** (-3.099)	-0.300 (-0.925)	-0.486 (-0.836)	-0.145*** (-5.041)	0.086** (2.477)	-0.969*** (-4.970)	-0.452** (-2.036)
Age_man	0.530 (0.999)	0.248 (0.205)	-0.102 (-0.141)	-0.384 (-0.307)	0.0781 (1.242)	0.194* (1.813)	-3.848*** (-8.004)	-3.138*** (-4.975)

续表

变量	(1) Jyny 国有企业	(2) Jyny 非国有企业	(3) Jssf 国有企业	(4) Jssf 非国有企业	(5) Maqi 国有企业	(6) Maqi 非国有企业	(7) Promotion 国有企业	(8) Promotion 非国有企业
Graduate	0.075 (0.735)	-0.337** (-2.114)	0.177 (1.329)	-0.414** (-2.484)	-0.063*** (-4.593)	-0.056*** (-3.932)	-0.360*** (-4.737)	-0.086 (-1.145)
Tenure	-0.057 (-1.338)	0.117 (1.069)	0.017 (0.289)	-0.058 (-0.620)	-0.007 (-1.018)	0.008 (1.066)	0.168*** (5.509)	0.057 (1.291)
Change	-0.203 (-1.173)	0.292 (0.958)	-0.140 (-0.638)	-0.304 (-1.043)	-0.042* (-1.696)	-0.009 (-0.388)	0.098 (0.694)	-0.221 (-1.537)
Constant	-6.307* (-1.873)	11.310 (1.521)	-1.781 (-0.415)	-1.102 (-0.137)	6.072*** (14.790)	2.969*** (5.020)	18.810*** (6.777)	13.890*** (3.972)
Ind/Year/City	Yes	Yes	Yes	Yes	Yes	Yes	Yes	Yes
Observations	626	224	613	227	811	658	1 036	783
R – squared	0.228	0.265	0.246	0.344	0.496	0.556	0.307	0.203
组间系数差异经验 P 值	0.000		0.000		0.005		0.001	

注：***、**、* 分别表示在 0.01、0.05、0.1 的水平上显著。

企业，自然资源资产离任审计制度下国有企业绿色创新可以更好地促进城市空气质量改善，提高社会环境效益。

第（7）列为在控制自然资源资产离任审计制度下，国有企业绿色创新对官员晋升激励的影响。相应地，第（8）列为在控制自然资源资产离任审计制度下，非国有企业绿色创新对官员晋升激励的影响。通过对比这两列数据可以发现，在控制自然资源资产离任审计制度下，国有企业中自然资源资产离任审计与绿色创新的交乘项（Audit×Time×Gino）与官员晋升（Promotion）呈显著正相关，而非国有企业中二者不存在显著相关性，且组间差异经验 P 值为 0.001，即在 1% 的水平上这两组分组回归检验结果存在显著差异，可以反映出，相比非国有企业，自然资源资产离任审计制度下国有企业绿色创新可以更好地促进官员晋升，产生官员晋升激励效应，这也与现有国有企业承担部分政治任务观点相一致。

以上回归结果反映出当前推动自然资源资产离任审计制度目标实现的主要力量在于国有企业，而非国有企业更多是仍出于投机目的而实施绿色投资行为，因此有必要在保障国有企业力量发挥的同时，重视市场绿色竞争，提高非国有企业在促进高质量经济发展中的重要作用。

7.4.2 企业实施绿色投资行为选择的内在因素分析：融资约束视角

资源约束理论认为，现实中企业都是资源有限的。并购是一种规模较大的对外投资行为，需要一次性支付巨额资金，具有较强的财务资源依赖性，使得企业产生大量新增负债或者消耗内部资金。而研发创新活动也需要大量资金，特别是创新过程中的信息不对称性和不可监管性（Hall，2002），使得企业研发投资的外部融资成本较高，主要依赖企业内部资金。在绿色并购和绿色创新两种绿色投资行为下，企业内部投资形成资源竞争，容易引发挤出效应。因此，在自然资源资产离任审计所产生的制度压力和市场压力下，融资约束将很可能成为企业实施绿色投资行为选择的重要内在要素。对此，本书在控制自然资源资产离任审计制度后，进一步考察融资约束对企业绿色投资行为选择（Choice）的影响。其中，融资约束采用 Sa 指数进行衡量，关于企业绿色投资行为选择，本部分采用 0~1 虚拟变量进行定义，即如果企业仅实施绿色并购或仅实施绿色创新取值为 1，否则取值为 0。关于自然资源资产离任审计制度下企业绿色并购和绿色创新投资行为选择的可行方案如图 7.1 所示，共有 4 种可选方案，分别是均不实施绿色并购和绿色创新［在图 7.1 中（0，0）表示］、仅实施绿色并购［在图 7.1 中（1，0）表示］、仅实施绿色创新［在图 7.1 中（0，1）表示］以及均实施绿色并购和绿色创新［在图 7.1 中（1，1）表示］。其中，考虑到企业自身作为理性投资主体，本书将（0，0）情况看作企业未进行绿色投资行为选择，并将（1，1）情况看作企业融资约束程度较低，不会因为资金问题而被迫在绿色并购或绿色创新投资行为中作出选择。因此，本书将（0，0）以及（1，1）视为企业没有进行绿色投资行为选择，从而检验自然资源资产离任审计制度背景下企业融资约束是否会影响企业绿色投资行为选择，回归结果如表 7.11 所示。

Gma	(0,0)	(0,1)
	(1,0)	(1,1)

Gino

图 7.1 企业绿色投资行为选择方案

注：当企业实施绿色并购（Gma）或绿色创新（Gino）时取值为 1。

表 7.11 列示了自然资源资产离任审计制度背景下，企业融资约束对企业绿色投资选择问题的影响。回归结果发现，自然资源资产离任审计交乘项（Audit × Time）与企业绿色投资行为选择（Choice）之间在 10% 的水平上呈显著正相关，说明自然资源资产离任审计试点下企业会采取不同的绿色投资行为选择，与前面结论相一致。另外，企业融资约束（Sa）与企业绿色投资行为选择（Choice）之间在 1% 的水平上呈显著正相关，说明融资约束是企业进行绿色投资行为选择的重要因素。同时，Audit × Time × Sa 交乘项与企业绿色投资行为选择之间仍在 5% 的水平上呈显著正相关。这一实证检验结果表明，自然资源资产离任审计制度下，企业融资约束仍是影响企业绿色投资选择的重要内在因素，证明了绿色并购与绿色创新之间存在挤出效应，使得企业难以同时采取绿色并购和绿色创新两种投资行为，从而为满足不同合法性需求而实施绿色投资行为选择。基于此，有必要在实践操作中重视对企业绿色创新项目的资金支持，降低企业融资约束程度，使企业可以更好地实施绿色创新或绿色投资组合。

表7.11　　　　　　企业实施绿色投资行为选择的融资约束因素检验

变量	Choice	
	（1）系数	（2）Z 值
Audit × Time	0.808 *	(1.812)
Sa	1.101 ***	(5.484)
Audit × Time × Sa	0.091 **	(2.515)
Audit × Sa	0.013	(0.370)
Time × Sa	0.026	(0.665)
Audit	− 0.051	(− 0.262)
Time	0.338 *	(1.948)
lnsize	− 1.224 ***	(− 4.697)
Lev	− 0.607 **	(− 2.572)
Roa	0.195	(0.279)
Growth	0.100	(0.997)
Board	0.376 **	(2.041)
Indep	0.286	(0.421)
Both	− 0.145	(− 1.623)
Age	0.351 ***	(2.818)
Gdp_gro	− 0.070	(− 0.163)
Gdp_ave	− 0.012	(− 0.167)
Psi	− 0.252 **	(− 2.051)
Age_man	0.496	(1.642)
Graduate	0.009	(0.189)
Tenure	0.004	(0.186)
Change	0.079	(0.880)
Constant	17.95 ***	(3.689)
Observations	1 822	
Ind/Year	Yes	
R − squared	0.091	

注：***、**、* 分别表示在 0.01、0.05、0.1 的水平上显著。

7.4.3　绿色并购与绿色创新的协同效应检验

本章主要验证了自然资源资产离任审计下企业绿色创新在促进企业绿色转型发展、改善社会环境效益以及官员晋升激励后果方面具有明显的比较优势，那么在此情况下，部分企业为何会选择实施绿色并购呢？一方面可能是因为企业受到内部融资约束的影响，基于绿色创新巨额研发投资，融资约束较高的企业很可能选择采取现金支出相对较少的绿色并购投资行为，以暂时缓解外部环境监督压力；另一方面可能是因为绿色并购和绿色创新两种绿色投资行为之间存在协同效应，即绿色并购可能会促进企业加快绿色自主创新，从而降低自身绿色创新的研发周期和研发风险，促进企业绿色投资行为产生更好的投资效果。前面已经证实了融资约束是企业绿色投资行为选择的重要内部因素，因此，本书进一步基于绿色并购和绿色创新之间的协同效应进行检验。

现有研究认为，并购可扩大主并企业的知识储备，提高主并企业研发规模经济和范围经济，进而对促进企业创新存在一定的协同效应（Cohen et al.，1989；Zhao，2009；Cefis & Marsili，2015）。基于此，本书从协同性角度，进一步探讨企业绿色并购和绿色创新两种绿色投资行为之间可能存在的协同效应。从绿色并购和绿色创新投资活动的协同效应看，收购企业可通过绿色并购引进目标企业绿色研发技术的方法和经验，并以此加快收购企业自身绿色研发技术的步伐和降低相应的不确定性，对提高收购企业绿色并购协同效应方面具有重要作用。同时，绿色创新也具有不确定性，企业自主研发周期长、成本高、风险大，短时间内难以向外界市场释放有利的绿色发展信号，可能面临因创新失败而导致企业被收购甚至破产的风险，不利于企业绿色转型发展。这就需要企业综合权衡绿色并购和绿色创新两种绿色投资行为之间的关系，为企业更好的绿色转型发展提供最优投资策略。绿色并购由于可以引进外来相关绿色创新技术辅助自主研发，减少自主创新过程中的不必要消耗，以缩短研发周期，提高自身绿色研发效率，降低研发成本和研发失败风险，增加快速且长期绿色转型发展的可能性，因此，在自然资源资产离任审计制度下，绿色并购和绿色创新这两种投资行为之间可能不是完全的独立关系，也可能存在优势互补的协同效应关系，进而促进企业同时采取绿色并购和绿色创新投资"两手抓"的方式（徐经长等，2020），以更好更快地实现绿色转型发展。基于此，本书进一步考虑企业绿色并购和绿色创新两种绿色投资行为在促进企业绿色转型发展、改善社会环境效益（如城市空气质量）以及促进官员晋升激励方面是否存在协同效应，以此丰富本书研究结论。

（1）同年投资绿色并购与绿色创新的协同效应检验。

表 7.12 列示了当企业同时实施绿色并购和绿色创新两种绿色投资行为时后果的回归检验结果。其中，当企业在处理年份既实施绿色并购也实施绿色创新时，取值为 1，否则取值为 0，并用符号 Choice3 表示。与前面相似，企业层面后果中 Choice3 表示的是企业每年是否同时实施企业绿色并购和绿色创新，社会层面空气质量后果中 Choice3 表示的是城市层面每年同时实施绿色并购和绿色创新两种绿色投资行为的企业数量，而政治层面官员晋升后果中 Choice3 表示的是官员任期内同时实施绿色并购和绿色创新两种绿色投资行为企业的逐年加总数。通过回归结果可以看出，自然资源资产离任审计与绿色投资行为选择的交乘项（Audit × Time × Choice3）与企业是否提高能源使用效率（Jyny）、是否减少三废排放（Jssf）以及空气质量（Maqi）和官员晋升（Promotion）均不存在显著相关性，表明当企业同时实施绿色并购和绿色创新时，并不能在促进企业绿色转型发展、改善社会效益以及提高官员晋升激励方面具有协同效应。

表 7.12　　　　　　　　　同年投资绿色并购与绿色创新的协同效应

变量	(1) Jyny	(2) Jssf	(3) Maqi	(4) Promotion
Audit × Time	0.608 * (1.767)	1.138 ** (2.543)	0.027 (0.506)	0.710 ** (2.301)
Audit × Time × Choice3	0.072 (0.143)	−0.477 (−0.896)	0.010 (0.604)	0.245 (0.472)
Audit	−0.493 (−0.417)	−1.372 (−1.301)	0.282 *** (3.801)	3.876 *** (4.210)
Time	−1.742 *** (−3.379)	−2.163 *** (−3.119)	−0.456 *** (−9.120)	−0.242 (−0.630)
Choice3	−0.220 (−0.705)	−0.325 (−1.000)	0.085 (−0.009)	0.002 (0.011)
Audit × Choice3	0.298 (0.661)	0.028 (0.955)	0.010 (0.601)	0.245 (0.474)

续表

变量	(1) Jyny	(2) Jssf	(3) Maqi	(4) Promotion
Time × Choice3	0.001 (0.998)	−0.267 (−1.131)	0.003 (0.672)	0.070 (0.802)
lnsize	0.240 *** (3.017)	0.342 ** (2.515)	−0.001 (−0.422)	−0.013 (−0.229)
Lev	−1.261 ** (−2.081)	1.574 * (1.797)	0.004 (0.212)	0.114 (0.282)
Roa	−4.126 *** (−2.971)	2.824 (1.547)	−0.025 (−0.476)	1.291 (1.251)
Growth	0.259 (1.242)	0.364 (1.138)	0.002 (0.233)	0.180 (1.241)
Board	0.457 (1.226)	−1.243 ** (−2.379)	0.010 (0.572)	0.128 (0.427)
Indep	−0.363 (−0.246)	−5.547 ** (−2.339)	−0.044 (−0.625)	0.686 (0.602)
Both	0.119 (0.589)	−0.349 (−1.310)	0.009 (1.314)	−0.102 (−0.689)
Age	0.238 (0.760)	−0.048 (−0.134)	−0.004 (−0.318)	−0.048 (−0.254)
Cash	−0.237 (−0.234)	0.154 (0.117)	0.002 (0.049)	−0.443 (−0.688)
Gdp_grow	−1.161 * (−1.819)	−0.327 (−0.459)	0.085 ** (2.055)	1.066 * (1.690)
Gdp_ave	0.535 (1.169)	1.273 * (1.810)	−0.079 ** (−2.258)	−0.893 *** (−2.976)
Psi	−0.650 (−0.663)	0.127 (0.105)	0.008 (0.174)	1.591 ** (2.280)
Age_man	−0.036 (−0.060)	0.828 (0.977)	−0.152 *** (−4.499)	−7.784 *** (−6.455)
Graduate	0.046 (0.410)	−0.235 * (−1.702)	0.005 (0.973)	0.077 (0.816)
Tenure	−0.024 (−0.556)	−0.035 (−0.541)	−0.002 (−0.837)	0.234 *** (6.239)
Change	−0.099 (−0.644)	−0.256 (−1.261)	−0.027 *** (−3.362)	−0.128 (−1.070)

续表

变量	(1) Jyny	(2) Jssf	(3) Maqi	(4) Promotion
Constant	−7.755 (−1.123)	−19.530** (−2.268)	5.996*** (15.580)	32.650*** (5.355)
Ind/Year/City	Yes	Yes	Yes	Yes
Observations	768	647	1 469	1 463
R−squared	0.233	0.322	0.918	0.338

注：***、**、*分别表示在0.01、0.05、0.1的水平上显著。

为进一步检验当企业同时实施绿色并购和绿色创新投资行为是否存在滞后效应，本书进一步对Choice3进行滞后一期处理，回归结果如表7.13所示。通过回归结果可以看出，自然资源资产离任审计与绿色投资行为选择的交乘项（Audit×Time×Choice3_lag）与企业是否提高能源使用效率（Jyny）、是否减少三废排放（Jssf）以及城市空气质量（Maqi）和官员晋升（Promotion）均具有显著正相关关系，说明企业绿色并购和绿色创新仍存在一定的滞后协同效应，也证明了企业绿色并购部分投资目的是获取目标企业绿色创新技术。

表7.13　　　同年投资绿色并购与绿色创新的协同效应滞后性

变量	(1) Jyny	(2) Jssf	(3) Maqi	(4) Promotion
Audit × Time	0.653* (1.699)	0.959** (2.004)	0.056** (2.030)	0.402* (1.784)
Audit × Time × Choice3_lag	0.341** (2.666)	0.302** (2.558)	0.024* (1.788)	0.432** (2.638)
Audit	−0.895*** (−3.237)	−1.085*** (−3.184)	−0.466*** (−17.060)	0.506 (1.049)
Time	−0.668** (−2.059)	−0.410 (−1.232)	0.002 (0.212)	−0.134 (−0.402)
Choice3_lag	−0.668** (−2.060)	−0.410 (−1.233)	0.002 (0.169)	0.068 (0.297)
Audit × Choice3_lag	0.340 (0.672)	−0.302 (−0.568)	−0.314*** (−8.751)	−0.495 (0.367)
Time × Choice3_lag	−0.521** (−2.082)	−0.453* (−1.799)	−0.102*** (−3.811)	−0.075 (−0.387)

续表

变量	(1) Jyny	(2) Jssf	(3) Maqi	(4) Promotion
lnsize	0. 240 *** (3. 823)	0. 326 *** (3. 443)	− 0. 001 (− 0. 234)	− 0. 147 * (− 1. 775)
Lev	− 1. 106 ** (− 2. 433)	− 0. 311 (− 0. 492)	0. 004 (0. 152)	0. 456 (0. 747)
Roa	− 3. 145 ** (− 2. 456)	1. 890 (1. 251)	− 0. 027 (− 0. 425)	0. 654 (0. 478)
Growth	0. 276 (1. 183)	0. 586 * (1. 812)	0. 002 (0. 197)	0. 655 *** (3. 086)
Board	0. 369 (1. 279)	− 0. 485 (− 1. 347)	0. 012 (0. 614)	0. 487 (1. 283)
Indep	0. 180 (0. 146)	− 0. 307 (− 0. 209)	− 0. 104 (− 1. 284)	0. 858 (0. 522)
Both	− 0. 088 (− 0. 473)	− 0. 292 (− 1. 423)	0. 013 (1. 422)	− 0. 074 (− 0. 320)
Age	0. 455 * (1. 712)	0. 040 (0. 115)	− 0. 011 (− 0. 706)	− 0. 115 (− 0. 455)
Cash	− 0. 063 (− 0. 081)	− 1. 760 ** (− 1. 987)	0. 013 (0. 356)	− 2. 128 ** (− 2. 215)
Gdp_gro	− 0. 916 (− 1. 258)	− 0. 094 (− 0. 100)	0. 076 (1. 645)	0. 765 (1. 015)
Gdp_ave	− 0. 379 ** (− 2. 427)	0. 095 (0. 531)	− 0. 054 (− 1. 526)	− 0. 892 ** (− 2. 265)
Psi	− 0. 889 *** (− 4. 107)	− 0. 168 (− 0. 625)	− 0. 029 (− 0. 626)	3. 754 *** (3. 429)
Age_man	0. 587 (1. 176)	− 0. 576 (− 0. 817)	− 0. 137 *** (− 3. 855)	− 10. 960 *** (− 6. 154)
Graduate	− 0. 175 * (− 1. 906)	− 0. 070 (− 0. 631)	0. 002 (0. 366)	0. 267 ** (2. 074)
Tenure	− 0. 049 (− 1. 153)	0. 080 (1. 418)	− 0. 002 (− 0. 658)	0. 343 *** (7. 018)
Change	− 0. 030 (− 0. 192)	0. 047 (0. 249)	− 0. 033 *** (− 3. 502)	0. 039 (0. 253)
Constant	− 1. 051 (− 0. 319)	− 2. 860 (− 0. 707)	5. 866 *** (14. 390)	9. 170 *** (4. 598)
Ind/Year/City	Yes	Yes	Yes	Yes

变量	(1) Jyny	(2) Jssf	(3) Maqi	(4) Promotion
Observations	674	666	1 117	1 104
R – squared	0.170	0.249	0.919	0.291

注:***、**、*分别表示在0.01、0.05、0.1的水平上显著。

（2）绿色并购滞后一年与绿色创新的协同效应检验。

绿色并购对绿色创新协同效应的发挥可能存在滞后性，因此本书讨论当企业绿色并购滞后一年时与企业绿色创新之间的协同效应，并用符号Choice4表示。表7.14列示了企业绿色并购滞后一年与绿色创新投资协同效应的回归检验结果。可以看出，自然资源资产离任审计与绿色投资行为选择的交乘项（Audit × Time × Choice4）与企业是否提高能源使用效率（Jyny）、是否减少三废排放（Jssf）和官员晋升（Promotion）均具有显著正向相关关系，而与城市空气质量（Maqi）不存在显著相关性，这说明当绿色并购滞后一年时，绿色并购与绿色创新投资行为在促进企业绿色转型发展以及官员晋升激励方面能发挥一定的协同效应，而在改善城市空气质量方面不存在明显协同效应。

第（5）～第（8）列为Choice4滞后一期后果的回归检验结果。可以看出，在控制自然资源资产离任审计制度后，自然资源资产离任审计与绿色投资行为选择的交乘项（Audit × Time × Choice4_lag）与企业提高能源使用效率（Jyny）、是否减少污染排放（Jssf）以及城市空气质量（Maqi）方面均不存在显著相关性，但仍与官员晋升（Promotion）在1%的水平上呈显著正相关。这说明当绿色并购投资行为滞后一年时，绿色并购与绿色创新投资行为对提高官员晋升激励和保障制度效能持续性方面能发挥一定的滞后协同效应，而在企业绿色转型发展以及城市环境改善方面不存在明显滞后协同效应。

（3）绿色并购滞后两年与绿色创新的协同效应检验。

与此同时，为充分检验绿色并购对绿色创新发挥协同效应的滞后性，本书进一步讨论当企业绿色并购滞后两年时与企业绿色创新投资行为之间的协同效应，并用符号Choice5表示。表7.15列示了企业绿色并购滞后两年与绿色创新协同效应的回归检验结果。其中，第（1）～第（4）列为Choice5投资

表 7.14　　绿色并购滞后一年与绿色创新的协同效应

变量	(1) Jyny	(2) Jssf	(3) Maqi	(4) Promotion	(5) Jyny	(6) Jssf	(7) Maqi	(8) Promotion
Audit × Time	0.616* (1.676)	1.210*** (2.673)	0.048* (1.915)	0.302* (1.865)	0.371 (0.746)	0.708 (1.200)	0.088* (1.726)	1.303** (2.106)
Audit × Time × Choice4	0.411** (2.604)	1.107** (2.268)	0.117 (0.894)	0.951** (2.590)				
Audit × Time × Choice4_lag					0.564 (0.681)	0.246 (0.260)	0.392 (1.139)	2.000** (2.264)
Audit	−0.100 (−0.325)	−0.662* (−1.931)	0.296*** (3.864)	3.814*** (4.024)	0.192 (0.420)	−0.493 (−0.929)	0.328*** (3.981)	3.034** (2.566)
Time	−0.773** (−2.565)	−1.104*** (−3.388)	−0.446*** (−17.210)	−0.476 (−1.140)	−0.709** (−1.986)	−1.032** (−2.479)	−0.461*** (−16.560)	0.540 (0.943)
Choice4	0.467* (1.652)	0.051 (0.146)	0.056 (1.248)	0.445* (1.783)				
Choice4_lag					0.426 (1.176)	0.076 (0.163)	0.037 (0.212)	0.090 (0.221)
Audit × Choice4	−0.372 (−0.645)	0.194 (0.258)	−0.109 (−0.836)	0.421 (0.952)				
Time × Choice4	−0.955*** (−2.857)	−0.267 (−0.655)	−0.064 (−1.406)	0.482* (1.686)				
Audit × Choice4_lag					−0.667 (−0.922)	−0.346 (−0.418)	−0.374** (−2.051)	−0.800 (−1.236)
Time × Choice4_lag					−0.449 (−1.066)	−0.371 (−0.732)	−0.041 (−0.237)	−0.107 (−0.237)

续表

变量	(1) Jyny	(2) Jssf	(3) Maqi	(4) Promotion	(5) Jyny	(6) Jssf	(7) Maqi	(8) Promotion
Lnsize	0.225*** (4.224)	0.254*** (3.297)	-0.001 (-0.413)	-0.015 (-0.256)	0.245*** (3.872)	0.329*** (3.516)	-0.001 (-0.334)	-0.154* (-1.858)
Lev	-0.837** (-2.101)	-0.082 (-0.162)	0.006 (0.304)	0.078 (0.192)	-1.228** (-2.684)	-0.374 (-0.599)	0.003 (0.106)	0.421 (0.679)
Roa	-2.148** (-1.978)	1.924 (1.526)	-0.033 (-0.635)	1.224 (1.189)	-3.176** (-2.471)	1.800 (1.196)	-0.026 (-0.415)	0.727 (0.527)
Growth	0.290 (1.554)	0.626** (2.325)	0.003 (0.368)	0.188 (1.295)	0.271 (1.146)	0.605* (1.888)	0.002 (0.180)	0.651*** (3.068)
Board	0.346 (1.381)	-0.459 (-1.415)	0.008 (0.514)	0.114 (0.378)	0.294 (1.038)	-0.532 (-1.494)	0.009 (0.482)	0.462 (1.198)
Indep	0.375 (0.346)	-0.462 (-0.342)	-0.045 (-0.656)	0.553 (0.481)	-0.100 (-0.081)	-0.497 (-0.340)	-0.109 (-1.381)	1.003 (0.623)
Both	-0.012 (-0.079)	-0.203 (-1.185)	0.008 (1.195)	-0.059 1 (-0.395)	-0.054 (-0.293)	-0.241 (-1.177)	0.012 (1.270)	-0.061 (-0.265)
Age	0.249 (1.110)	0.169 (0.614)	-0.005 (-0.398)	-0.064 (-0.340)	0.525* (1.957)	0.045 (0.131)	-0.009 (-0.620)	-0.062 (-0.241)
Cash	-0.179 (-0.263)	-1.580** (-2.034)	0.004 (0.122)	-0.447 (-0.695)	0.084 (0.109)	-1.660* (-1.891)	0.014 (0.378)	-2.240** (-2.355)
Gdp_gro	-1.001 (-1.529)	0.200 (0.245)	0.083** (2.032)	1.129* (1.752)	-0.920 (-1.264)	-0.155 (-0.167)	0.077* (1.660)	0.826 (1.083)
Gdp_ave	-0.280** (-2.120)	0.046 (0.316)	-0.076** (-2.220)	-0.922*** (-3.055)	-0.396** (-2.549)	0.066 (0.372)	-0.061* (-1.763)	-1.025** (-2.395)

续表

变量	(1) Jyny	(2) Jssf	(3) Maqi	(4) Promotion	(5) Jyny	(6) Jssf	(7) Maqi	(8) Promotion
Psi	-0.675*** (-3.484)	-0.290 (-1.175)	0.012 (0.255)	1.595** (2.280)	-0.848*** (-3.927)	-0.137 (-0.506)	-0.023 (-0.493)	3.805*** (3.430)
Age_man	0.419 (0.945)	-0.301 (-0.506)	-0.155*** (-4.622)	-7.737*** (-6.402)	0.487 (0.984)	-0.516 (-0.732)	-0.142*** (-4.007)	-11.66*** (-6.398)
Graduate	-0.129* (-1.670)	-0.050 (-0.534)	0.005 (0.988)	0.083 (0.885)	-0.180** (-1.964)	-0.081 (-0.726)	0.003 (0.512)	0.267** (2.056)
Tenure	-0.034 (-0.935)	0.036 (0.788)	-0.002 (-0.823)	0.235*** (6.331)	-0.044 (-1.041)	0.089 (1.547)	-0.002 (-0.498)	0.358*** (7.185)
Change	-0.092 (-0.665)	-0.135 (-0.820)	-0.027*** (-3.394)	-0.126 (-1.051)	-0.019 (-0.121)	0.075 (0.401)	-0.033*** (-3.540)	0.041 (0.259)
Constant	-1.621 (-0.568)	-1.494 (-0.425)	5.962*** (15.59)	33.170*** (5.365)	-0.820 (-0.250)	-2.829 (-0.701)	5.945*** (14.950)	43.410*** (4.886)
Ind/Year/City	Yes	Yes	Yes	Yes	Yes	Yes	Yes	Yes
Observations	674	666	1 469	1 463	674	666	1 112	839
R - squared	0.170	0.249	0.916	0.291	0.165	0.238	0.922	0.496

注：***、**、* 分别表示在 0.01、0.05、0.1 的水平上显著。

表 7.15　　　　绿色并购滞后两年与绿色创新的协同效应

变量	(1) Jyny	(2) Jssf	(3) Maqi	(4) Promotion	(5) Jyny	(6) Jssf	(7) Maqi	(8) Promotion
Audit × Time	0.480 (1.175)	0.504 (0.942)	0.048 (0.919)	0.633* (1.733)	0.341 (0.579)	0.508 (0.668)	0.113 (1.345)	1.744 (1.428)
Audit × Time × Choice5	0.319 (0.518)	0.269 (0.352)	0.109 (0.819)	0.018** (2.032)				
Audit × Time × Choice5_lag					0.375 (0.467)	0.351 (0.342)	0.100 (0.911)	2.281 (1.549)
Audit	0.007 (0.020)	-0.241 (-0.512)	0.297*** (3.863)	4.037*** (4.221)	0.176 (0.320)	-0.297 (-0.423)	0.339*** (3.209)	3.695*** (3.066)
Time	-0.994*** (-3.338)	-1.121*** (-3.364)	-0.444*** (-17.020)	-0.346 (-0.843)	-0.722** (-2.153)	-1.207*** (-2.841)	-0.479*** (-8.969)	0.743 (1.433)
Choice5	0.126 (0.564)	0.160 (0.520)	0.055 (1.046)	0.301 (1.363)				
Choice5_lag					0.383 (1.414)	-0.115 (-0.288)	-0.018 (-0.295)	0.262 (0.826)
Audit × Choice5	-0.391 (-0.766)	-0.768 (-1.162)	-0.107 (-0.809)	-0.131 (-0.314)				
Time × Choice5	-0.337 (-1.248)	-0.264 (-0.746)	-0.059 (-1.123)	0.223 (0.879)				
Audit × Choice5_lag					0.396 (0.560)	0.602 (0.656)	0.081 (0.756)	1.502** (2.208)
Time × Choice5_lag					-0.336 (-1.028)	0.148 (0.331)	0.019 5 (0.319)	-0.455 (-1.239)

续表

变量	(1) Jyny	(2) Jssf	(3) Maqi	(4) Promotion	(5) Jyny	(6) Jssf	(7) Maqi	(8) Promotion
Lnsize	0.230*** (4.345)	0.265*** (3.467)	-0.001 (-0.410)	-0.0161 (-0.273)	0.243*** (3.824)	0.339*** (3.620)	-0.001 (-0.193)	-0.159* (-1.916)
Lev	-0.832** (-2.111)	-0.143 (-0.288)	0.007 (0.368)	0.090 (0.221)	-1.207*** (-2.665)	-0.407 (-0.651)	0.001 (0.012)	0.446 (0.721)
Roa	-1.981* (-1.829)	1.884 (1.508)	-0.026 (-0.489)	1.185 (1.146)	-3.079** (-2.407)	1.888 (1.254)	-0.023 (-0.362)	0.614 (0.436)
Growth	0.267 (1.457)	0.599** (2.296)	0.002 (0.224)	0.203 (1.404)	0.255 (1.091)	0.563* (1.758)	0.002 (0.227)	0.651*** (3.075)
Board	0.323 (1.283)	-0.474 (-1.462)	0.007 (0.444)	0.089 (0.294)	0.306 (1.082)	-0.532 (-1.504)	0.009 (0.472)	0.400 (1.043)
Indep	0.151 (0.140)	-0.621 (-0.460)	-0.049 (-0.704)	0.465 (0.409)	-0.085 (-0.070)	-0.780 (-0.532)	-0.113 (-1.435)	0.959 (0.600)
Both	-0.024 (-0.158)	-0.212 (-1.237)	0.008 (1.162)	-0.0729 (-0.486)	-0.058 (-0.317)	-0.264 (-1.286)	0.014 (1.557)	-0.041 (-0.181)
Age	0.278 (1.232)	0.190 (0.703)	-0.005 (-0.387)	-0.0729 (-0.386)	0.527** (1.971)	0.110 (0.324)	-0.010 (-0.658)	-0.115 (-0.440)
Cash	-0.118 (-0.172)	-1.430* (-1.853)	0.002 (0.081)	-0.424 (-0.656)	0.026 (0.034)	-1.663* (-1.903)	0.015 (0.403)	-2.099** (-2.188)
Gdp_gro	-1.009 (-1.568)	0.119 (0.144)	0.083** (2.032)	1.112* (1.746)	-0.936 (-1.276)	-0.065 (-0.067)	0.075 (1.640)	0.723 (0.937)
Gdp_ave	-0.290** (-2.216)	0.0523 (0.355)	-0.076** (-2.240)	-0.937*** (-3.121)	-0.404*** (-2.600)	0.075 (0.419)	-0.056 (-1.584)	-0.882** (-2.174)

续表

变量	(1) Jyny	(2) Jssf	(3) Maqi	(4) Promotion	(5) Jyny	(6) Jssf	(7) Maqi	(8) Promotion
Psi	-0.646*** (-3.338)	-0.262 (-1.047)	0.016 (0.332)	1.604** (2.299)	-0.852*** (-3.941)	-0.127 (-0.464)	-0.029 (-0.631)	3.794*** (3.421)
Age_man	0.431 (0.980)	-0.222 (-0.376)	-0.157*** (-4.675)	-7.869*** (-6.420)	0.548 (1.108)	-0.505 (-0.721)	-0.142*** (-4.045)	-11.480*** (-6.336)
Graduate	-0.130* (-1.688)	-0.056 (-0.591)	0.005 (0.998)	0.081 (0.862)	-0.187** (-2.039)	-0.083 4 (-0.754)	0.003 (0.536)	0.261** (2.023)
Tenure	-0.033 (-0.930)	0.040 (0.866)	-0.002 (-0.769)	0.239*** (6.393)	-0.045 (-1.069)	0.088 (1.559)	-0.002 (-0.634)	0.354*** (7.197)
Change	-0.084 (-0.613)	-0.095 (-0.584)	-0.027*** (-3.390)	-0.119 (-0.999)	-0.026 (-0.164)	0.072 (0.387)	-0.033*** (-3.592)	0.049 (0.313)
Constant	-1.568 (-0.550)	-2.224 (-0.624)	5.961*** (15.630)	33.860*** (5.453)	-0.941 (-0.287)	-3.169 (-0.774)	5.924*** (14.700)	41.250*** (4.681)
Ind/Year/City	Yes	Yes	Yes	Yes	Yes	Yes	Yes	Yes
Observations	856	845	1 469	1 463	674	666	1 112	839
R – squared	0.156	0.226	0.916	0.467	0.165	0.236	0.922	0.495

注：***、**、* 分别表示在 0.01、0.05、0.1 的水平上显著。

行为后果的回归检验结果。可以看出，自然资源资产离任审计与绿色投资行为选择的交乘项（Audit×Time×Choice5）与企业是否提高能源使用效率（Jyny）、是否减少三废排放（Jssf）和城市空气质量（Maqi）均不存在显著相关性，而与官员晋升（Promotion）具有显著正相关关系。这说明当绿色并购投资行为滞后两年时，绿色并购与绿色创新投资行为在促进官员晋升激励方面仍能发挥一定的协同效应，而在促进企业绿色转型发展以及城市空气质量改善方面不存在明显协同效应。

第（5）～第（8）列为 Choice5 滞后一期后果的回归检验结果。可以看出，自然资源资产离任审计与绿色投资行为选择的交乘项（Audit×Time×Choice5）与企业是否提高能源使用效率（Jyny）、是否减少三废排放（Jssf）、城市空气质量（Maqi）以及官员晋升（Promotion）均不存在明显滞后协同效应。

综合以上结果可知：在自然资源资产离任审计下，企业绿色并购和绿色创新仍存在一定的滞后协同效应，即企业绿色并购部分投资是为了获取目标企业绿色创新技术，二者之间的协同效应有利于推动自然资源资产离任审计制度目标的实现，丰富了现有相关研究。

第8章
研究结论与政策建议

8.1 研究结论

本书聚焦自然资源资产离任审计这一制度，以 2011～2019 年我国重污染企业上市公司数据为研究对象，采用双重差分模型，从压力传递视角分别探讨监督型压力传递下自然资源资产离任审计与企业绿色并购之间的关系，以及激励型压力传递下自然资源资产离任审计与企业绿色创新之间的关系。此外，本书进一步从企业层面、社会层面、政治层面，考察上述两种绿色投资行为在促进企业绿色转型发展、社会环境效益改善以及官员晋升激励方面的后果及其差异，最终得到以下三个方面的结论。

8.1.1 关于自然资源资产离任审计影响企业绿色并购行为选择的研究结论

（1）在其他条件既定的情况下，自然资源资产离任审计试点会促进企业实施绿色并购。对于此结论，本书主要从监督型压力传递视角进行理论解释。具体而言：一方面，自然资源资产离任审计可通过促进地方政府加大地区环境监管力度，增加企业外在环境监督压力，促使企业为迎合地方政府短期利益需求而实施绿色并购；另一方面，自然资源资产离任审计可作为一种信号，促使市场投资者（监督者）对试点地区重污染企业未来发展呈负面评估，导致企业（特别是致力于绿色发展的企业）市场股价低估，并为抑制股价持续下跌而实施绿色并购。

（2）作用机制实证检验发现，自然资源资产离任审计可通过增加环境监管力度和导致试点地区企业股价低估而促进企业实施绿色并购，即环境监管力度增加与市场股价低估均起到部分中介作用，验证本章节理论逻辑分析的可靠性。

（3）考虑企业产权性质，本书研究发现，自然资源资产离任审计制度实施使得国有企业和非国有企业均加大了对绿色并购的投资，但与非国有企业相比，自然资源资产离任审计试点实施仍对国有企业实施绿色并购的影响更明显。

（4）考虑城市特征异质性，本书研究发现，相比经济发展水平较低以及自然资源依赖程度较高的城市，自然资源资产离任审计对企业绿色并购的正向作用在经济发展水平较高以及自然资源依赖程度较低的城市更明显。

（5）考虑企业来自外在社会压力的综合作用，本书进一步探讨了社会压力（包括媒体压力与社会公众压力）在自然资源资产离任审计与企业绿色并购关系中的影响。研究发现：社会媒体压力不同，自然资源资产离任审计对企业绿色并购的影响存在显著差异，即相比低社会媒体压力，高社会媒体压力下自然资源资产离任审计更能督促企业实施绿色并购。同时，社会公众压力不同，自然资源资产离任审计对企业绿色并购行为的影响也存在显著差异，即相比低社会公众压力，高社会公众压力下自然资源资产离任审计更有利于监督企业实施绿色并购。整体而言，相比低社会压力，高社会压力下自然资源资产离任审计更有利于促进企业实施绿色并购。

（6）考虑企业内部风险补偿的作用，本书进一步探讨企业对高管薪酬风险补偿与股权风险补偿在自然资源资产离任审计与企业绿色并购关系中的影响。研究发现：相比低薪酬风险补偿，企业高薪酬风险补偿更有利于促进企业实施绿色并购。同时，相比低股权风险补偿，企业高股权风险补偿更有利于促进企业实施绿色并购。整体而言，相比低内部风险补偿，企业高内部风险补偿更有利于促进企业在自然资源资产离任审计制度下实施绿色并购。

8.1.2 关于自然资源资产离任审计影响企业绿色创新行为选择的研究结论

（1）在其他条件既定的情况下，自然资源资产离任审计制度试点实施会促使企业加大绿色创新投资。对于此结论，本书主要从激励型压力传递视角进行理论解释。具体而言：一方面，自然资源资产离任审计试点实施后，地方政府会通过提供政府补助等，激励企业绿色转型发展，从而实施绿色创新；另一方面，自然资源资产离任审计对提高市场绿色竞争优势具有正外部性，激励企业积极开发绿色产品，加大绿色创新投资。

（2）作用机制实证检验发现，自然资源资产离任审计可通过政府补助缓解企业融资约束和缩小市场环保准入差异来促进企业实施绿色创新，即政府补助和缩小市场环保准入差异起部分中介作用，验证本章理论逻辑分析的可靠性。

（3）考虑企业产权性质异质性，本书研究发现，在自然资源资产离任审计制度下，相比非国有企业，国有企业将承担更多的绿色创新责任，绿色创新表现更好。

（4）考虑城市特征异质性，本书研究发现，相比经济发展水平较低以及自然资源依赖程度较高的城市，自然资源资产离任审计对企业绿色创新的正向作用在经济发展水平较高以及自然资源依赖程度较低的城市更明显。

（5）考虑企业来自外在社会压力的综合作用，本书进一步探讨了社会压力（包括媒体压力与社会公众压力）在自然资源资产离任审计与企业绿色创新关系中的影响。研究发现：媒体负面报道压力的短期性不能有效影响自然资源资产离任审计与企业绿色创新之间的正向关系；而社会公众压力的不同，自然资源资产离任审计对企业实施绿色创新的激励作用存在显著差异，即相比低社会公众压力，高社会公众压力更有利于激励企业实施绿色创新。整体而言，相比媒体压力，公众压力将更可能影响企业实施绿色创新。

（6）考虑企业内部风险补偿的综合作用，本书进一步探讨企业内部薪酬补偿以及股权补偿在自然资源资产离任审计与企业绿色创新关系中的影响。研究发现：在自然资源资产离任审计制度下，与低薪酬补偿相比，高薪酬补偿更有利于发挥自然资源资产离任审计与企业绿色创新之间的正向作用；同时，与低股权补偿相比，高股权补偿更有利于促进自然资源资产离任审计制度下绿色创新效应的发挥。整体而言，企业内部风险补偿有利于促进企业在自然资源资产离任审计制度下实施绿色创新，丰富了现有相关研究。

8.1.3 关于自然资源资产离任审计制度下企业绿色投资行为选择的后果及其差异的研究结论

（1）从企业层面绿色转型发展情况而言，在自然资源资产离任审计制度下，相比绿色并购，企业绿色创新更有利于企业提高能源使用效率、减少"三废"排放，促进企业绿色转型发展，并通过排他性检验以及采用企业价值替换企业绿色转型发展衡量指标进行重新检验，本书结果依然稳健。

（2）从社会层面环境效益改善情况而言，在自然资源资产离任审计制度下，相比绿色并购，企业绿色创新更有利于提高社会环境效益，改善城市空气质量，并通过排他性检验以及采用城市工业 SO_2 排放情况替换社会环境效益衡量指标进行重新检验，本书结果依然稳健。

（3）从政治层面官员晋升激励情况而言，在自然资源资产离任审计制度下，相比绿色并购，企业绿色创新更有利于产生官员晋升激励效应，即自然资源资产离任审计因要求终身问责制，进而约束官员侧重绿色短期效应的投资行为，而更重视具有实质性的绿色创新发展投资业绩，完善官员晋升机制，并最终保障制度效能的持续性。

（4）本书进一步基于产权性质异质性视角，分析了自然资源资产离任审计制度下绿色创新后果的集中表现情况。研究发现：在自然资源资产离任审计制度下，基于企业绿色转型发展的后果而言，相比非国有企业，国有企业绿色创新可以更好地提高企业能源使用效率、减少"三废"排放；基于空气质量改善的社会环境效益后果而言，相比非国有企业，国有企业更有利于改善城市空气质量，通过结合企业层面回归结果可以进一步推断，非国有企业绿色自主创新仍较低，且在投资目的方面更具有投机性；基于官员晋升激励的政治后果而言，相比非国有企业，自然资源资产离任审计制度下国有企业绿色创新可以更好地促进官员晋升。以上结果反映出当前推动自然资源资产离任审计制度目标实现的主要力量在于国有企业，而非国有企业更多仍出于投机目的而实施绿色投资。

（5）在自然资源资产离任审计制度下，本书除探讨外在制度压力、市场压力以及社会压力对企业绿色投资行为选择的影响，还进一步从融资约束视角分析了企业实施绿色投资行为选择的内在因素，研究发现：在自然资源资产离任审计制度下，企业融资约束是影响企业绿色投资选择的重要内在因素，证明了绿色并购与绿色创新之间存在挤出效应，使得企业难以同时采取绿色并购和绿色创新两种投资行为，从而为满足不同合法性需求而实施绿色投资行为选择。

（6）除此之外，本书进一步探讨了绿色并购与绿色创新之间存在的协同效应。研究发现：①当企业同时实施绿色并购和绿色创新投资时，并不能在促进企业绿色转型发展、改善社会环境效益以及保障制度效能持续性方面具有协同效应。而当对企业同年实施绿色并购和绿色创新投资滞后一期时，其对企业提高能源使用效率、减少污染排放、改善城市空气质量以及促进官员晋升方面均具有显著正向影响。②当企业绿色并购滞后一年实施绿色创新时，其在促进企业绿色转型发展以及官员晋升激励方面能发挥一定的协同效应，而在改善城市空气质量方面不存在明显协同效应，进一步地，当上述绿色投资行为选择滞后一年时发现，其在提高官员晋升激励保障制度效能持续性方面仍能发挥一定的滞后协同效应，而在企业绿色转型发展以及城市环境改善方面不存在明显滞后协同效应。③当企业绿色并购滞后两年实施绿色创新时，其在促进官员晋升方面仍能发挥一定的协同效应，而在促进企业绿色转型发展以及城市空气质量改善方面不存在明显协同效应，进一步地，当上述绿色投资行为选择滞后一年时发现，其对企业绿色转型发展、城市环境改善以及官员晋升激励方面均不存在明显滞后协同效应。综合以上结果可知，企业绿色并购和绿色创新仍存在一定的滞后协同效应，即企业绿色并购部分投资是为了获取目标企业绿色创新技术，二者之间的协同效应有利于推动自然资源资产离任审计制度目标的实现，验证了自然资源资产离任审计制度中，在绿色创新实施效果更好的情况下，企业实施绿色并购投资行为选择的另一客观因素，丰富了现有相关研究。

8.2　政策建议

基于自然资源资产离任审计对企业绿色投资行为选择及其后果的影响分

析，本书从压力传递视角研究了自然资源资产离任审计制度的绿色治理效应，并通过实证检验与分析，得到相应的研究结论。本书在研究结论的基础上，结合我国的制度背景与经济环境，有针对性地提出以下几点政策建议。

8.2.1 完善自然资源资产离任审计程序，推动审计结果发挥绿色治理效应

自然资源资产离任审计作为一种新型审计模式和环境治理工具，本书研究证明了其在宏微观层面的绿色治理效应。据此，本书建议应积极重视自然资源资产离任审计制度，扩大自然资源资产离任制度的权威性和影响力，并保障这一制度效能的持续性，以更好推动我国生态文明建设和经济高质量发展。具体从以下几个方面提出建议。

第一，完善地方政府自然资源资产离任审计程序。本书研究发现，自然资源资产离任审计可以有效促进企业实施绿色并购和绿色创新，特别是绿色创新在促进企业绿色转型发展、改善社会空气质量等环保效益方面具有积极正向的影响。因此，自然资源资产离任审计具有一定的宏观和微观层面的绿色治理功能，由于当下自然资源资产离任审计工作刚刚由试点阶段转入全面推开阶段，理论研究虽然取得了一定的成果，但是相关规定大多来源于中共中央办公厅和国务院办公厅的政策性文件和地方政府试行方案，该项制度尚未形成完整的制度框架，部分地方政府仍存在对自然资源资产离任审计认识不足、制度体系不健全、责任界定不清晰、追责规范缺失等问题，因此有必要对自然资源资产离任审计程序引起重视，建议完善自然资源资产离任审计程序。具体可通过明确自然资源资产离任审计具体职能，提高地方政府对自然资源资产离任审计的认知，积极促进地区各部门之间工作的协同配合，制定完整的自然资源资产离任审计程序以及相应部门的审计义务，形成自上而下的问责机制，确保审计人员的审计权益，降低审计人员审计风险，并通过细化自然资源资产离任审计问题的评价标准，提高审计人员客观评定结果的合理与公正，从而保障自然资源资产离任审计对地方政府行为的监督作用，促进自然资源资产离任审计绿色治理功能的有效发挥。

第二，重视不同地区自然资源资产离任审计结果差异，常态化持续加强对自然资源资产离任审计结果的监督与评比。即自然资源资产离任审计过程中应重视不同地区自然资源资产离任审计结果的比较，以此客观分辨地区之

间在自然资源管理和环境保护方面的差异，并在新一轮审计中重点关注资源环境管理与保护较差地区，以此防止污染就近转移，加剧污染迁入地的产业结构污染与资源破坏程度。本书研究发现自然资源资产离任审计能够通过缩小地区环境监管差异，推动市场绿色竞争，从而促进企业加大绿色创新投资。因此，本书建议上级政府审计部门应重点关注地区间的审计结果差异，具体可通过结合地区特有环境，因地制宜制定综合性审计评价标准，特别关注地方政府在自然资源保护与利用以及环境破坏两个大维度的表现，并以此量化，实现相对公平的审计结果比较。在评比过程中，重点关注相邻地区或者东中西部地区之间的自然资源资产离任审计结果是否存在明显差异，分类做好相应审计结果备案，以此将审计结果较差地区作为下一年自然资源资产离任审计的重点对象，从而对共同推进我国自然资源优化管理和利用、促进企业碳减排和城市生态文明建设发挥积极作用。

第三，对致力于绿色转型发展的企业提供专项政府补助和税收优惠政策。本书研究结果表明，政府补助在自然资源资产离任审计与企业绿色创新投资中起到部分中介作用。即政府补助有助于企业提高致力于绿色创新发展的信心，并在资金上实质性帮助企业缓解融资约束，从而提高企业主动实施绿色创新投资活动的积极性。由于不同地区在资源资产状况、经济发展实力、政府财政能力方面存在差异性，因此建议地方政府在能力范围内对辖区企业提供资源环境保护专项资金和政策优惠支持，必要时建议中央给予地方提供环保项目一定的财政拨款，缓解因地方经济落后、财政不足造成的绿色治理能力低下等问题，但对财政资金的运用和分配应追踪到底，并定期观察资金使用效果情况，从而保护和支持企业绿色创新转型发展。

第四，提高自然资源资产离任审计效用，真正改变长期以来 GDP 至上的晋升激励。本书研究发现，在自然资源资产离任审计制度下，官员任期内企业层面绿色投资业绩对官员晋升具有一定的促进作用。因此，本书建议在官员晋升机制方面需要进一步做好顶层设计，强化官员晋升机制与绿色发展业绩的绑定，矫正地方政府的短视行为，根据客观情况为各地区自然资源管理和生态环境保护制定更具针对性的考核目标，促使各地方政府（尤其是相邻地方政府）就自然资源管理与环境治理目标达成协同规制的共识，倒逼地方政府推动以绿色技术创新等绿色投资行为为核心的深层次去污模式，避免一味地对污染产业做"减法"，从而推动审计政策发挥最大效用。

8.2.2　重视审计优化市场绿色竞争性的功能，鼓励企业加大绿色创新投资

在当前，大部分文献围绕波特假说研究环境规制与企业绿色创新之间的关系，本书研究证明审计在促进企业绿色创新、提高市场绿色竞争优势方面同样能够发挥重要的作用。特别在"双碳"目标背景下，随着自然资源资产离任审计纳入审计法，如何发挥审计在节能减排方面应有的功能，对完善审计学研究以及企业绿色投资行为研究都具有重要的意义。基于此，本书结合研究结果，针对如何从审计角度引导企业加大绿色创新投资提出以下几个方面的政策建议。

第一，重视自然资源资产离任审计缩小跨地区市场绿色环保准入差异的关键性功能，引导企业加大实质性绿色创新投资。本书研究发现，自然资源资产离任审计有利于缩小市场环保准入差异，进而提高市场绿色竞争优势，缩小企业绿色创新风险，从而促进企业加大绿色创新投资。此外，本书进一步证明，相比绿色并购，企业绿色创新投资在促进企业绿色转型发展以及改善社会环境效益方面均具有更为明显的优势。因此，本书建议应重视不同地区市场之间的绿色环保准入差异，通过严格落实自然资源资产离任审计结果的评比与再落实，平衡不同地区之间的环境监管水平，避免污染产业的跨地区转移，从而真正激励企业实施实质性地绿色创新投资行为，减少策略型绿色投机行为。

第二，培育和引导市场投资者加强在审计制度下的绿色创新投资理念，优化市场资源配置。本书研究发现，自然资源资产离任审计制度下，市场投资者对企业绿色投资行为方面的关注度提高，市场监督作用增强，但更多是影响企业实施策略型的绿色并购投资行为。因此，为使市场资金真正流向致力于绿色转型发展的企业，本书建议应积极培育市场投资者绿色创新投资理念，引导市场投资者对企业绿色创新水平以及企业绿色转型发展质量的关注，从而进一步减少市场绿色创新投资风险和融资约束，对推动企业减排和我国生态文明建设具有关键作用。

第三，引导企业设立绿色治理奖惩机制，按绩取酬，提高绿色治理人才在市场中的竞争优势。本书研究发现，企业高管薪酬补偿和股权补偿在自然资源资产离任审计与企业绿色投资关系中存在正向调节作用。因此，本书建

议政府作为政策供给者，在推行自然资源资产离任审计生态文明建设，绿色发展理念的过程中，应有效引导企业绿色治理转型升级，比如推行更完善的减排政策等，促进企业主动发挥绿色治理重要主体的主观能动性，建立有效绿色治理奖惩机制。即通过鼓励企业对实施绿色投资的高管进行额外的薪酬或股权奖励，引导更多职业经理人在企业公司治理中对绿色投资和绿色治理的重视，从而不仅有利于提高职业经理人的自身声誉和市场竞争性，更有利于推动企业投资策略和投资方向符合绿色发展理念，为实现我国"双碳"目标和经济高质量发展提供坚实基础。

8.2.3 规范引导社会力量积极参与，深度保障审计制度创新效果落实

本书主要从制度压力和市场压力验证了自然资源资产离任审计的绿色治理效果，并基于此提出有关政策建议。事实上，社会压力也可能是自然资源资产离任审计实施效果得到更好发挥的重要推动力量，本书对此也进行了相应的检验。因此，从社会角度而言，结合本书相关研究结论，主要提出以下建议。

第一，积极引导银行金融中介机构对企业绿色发展潜力的评估和监督，以此决定信贷资金的发放。本书研究发现，在自然资源资产离任审计制度背景下，缓解企业融资约束有利于其加大绿色创新投资，进而促进企业绿色并购和绿色创新投资协同效应的发挥，推动企业绿色转型发展。因此，建议金融机构应积极主动参与自然资源管理和环境保护投融资项目，创新绿色投融资产品和服务，为企业提高绿色并购和绿色创新投资行为的协同效应，加大绿色产业力度提供金融服务，促进整体市场形成良好绿色竞争，激励企业积极增加在绿色产品和技术创新等项目中的研发投入。

第二，积极引导媒体加强对自然资源资产离任审计制度的关注。本书研究结果表明，媒体监督可在自然资源资产离任审计与企业绿色投资行为之间存在显著的正向调节作用，因此建议地方政府除注重自身自然资源资产离任审计实施，也可以借助媒体积极关注与宣传自然资源资产离任审计的实施过程与结果公布，使自然资源资产离任审计得到更广泛的认知，并在社会上传播自然资源管理与保护理念，使社会各界共同树立绿色治理理念，提高自然资源资产离任审计制度实施效果。

　　第三，积极引导社会公众绿色消费理念。本书研究发现，社会公众作为潜在消费者和投资者，其对环境问题的关注可有效促进自然资源资产离任审计与企业绿色投资之间的正向关系。因此，本书建议积极引导社会公众或潜在消费者与投资者的绿色投资与绿色消费理念，比如引导消费者关注产品绿色属性等，从而增加企业在社会层面的环境监督与约束作用。

参考文献

［1］安徽省审计厅课题组，戴克柱．对自然资源资产离任审计的几点认识［J］．审计研究，2014（6）：3－9．

［2］毕茜，于连超．环境税的企业绿色投资效应研究——基于面板分位数回归的实证研究［J］．中国人口·资源与环境，2016，26（3）：76－82．

［3］蔡春，毕铭悦．关于自然资源资产离任审计的理论思考［J］．审计研究，2014（5）：3－9．

［4］蔡春．审计理论结构研究［M］．辽宁：东北财经大学出版社，2010．

［5］蔡贵龙，柳建华，马新啸．非国有股东治理与国企高管薪酬激励［J］．管理世界，2018，34（5）：137－149．

［6］蔡庆丰，陈熠辉．开发区层级与域内企业并购［J］．中国工业经济，2020（6）：118－136．

［7］蔡庆丰，田霖．产业政策与企业跨行业并购：市场导向还是政策套利［J］．中国工业经济，2019（1）：81－99．

［8］曹春方，马连福，沈小秀．财政压力、晋升压力、官员任期与地方国企过度投资［J］．经济学（季刊），2014，13（4）：1415－1436．

［9］曹国，沈利香，应可福．环保压力、绿色创新与小微企业的竞争优势——来自江苏省小微企业的实证分析［J］．现代财经（天津财经大学学报），2014，34（4）：64－76．

［10］曹玉珊，马儒慧．领导干部自然资源资产离任审计与企业绿色并购——来自中国重污染型上市公司的经验证据［J］．贵州财经大学学报，2021（5）：81－91．

［11］曹玉珊，马儒慧．自然资源会计核算主体的认定及其功能设

计——基于生态文明制度建设视角［J］. 财会月刊, 2019（17）: 65 – 74.

［12］陈波. 论产权保护导向的自然资源资产离任审计［J］. 审计与经济研究, 2015, 30（5）: 15 – 23.

［13］陈朝豹, 耿翔宇, 孟春. 胶州市自然资源资产离任审计的实践与思考［J］. 审计研究, 2016（4）: 10 – 14.

［14］陈德球, 陈运森. 政府治理、终极产权与公司投资同步性［J］. 管理评论, 2013, 25（1）: 139 – 148.

［15］陈东. 私营企业出资人背景、投机性投资与企业绩效［J］. 管理世界, 2015（8）: 97 – 119.

［16］陈献东. 确定自然资源资产离任审计内容的逻辑机理及例证分析［J］. 审计研究, 2018（5）: 43 – 50.

［17］陈信元, 黄俊. 政府干预、多元化经营与公司业绩［J］. 管理世界, 2007（1）: 92 – 97.

［18］陈羽桃, 冯建. 企业绿色投资提升了企业环境绩效吗——基于效率视角的经验证据［J］. 会计研究, 2020（1）: 179 – 192.

［19］程仲鸣, 虞涛, 潘晶晶, 张烨. 地方官员晋升激励、政绩考核制度和企业技术创新［J］. 南开管理评论, 2020, 23（6）: 64 – 75.

［20］褚剑, 陈骏. 审计监督、国资监管与国有企业治理——基于审计官员国资监管背景的研究［J］. 财经研究, 2021, 47（3）: 50 – 64.

［21］崔晶. "运动式应对": 基层环境治理中政策执行的策略选择——基于华北地区 Y 小镇的案例研究［J］. 公共管理学报, 2020, 17（4）: 32 – 42.

［22］崔晓蕾, 何婧, 徐龙炳. 投资者情绪对企业资源配置效率的影响——基于过度投资的视角［J］. 上海财经大学学报, 2014, 16（3）: 86 – 94.

［23］邓晓岚, 余远剑, 茅金焰, 魏大文. 自然资源资产离任审计的大数据技术应用研究［J］. 审计研究, 2020（5）: 19 – 29.

［24］杜俊涛, Muhammad Shahbaz, 宋马林. 自然资源离任审计与地方政府土地出让［J］. 财经研究, 2021, 47（5）: 153 – 168.

［25］方军雄. 政府干预、所有权性质与企业并购［J］. 管理世界, 2008（9）: 118 – 123.

[26] 方先明, 那晋领. 创业板上市公司绿色创新溢酬研究 [J]. 经济研究, 2020, 55 (10): 106 – 123.

[27] 高汉, 胡超颖. 绿色并购对中国高耗能行业上市企业绩效的影响 [J]. 华东师范大学学报 (哲学社会科学版), 2019, 51 (6): 162 –172.

[28] 谷树忠. 自然资源资产及其负债表编制与审计 [J]. 中国环境管理, 2016, 8 (1): 30 –33.

[29] 郭海, 沈睿, 王栋晗, 陈叙同. 组织合法性对企业成长的 "双刃剑" 效应研究 [J]. 南开管理评论, 2018, 21 (5): 16 –29.

[30] 郭鹏飞. 自然资源资产离任审计的重点——基于总体评价视角 [J]. 中国人口·资源与环境, 2020, 30 (10): 105 –112.

[31] 郭旭. 自然资源资产离任审计研究综述 [J]. 审计研究, 2017 (2): 25 –30.

[32] 郭玥. 政府创新补助的信号传递机制与企业创新 [J]. 中国工业经济, 2018 (9): 98 –116.

[33] 哈贝马斯. 合法性危机 [M]. 刘北成, 等译. 上海: 人民出版社, 2000.

[34] 花贵如, 刘志远, 许骞. 投资者情绪、管理者乐观主义与企业投资行为 [J]. 金融研究, 2011 (9): 178 –191.

[35] 黄溶冰, 赵谦, 王丽艳. 自然资源资产离任审计与空气污染防治: "和谐锦标赛" 还是 "环保资格赛" [J]. 中国工业经济, 2019 (10): 23 –41.

[36] 黄维娜, 袁天荣. 实质性转型升级还是策略性政策套利——绿色产业政策对工业企业绿色并购的影响 [J]. 山西财经大学学报, 2021, 43 (3): 56 –67.

[37] 蒋伏心, 王竹君, 白俊红. 环境规制对技术创新影响的双重效应——基于江苏制造业动态面板数据的实证研究 [J]. 中国工业经济, 2013 (7): 44 –55.

[38] 蒋秋菊, 孙芳城. 自然资源资产离任审计是否影响企业税收规避——基于政府官员晋升机制转变视角的准自然实验研究 [J]. 审计研究, 2019 (3): 35 –43.

[39] 解学梅, 朱琪玮. 企业绿色创新实践如何破解 "和谐共生" 难

题？［J］．管理世界，2021，37（1）：128 - 149.

［40］孔东民，徐茗丽，孔高文．企业内部薪酬差距与创新［J］．经济研究，2017，52（10）：144 - 157.

［41］黎文靖，郑曼妮．实质性创新还是策略性创新？——宏观产业政策对微观企业创新的影响［J］．经济研究，2016，51（4）：60 - 73.

［42］李斌，彭星，欧阳铭珂．环境规制、绿色全要素生产率与中国工业发展方式转变——基于36个工业行业数据的实证研究［J］．中国工业经济，2013（4）：56 - 68.

［43］李博英，尹海涛．领导干部自然资源资产离任审计的理论基础与方法［J］．审计研究，2016（5）：32 - 37.

［44］李善民，黄志宏，郭菁晶．资本市场定价对企业并购行为的影响研究——来自中国上市公司的证据［J］．经济研究，2020，55（7）：41 - 57.

［45］李善民，朱滔．多元化并购能给股东创造价值吗？——兼论影响多元化并购长期绩效的因素［J］．管理世界，2006（3）：129 - 137.

［46］李香菊，贺娜．地区竞争下环境税对企业绿色技术创新的影响研究［J］．中国人口·资源与环境，2018，28（9）：73 - 81.

［47］李新安．环境规制、政府补贴与区域绿色技术创新［J］．经济经纬，2021，38（3）：14 - 23.

［48］李秀珠，刘文军．自然资源资产离任审计与企业债务融资［J］．中央财经大学学报，2020（6）：52 - 67.

［49］李怡娜，叶飞．制度压力、绿色环保创新实践与企业绩效关系——基于新制度主义理论和生态现代化理论视角［J］．科学学研究，2011，29（12）：1884 - 1894.

［50］李越冬，周雅宁．领导干部自然资源资产责任审计的博弈分析［J］．中国内部审计，2015（10）：33 - 35.

［51］廖义刚．国家审计与地方政府治理：作用与路径［J］．当代财经，2014（6）：123 - 129.

［52］林忠华．自然资源资产离任审计探讨［J］．审计研究，2014（5）：10 - 14.

［53］刘长翠，张宏亮，黄文思．资源环境审计的环境：结构、影响与

优化 [J]. 审计研究, 2014 (3): 38 - 42.

[54] 刘家义. 论国家治理与国家审计 [J]. 中国社会科学, 2012 (6): 60 - 72.

[55] 刘力云. 当前国家审计体制研究中的四个问题 [J]. 审计研究, 2002 (5): 19 - 21.

[56] 刘力云. 浅论环境审计 [J]. 审计研究资料, 1997 (2): 4 - 13.

[57] 刘强, 王伟楠, 陈恒宇. 《绿色信贷指引》实施对重污染企业创新绩效的影响研究 [J]. 科研管理, 2020, 41 (11): 100 - 112.

[58] 刘诗园, 杜江. 地方官员更替、政治关联与企业绿色创新 [J]. 经济经纬, 2021, 38 (4): 93 - 102.

[59] 刘文军, 谢帮生. 自然资源资产离任审计影响公司盈余管理吗? [J]. 中南财经政法大学学报, 2018 (1): 13 - 23.

[60] 刘笑霞, 李明辉. 苏州嵌入领导干部经济责任审计的区域环境审计实践及其评价 [J]. 审计研究, 2014 (6): 10 - 15.

[61] 刘媛媛, 黄正源, 刘晓璇. 环境规制、高管薪酬激励与企业环保投资——来自 2015 年《环境保护法》实施的证据 [J]. 会计研究, 2021 (5): 175 - 192.

[62] 柳光强. 税收优惠、财政补贴政策的激励效应分析——基于信息不对称理论视角的实证研究 [J]. 管理世界, 2016 (10): 62 - 71.

[63] 龙硕, 胡军. 政企合谋视角下的环境污染: 理论与实证研究 [J]. 财经研究, 2014, 40 (10): 131 - 144.

[64] 龙小宁, 王俊. 中国专利激增的动因及其质量效应 [J]. 世界经济, 2015 (6): 115 - 142.

[65] 陆菁, 鄢云, 王韬璇. 绿色信贷政策的微观效应研究——基于技术创新与资源再配置的视角 [J]. 中国工业经济, 2021 (1): 174 - 192.

[66] 禄雪焕, 白婷婷. 绿色技术创新如何有效降低雾霾污染? [J]. 中国软科学, 2020 (6): 174 - 182.

[67] 罗党论, 赖再洪. 重污染企业投资与地方官员晋升——基于地级市 1999—2010 年数据的经验证据 [J]. 会计研究, 2016 (4): 42 - 48.

[68] 罗知, 齐博成. 环境规制的产业转移升级效应与银行协同发展效应——来自长江流域水污染治理的证据 [J]. 经济研究, 2021, 56 (2):

174 – 189.

　　[69] 马克斯·韦伯著. 经济与社会 [M]. 林荣远，译. 北京：商务印书馆，1997.

　　[70] 孟耀. 绿色投资问题研究 [M]. 辽宁：东北财经大学出版社，2008.

　　[71] 聂兴凯，赵天惠，裴璇. 领导干部自然资源资产离任审计与企业转型升级 [J]. 审计研究，2021 (6)：35 – 45.

　　[72] 潘爱玲，刘昕，邱金龙，申宇. 媒体压力下的绿色并购能否促使重污染企业实现实质性转型 [J]. 中国工业经济，2019 (2)：174 – 192.

　　[73] 潘爱玲，吴倩. 官员更替与重污染企业绿色并购——基于政府环境绩效考核制度的实证研究 [J]. 山东大学学报（哲学社会科学版），2020 (4)：146 – 160.

　　[74] 潘越，陈秋平，戴也一. 绿色绩效考核与区域环境治理——来自官员更替的证据 [J]. 厦门大学学报（哲学社会科学版），2017 (1)：23 – 32.

　　[75] 彭伟，顾汉杰，符正平. 联盟网络、组织合法性与新创企业成长关系研究 [J]. 管理学报，2013，10 (12)：1760 – 1769.

　　[76] 彭文斌，路江林. 环境规制与绿色创新政策：基于外部性的理论逻辑 [J]. 社会科学，2017 (10)：73 – 83.

　　[77] 彭雪蓉，魏江. 利益相关者环保导向与企业生态创新——高管环保意识的调节作用 [J]. 科学学研究，2015，33 (7)：1109 – 1120.

　　[78] 钱爱民，张晨宇. 政府治理、会计信息质量与经济增长研究 [J]. 证券市场导报，2016 (2)：12 – 18.

　　[79] 乔坤元. 我国官员晋升锦标赛机制：理论与证据 [J]. 经济科学，2013 (1)：88 – 98.

　　[80] 青平，张莹，涂铭，张勇，陈通. 网络意见领袖动员方式对网络集群行为参与的影响研究——基于产品伤害危机背景下的实验研究 [J]. 管理世界，2016 (7)：109 – 120.

　　[81] 邱金龙. 重污染企业绿色并购：驱动因素、溢价机制与绩效表现 [D]. 济南：山东大学，2018.

　　[82] 权小锋，吴世农，尹洪英. 企业社会责任与股价崩盘风险："价值

利器"或"自利工具"？[J].经济研究，2015，50（11）：49-64.

[83] 全进，刘文军，谢帮生.自然资源资产离任审计、政治关联与权益资本成本[J].审计研究，2018（2）：46-54.

[84] 沈洪涛，马正彪.地区经济发展压力、企业环境表现与债务融资[J].金融研究，2014（2）：153-166.

[85] 沈洪涛，周艳坤.环境执法监督与企业环境绩效——来自环保约谈的准自然实验证据[J].南开管理评论，2017，20（6）：73-82.

[86] 沈洪涛.公司社会责任和环境会计的目标与理论基础——国外研究综述[J].会计研究，2010（3）：86-92.

[87] 沈坤荣，周力.地方政府竞争、垂直型环境规制与污染回流效应[J].经济研究，2020，55（3）：35-49.

[88] 审计署上海特派办理论研究会课题组，杨建荣，高振鹏，贾西贝.领导干部自然资源资产离任审计实现路径研究——以A市水资源为例[J].审计研究，2017（1）：23-28.

[89] 隋俊，等.跨国公司技术转移对我国制造业绿色创新系统绿色创新绩效的影响机理研究[J].中国软科学，2015（1）：118-129.

[90] 孙丽虹.试论离任审计[J].中央财经大学学报，2001（4）：39-42.

[91] 谭小芬，钱佳琪.资本市场压力与企业策略性专利行为：卖空机制的视角[J].中国工业经济，2020（5）：156-173.

[92] 唐睿明.对经济责任审计的认识与思考[J].财经问题研究，2004（3）：59-63.

[93] 唐雪松，周晓苏，马如静.政府干预、GDP增长与地方国企过度投资[J].金融研究，2010（8）：33-48.

[94] 王班班，齐绍洲.市场型和命令型政策工具的节能减排技术创新效应——基于中国工业行业专利数据的实证[J].中国工业经济，2016（6）：91-108.

[95] 王彩明，李健.中国区域绿色创新绩效评价及其时空差异分析——基于2005—2015年的省际工业企业面板数据[J].科研管理，2019，40（6）：29-42.

[96] 王锋正，陈方圆.董事会治理、环境规制与绿色技术创新——基

于我国重污染行业上市公司的实证检验 [J]. 科学学研究, 2018, 36 (2): 361 – 369.

[97] 王锋正, 姜涛, 郭晓川. 政府质量、环境规制与企业绿色技术创新 [J]. 科研管理, 2018, 39 (1): 26 – 33.

[98] 王建明, 陈红喜, 袁瑜. 企业绿色创新活动的中介效应实证 [J]. 中国人口·资源与环境, 2010, 20 (6): 111 – 117.

[99] 王立彦, 李江涛. 环境审计体系多纬度架构与职业化——《自然资源资产离任审计试点方案》对环境审计的启动 [J]. 中国环境管理, 2016, 8 (1): 38 – 44.

[100] 王文普, 陈斌. 环境政策对绿色技术创新的影响研究——来自省级环境专利的证据 [J]. 经济经纬, 2013 (5): 13 – 18.

[101] 王霞, 徐晓东, 王宸. 公共压力、社会声誉、内部治理与企业环境信息披露——来自中国制造业上市公司的证据 [J]. 南开管理评论, 2013, 16 (2): 82 – 91.

[102] 王馨, 王营. 环境信息公开的绿色创新效应研究——基于《环境空气质量标准》的准自然实验 [J]. 金融研究, 2021 (10): 134 – 152.

[103] 王馨, 王营. 绿色信贷政策增进绿色创新研究 [J]. 管理世界, 2021, 37 (6): 173 – 188.

[104] 魏江, 王丁, 刘洋. 来源国劣势与合法化战略——新兴经济企业跨国并购的案例研究 [J]. 管理世界, 2020, 36 (3): 101 – 120.

[105] 文巧甜, 郭蓉. 资源约束框架下业绩反馈与战略调整方向研究——基于中国上市公司的数据分析 [J]. 经济管理, 2017, 39 (3): 90 – 108.

[106] 伍彬, 伍中信. 自然资源资产离任审计研究现状与评述 [J]. 财会月刊, 2017 (24): 86 – 90.

[107] 谢德仁, 黄亮华. 代理成本、机构投资者监督与独立董事津贴 [J]. 财经研究, 2013, 39 (2): 92 – 102.

[108] 谢德仁, 郑登津, 崔宸瑜. 控股股东股权质押是潜在的"地雷"吗? ——基于股价崩盘风险视角的研究 [J]. 管理世界, 2016 (5): 128 – 140.

[109] 谢东明. 地方监管、垂直监管与企业环保投资——基于上市 A 股

重污染企业的实证研究 [J]. 会计研究, 2020 (11): 170 – 186.

[110] 谢莉娟, 王晓东, 张昊. 产业链视角下的国有企业效率实现机制——基于消费品行业的多案例诠释 [J]. 管理世界, 2016 (4): 150 – 167.

[111] 谢乔昕, 张宇. 绿色信贷政策、扶持之手与企业创新转型 [J]. 科研管理, 2021, 42 (1): 124 – 134.

[112] 邢会, 王飞, 高素英. 政府补助促进企业实质性创新了吗?——资源和信号传递双重属性协同视角 [J]. 现代经济探讨, 2019 (3): 57 – 64.

[113] 胥朝阳, 周超. 绿色并购初探 [J]. 财会通讯, 2013 (4): 36 – 38.

[114] 徐佳, 崔静波. 低碳城市和企业绿色技术创新 [J]. 中国工业经济, 2020 (12): 178 – 196.

[115] 徐金发, 刘翌. 企业治理结构与技术创新 [J]. 科研管理, 2002 (4): 11 – 15.

[116] 徐经长, 何乐伟, 杨俊华. 创新是公司并购的驱动因素吗——来自中国上市公司的经验证据 [J]. 会计研究, 2020 (12): 29 – 42.

[117] 徐志耀, 陈骏. 以自然资源资产离任审计推动完善生态文明制度体系 [J]. 审计与经济研究, 2020, 35 (1): 22 – 24.

[118] 许和连, 邓玉萍. 外商直接投资导致了中国的环境污染吗?——基于中国省际面板数据的空间计量研究 [J]. 管理世界, 2012 (2): 30 – 43.

[119] 薛芬, 李欣. 自然资源资产离任审计实施框架研究——以创新驱动发展为导向 [J]. 审计与经济研究, 2016, 31 (6): 20 – 27.

[120] 杨道广, 陈汉文, 刘启亮. 媒体压力与企业创新 [J]. 经济研究, 2017, 52 (8): 125 – 139.

[121] 杨东, 柴慧敏. 企业绿色技术创新的驱动因素及其绩效影响研究综述 [J]. 中国人口·资源与环境, 2015, 25 (2): 132 – 136.

[122] 杨晓和, 冯丽丽, 荣欢. 领导干部土地资源资产离任审计研究 [J]. 审计研究, 2017 (6): 22 – 27.

[123] 尹美群, 盛磊, 李文博. 高管激励、创新投入与公司绩效——基

于内生性视角的分行业实证研究 [J]. 南开管理评论, 2018, 21 (1): 109 – 117.

[124] 尤济红, 王鹏. 环境规制能否促进 R&D 偏向于绿色技术研发? ——基于中国工业部门的实证研究 [J]. 经济评论, 2016 (3): 26 – 38.

[125] 于波. 绿色信贷政策如何影响重污染企业技术创新? [J]. 经济管理, 2021, 43 (11): 35 – 51.

[126] 于开乐, 王铁民. 基于并购的开放式创新对企业自主创新的影响——南汽并购罗孚经验及一般启示 [J]. 管理世界, 2008 (4): 150 – 159.

[127] 于忠泊, 田高良, 张咏梅. 媒体关注、制度环境与盈余信息市场反应——对市场压力假设的再检验 [J]. 会计研究, 2012 (9): 40 – 51.

[128] 张韩, 王雄元, 张琳琅. 市场准入管制放松与供给侧去产能——基于负面清单制度试点的准自然实验 [J]. 财经研究, 2021, 47 (7): 93 – 107.

[129] 张宏亮, 刘长翠, 曹丽娟. 地方领导人自然资源资产离任审计探讨——框架构建及案例运用 [J]. 审计研究, 2015 (2): 14 – 20.

[130] 张宏亮, 刘恋, 曹丽娟. 自然资源资产离任审计专题研讨会综述 [J]. 审计研究, 2014 (4): 58 – 62.

[131] 张军, 高远. 官员任期、异地交流与经济增长——来自省级经验的证据 [J]. 经济研究, 2007 (11): 91 – 103.

[132] 张琦, 谭志东. 领导干部自然资源资产离任审计的环境治理效应 [J]. 审计研究, 2019 (1): 16 – 23.

[133] 张恬静, 李强. 自然资源资产离任审计与企业环境信息披露质量 [J]. 财会月刊, 2021 (10): 115 – 123.

[134] 张少伟, 左飞航, 负建明. 问题导向的自然资源资产离任审计方法研究 [J]. 测绘与空间地理信息, 2023, 46 (6): 165 – 168.

[135] 赵娜. 绿色信贷是否促进了区域绿色技术创新? ——基于地区绿色专利数据 [J]. 经济问题, 2021 (6): 33 – 39.

[136] 郑思齐, 万广华, 孙伟增, 罗党论. 公众诉求与城市环境治理 [J]. 管理世界, 2013 (6): 72 – 84.

[137] 钟庆明. 领导干部离任审计 [M]. 北京：中国方正出版社，1998.

[138] 周黎安，赵鹰妍，李力雄. 资源错配与政治周期 [J]. 金融研究，2013 (3)：15 - 29.

[139] 周黎安. 晋升博弈中政府官员的激励与合作——兼论我国地方保护主义和重复建设问题长期存在的原因 [J]. 经济研究，2004 (6)：33 - 40.

[140] 周黎安. 中国地方官员的晋升锦标赛模式研究 [J]. 经济研究，2007 (7)：36 - 50.

[141] 周曦. 基于经济责任的环境审计路径选择——浅析经济责任审计中的环境保护责任审计 [J]. 审计研究，2011 (5)：24 - 27.

[142] 周亚虹，蒲余路，陈诗一，方芳. 政府扶持与新型产业发展——以新能源为例 [J]. 经济研究，2015，50 (6)：147 - 161.

[143] 朱平芳，徐伟民. 政府的科技激励政策对大中型工业企业 R&D 投入及其专利产出的影响——上海市的实证研究 [J]. 经济研究，2003 (6)：45 - 53.

[144] Adra S, Barbopoulos L G. The valuation effects of investor attention in stock - financed acquisitions [J]. Journal of Empirical Finance, 2018 (45)：108 - 125.

[145] Amihud Y, Lev B. Risk reduction as a managerial motive by conglomerate managers [J]. Bell Journal of Economics, 1981 (12)：605 - 617.

[146] Andrade G, Mitchell M, Stafford E. New evidence and perspectives on mergers [J]. Journal of Economic Perspectives, 2001, 15 (2)：103 - 120.

[147] Auty R M. Sustaining development in mineral economies：the resource curse thesis [M]. London：Routledge, 1993.

[148] Baker S R, Bloom N, Davis S J. Measuring economic policy uncertainty [J]. Quarterly Journal of Economics, 2016, 131 (4)：1593 - 1636.

[149] Baumann J, Kritikos A S. The link between R&D, innovation and productivity：Are micro firms different? [J]. Research Policy A Journal Devoted to Research Policy Research Management & Planning, 2016, 45 (6)：1263 - 1274.

［150］Berry H. Why do firms divest? ［J］. Organization Science, 2010, 21 (21): 380 –396.

［151］Betton S, Eckbo B E, Thorburn K. Corporate takeovers in: Eckbo BE. , Ed. , Handbook of corporate finance: Empirical Corporate Finance ［C］. Amsterda: Elsevier/North – Holland, 2008: 291 –429.

［152］Braun E, Wield D. Regulation as a means for the social control of technology ［J］. Technology Analysis & Strategic Management, 1994, 6 (3): 259 –272.

［153］Burkhart M, Panunzi F, Shleifer A. Family firms ［J］. Journal of finance, 2003, 58 (5): 2167 –2202.

［154］Buysse K, Verbeke A. Proactive environmental strategies: a stakeholder management perspective ［J］. Strategic Management Journal, 2003, 24 (5): 453 –470.

［155］Cai W, Li G. The driver of eco – innovation and its impact on performance: evidence from China ［J］. Journal of Cleaner Production, 2018, 176: 110 –118.

［156］Cefis E, Marsili O. Crossing the innovation threshold through mergers and acquisitions ［J］. Research Policy, 2015, 44 (3): 698 –710.

［157］Chang C H. The influence of corporate environmental ethics on competitive advantage: the mediation role of green innovation ［J］. Journal of Business Ethics, 2011, 104 (3): 361 –370.

［158］Chang Y L. The differential effects of public R&D support on firm R&D: Theory and evidence from multi – country data ［J］. Technovation, 2011, 31 (5 –6): 256 –269.

［159］Chen Y S, Lai S B, Wen C. T. The influence of green innovation performance on corporate advantage in Taiwan ［J］. Journal of Business Ethics, 2006, 67 (4): 331 –339.

［160］Cohen W M, Levinthal D A. Innovation and learning: the two faces of R&D ［J］. The Economic Journal, 1989, 99 (397): 569 –596.

［161］Cordano M. Making the natural connection: Justifying investment environmental innovation ［J］. Proceedings of the International Association Business and Society, 1993, 2006 (332): 1049 – 1061.

[162] Deephouse D L. Does isomorphism legitimate? [J]. Academy of Management Journal, 1996 (39): 1024 – 1039.

[163] DiMaggio P J, Powell W W. The iron cage revisited: institutional isomorphism and collective rationality in organizational fields [J]. American Sociological Review, 1983, 48 (2): 147 – 160.

[164] Dixon – Fowler H R, et al. Beyond "Does it pay to be green?" A meta – analysis of moderators of the CEP – CFP relationship [J]. Journal of Business Ethics, 2013, 112 (2): 353 – 366.

[165] Dolbec P Y, Fischer E. Refashioning a field? Connected consumers and institutional dynamics in markets [J]. Journal of Consumer Research, 2015 (6): 1447 – 1468.

[166] Dominique G. The impact of public R&D expenditure on business R&D [J]. Economics of Innovation & New Technology, 2003, 12 (3): 225 – 243.

[167] Eiadat Y, Kelly A, Roche F, Eyadat H. Green and competitive? An empirical test of the mediating role of environmental innovation strategy [J]. Journal of World Business, 2008, 43 (2): 131 – 145.

[168] Eyraud L, Clements B, Wane A. Green investment: trends and determinants [J]. Energy Policy, 2013, 60 (4): 852 – 865.

[169] Fernando Y, Jabbour C J C, Wah W X. Pursuing green growth in technology firms through the connections between environmental innovation and sustainable business performance: Does service capability matter? [J]. Resources, Conservation and Recycling, 2019 (141): 8 – 20.

[170] Freeman R E. A stakeholder theory of the modern corporation [M]. Toronto: University of Toronto Press, 1998.

[171] Ganesan S. Determinants of long – term orientation in buyer – seller relationships [J]. Journal of Marketing, 1994, 58 (2): 1 – 19.

[172] Glucker A N, Driessen P, Kolhoff A, Runhaar H. Public participation in environmental impact assessment: why, who and how? [J]. Environmental Impact Assessment Review, 2013 (43): 104 – 111.

[173] Gray W B, Shadbegian R J. Plant vintage, technology and environment regulation [J]. Journal of Environmental Economics and Management, 2003, 46 (3): 384 – 402.

[174] Guellec D, Bruno V. The impact of public R&D expenditure on business R&D [J]. Economics Institutional Repository, 2003, 12 (3): 225 – 243.

[175] Hall B H The financing of research and development [J]. Oxford Review of Economic Policy, 2002, 18 (1): 35 – 51.

[176] Hart S L, Dowell G. A natural – resource – based view of the firm: fifteen years after [J]. Journal of Management, 2010, 20 (5): 986 – 1014.

[177] Hart S L. Beyond greening: strategies for a sustainable world [J]. Harvard Business Review, 1997, 75 (1): 66 – 76.

[178] He J, Tian X. The dark side of analyst coverage: The case of innovation [J]. Journal of Financial Economics, 2013, 109 (3): 856 – 878.

[179] Hitt M A, Hoskisson R E, Ireland R D. Effects of acquisitions on R&D inputs and outputs [J]. Academy of Management Journal, 1991, 34 (3): 693 – 706.

[180] Holmstrom B. Agency costs and innovation [J]. Journal of Economic Behavior & Organization, 1989, 12 (3): 305 – 327.

[181] Huang J W, Li Y H. Green innovation and performance: The View of organizational capability and social reciprocity [J]. Journal of Business Ethics, 2017, 145 (2): 309 – 324.

[182] Iraldo F, Testa F, Melis M, Frey M. A literature review on the links between environmental regulation and competitiveness [J]. Environmental Policy and Governance, 2011 (3): 210 – 222.

[183] Iyer D N, Miller K D. Performance feedback, slack, and the timing of acquisitions [J]. Academy of Management Journal, 2008, 51 (4): 808 – 822.

[184] Jensen M, Meckling W. The theory of the firm: Managerial behavior, agency costs and ownership structure [J]. Social Science Electronic Publishing, 1976, 3 (4): 305 – 360.

[185] Judge W Q, Douglas T J. Performance implications of incorporating

natural environmental issues into the strategic planning process: An empirical assessment [J]. Journal of Management Studies, 1998, 35 (2): 241 – 262.

[186] Kahlenborn W. Transparency and the green investment market [J]. Greener Management International, 1999 (27): 65 – 80.

[187] Kathuria V, Ling C. Water pollution in developing and transition countries: Lessons from three successful cases [J]. Journal of Environment Management, 2006 (78): 405 – 426.

[188] Khanna M, Deltas G. , Harrington D. R. Adoption of pollution prevention techniques: The role of management systems and regulatory pressures [J]. Environmental and Resource Economics, 2009, 44 (1): 85 – 106.

[189] Kneller R, Manderson E. Environmental regulations and innovation activity in UK manufacturing industries [J]. Resource & Energy Economics, 2012, 34 (2): 211 – 235.

[190] Lazear E P, Rosen S. Rank – order tournaments as optimum labor contracts [J]. The Journal of Political Economy, 1981, 89 (5): 841 – 864.

[191] Lin J Y, Tan G. Policy Burdens, Accountability, and soft budget constraint [J]. American Economic Review, 1999, 89: 426 – 431.

[192] Liu S, Wu D. Competing by conducting good deeds: The peer effect of corporate social responsibility [J]. Finance Research Letters, 2016, 16 (6): 47 – 54.

[193] Liu T. Takeover bidding with signaling incentives [J]. Review of Financial Studies, 2012, 25 (2): 522 – 556.

[194] Manso G. Motivating Innovation [J]. Journal of Finance, 2011, 66 (5): 1823 – 1860.

[195] Martin R P, Moser V. D. Managers' green investment disclosures and investors' reaction [J]. Journal of Accounting and Economics, 2016, 61 (1): 239 – 254.

[196] Negulescu O, Doval E. Managers' Position Against Risk, Uncertainty and Efficiency within the Green Industry: Ten Questions [J]. Procedia – Social and Behavioral Sciences, 2014 (124): 339 – 343.

[197] Parrino R, Poteshman A M, Weisbach M S. Measuring investment

distortions when risk – averse managers decide whether to undertake risky projects [J]. Financial management, 2005 (34): 21 – 60.

[198] Parsons T, Jones I. Structure and Process in Modern Societies [M]. New York: Free Press, 1960.

[199] Philipp B. The allocation and effectiveness of China's R&D subsidies——Evidence from listed firms [J]. Research Policy, 2016, 45 (9): 1774 – 1789.

[200] Piotroski J D, Roulstone D T. Do insider trades reflect both contrarian beliefs and superior knowledge about future cash flow realizations? [J]. Journal of Accounting and Economics, 2005, 39 (1): 55 – 81.

[201] Pollock T G, Rindova V P. Media legitimation effects in the market for initial public offerings [J]. Academy of Management Journal, 2003, 46 (5): 631 – 642.

[202] Poppo L, Zhou K Z, Ryu S. Alternative origins to interorganizational trust: An interdependence perspective on the shadow of the past and the shadow of the future [J]. Organization Science, 2008, 19 (1): 39 – 55.

[203] Porter M E. America's Green Strategy [J]. Scientific American, 1991, 264 (4): 193 – 246.

[204] Zeng S X, et al. Stakeholders' influences on corporate green innovation strategy: A case study of manufacturing firms in China [J]. Corporate Social Responsibility and Environmental Management, 2013, 20 (1): 1 – 14.

[205] Rao R S, Chandy R K, Prabhu J. C. The fruits of legitimacy: why some new ventures gain more from innovation than others. Journal of Marketing, 2008, 72 (4): 58 – 75.

[206] Rhodes-Kropf M, Robinson D T, Viswanathan S. Valuation Waves and Merger Activity: The empirical evidence [J]. Journal of Financial Economics, 2005, 77 (3): 561 – 603.

[207] Salvi A, Petruzzella F, Giakoumelou A. Green M&A deals and bidders' value creation: The role of sustainability in post – acquisition performance [J]. International Business Research, 2018, 11 (7): 96 – 105.

[208] Scott R W, Christian S. The Institutional Construction of Organizations

［M］. London：Sage Publication，1995.

［209］Shleifer A，Vishny R W. Politics of Market Socialism ［J］. Journal of Economic Perspectives，1994，8（2）：165 – 176.

［210］Singh J V，House T R J. Organizational legitimacy and the liability of newness ［J］. Administrative Science Quarterly，1986，31（2）：171 – 193.

［211］Smith C W，Stulz R M. The determinants of firms' hedging policies ［J］. Journal of Financial and Quantitative Analysis，1985，20（4）：391 – 405.

［212］Stephen A R. The determination of financial structure：the incentive signaling approach ［J］. The Bell Journal of Economics，1977，8（1）：23 – 40.

［213］Suchman. Managing legitimacy – Strategic and institutional approaches ［J］. Academy of Management Review，1995（20）：571 – 610.

［214］Tate W L，Dooley K J，Ellram L M. Transaction cost and institutional drivers of supplier adoption of environmental practices ［J］. Journal of Business Logistics，2011，32（1）：6 – 16.

［215］Voica M C，Panait M，Radulescu I. Green Investments – Between necessity，fiscal constraints and profit ［J］. Procedia Economics and Finance，2015（22）：72 – 79.

［216］Weber M. Economy and society ［M］. Berkeley：University of California Press，1978.

［217］Wong C W Y，Lai K，Shang K C，Lu C S，Leng T K P. Green operations and the moderating role of environmental management capability of suppliers on manufacturing firm performance ［J］. International Journal of Production Economics，2012，140（1）：283 – 294.

［218］Xie R H，Yuan Y J，Huang J J. Different types of environmental regulations and heterogeneous influence on "green" productivity：Evidence from China ［J］. Ecological Economics，2017（132）：104 – 112.

［219］Xie X，Huo J，Qi G，Zhu K X. Green process innovation and financial performance in emerging economies：Moderating effects of absorptive capacity and green subsidies ［J］. IEEE Transactions on Engineering Management，2016，63（1）：101 – 112.

［220］Xie X, Huo J, Zou H. Green process innovation, green product innovation, and corporate financial performance: A content analysis method ［J］. Journal of Business Research, 2019 (101): 697 – 706.

［221］Yu W, Ramanathan R, Nat P. Environmental pressures and performance: an analysis of the roles of environmental innovation strategy and marketing capability ［J］. Technological Forecasting and Social Change, 2017 (117): 160 – 169.

［222］Zhao X. Technological innovation and acquisitions ［J］. Management Science, 2009, 55 (7): 1170 – 1183.

［223］Zhu Q, Sarkis J, Lai K. Green supply chain management innovation diffusion and its relationship to organizational improvement: An ecological modernization perspective ［J］. Journal of Engineering and Technology, 2012, 29 (1): 168 – 185.

［224］Zimmerman M A, Zeitz G J. Beyond survival: achieving new venture growth by building legitimacy ［J］. Academy of Management Review, 2002, 27 (3): 414 – 431.